REVOLUTION LIBERALE et GOUVERNANCE MONDIALE

BRUNO MUNIER

REVOLUTION LIBERALE et GOUVERNANCE MONDIALE

Préface d'Alain MADELIN

Les Editions
FASAL

BRUNO MUNIER

REVOLUTION LIBERALE et GOUVERNANCE MONDIALE

ISBN : 2-912436-47-8
EAN : 9782912436474

Les Editions FASAL
33, rue de Paris
F-06000 NICE
Tel 04 93 37 06 33 Fax 04 93 37 05 23
fasal@editions-fasal.fr
www.editions-fasal.fr

à Eloïse,
pour qui je formule le souhait de vivre,
avec ceux de sa génération, dans un monde heureux.

Je tiens ici à remercier mon épouse, Francine,
pour l'inestimable appui qu'elle m'a prodigué,
ainsi que mon fils, Geoffroy.

Merci aussi à Eric pour son aide constante
comme pour ses conseils judicieux ;
enfin, une pensée à tous ceux qui, comme Jean-François ou Jeanine,
m'ont soutenu tout au long de ce chemin.

« Vous ne pouvez pas créer la prospérité en décourageant l'épargne »
« Vous ne pouvez pas donner la force aux faibles en affaiblissant le fort »
« Vous ne pouvez pas aider le salarié en anéantissant l'employeur »
« Vous ne pouvez pas favoriser la Fraternité Humaine en encourageant la lutte des classes »
« Vous ne pouvez pas aider le pauvre en ruinant le riche »
« Vous ne pouvez pas forcer le caractère et le courage en décourageant l'initiative et l'indépendance »
« Vous ne pouvez pas aider les hommes continuellement en faisant pour eux ce qu'ils pourraient et devraient faire pour eux-mêmes »

Abraham Lincoln
Déclaration au Congrès (1860)

Préface d'Alain MADELIN

Dans cet essai Bruno Munier nous propose de faire un tour du monde des problèmes soulevés par la mondialisation. Une pédagogie utile dans un pays où les enjeux de la mondialisation se confondent avec les peurs. Dans ce nouveau « monde global », Bruno Munier met particulièrement l'accent sur la nécessité d'une nouvelle gouvernance. Encore faut-il bien comprendre et s'entendre sur le sens à donner au mot gouvernance.

En effet, le mot gouvernance peut être trom-peur : pour beaucoup, imprégnés par un certain constructivisme, il signifie la mise en place d'un gouvernement mondial. Bien évidemment, ce « big brother mondial », rêvé par les antimondialistes, n'est pas la bonne réponse à un système international fait de relations horizontales toujours plus complexes.

Pour repenser l'organisation de ce nouveau monde, deux principes doivent prévaloir. Le principe de subsidiarité d'abord qui consiste à ne porter au niveau des instances internationales que ce que les Etats et les régions, les citoyens ou leurs entreprises ne peuvent faire par eux-mêmes dans une sorte de délégation de pouvoir remontante. Un principe qui juxtapose et superpose les espaces de liberté. Le principe de l'état de droit ensuite. C'est-à-dire la soumission des règles de droit que les Etats ou les organisations internationales peuvent faire à des règles supérieures valables pour des acteurs inconnus dans des circonstances inconnues à des moments inconnus qui permettent l'auto-coordination des activités humaines dans une société ouverte. Il est d'ailleurs révélateur que l'état de droit qui est la traduction française de la *rule of Law* soit souvent traduit en français sous la forme d'« Etat de droit », induisant par la majuscule mise au mot « état » une sorte de supériorité de l'Etat sur le droit ce qui est très exactement l'inverse du concept de la *rule of Law*.

Derrière la nécessaire redéfinition de toutes les organisations internationales se profile un débat majeur sur la redéfinition du droit et de la hiérarchie des normes juridiques. L'essai de Bruno Munier a le mérite d'ouvrir un débat trop souvent laissé de côté et je souhaite qu'il puisse ainsi stimuler la réflexion.

Alain Madelin
Ancien Ministre

AVANT PROPOS

Le monde change ! S'il est en effet une chose sur laquelle chacun peut s'accorder, c'est bien sur cet évident constat : le monde change ! Plus encore, le rythme du changement s'accélère de façon vertigineuse sous nos yeux ; aucune génération n'a en effet connu pareil bouleversement. Le changement est à la fois profond – au point d'être parfois ressenti comme une violence – et universel. Il affecte toutes les sociétés et tous les hommes. La planète est en mutation, et nul ne saurait échapper aux conséquences induites, cela où que l'on se trouve et quelle que soit notre activité. Canadiens, Botswanais, Français, Chinois, Américains, Pakistanais ou Boliviens… tous sont concernés et affectés par ce phénomène désormais connu de tous mais pourtant encore si mal. C'est d'ailleurs, déjà, une donnée essentielle, car il est certain que l'esprit humain a tendance à se méfier et craindre ce qu'il ne comprend pas et doit pourtant subir.

L'ignorance est souvent la mère de l'irrationnel, elle suscite la peur de l'inconnu dans un réflexe animal – qui nous lie à des origines finalement pas si lointaines – où l'angoisse féconde naturellement l'hostilité. Et comment pourrait-il en être autrement devant un phénomène de mondialisation, dont chacun a conscience qu'il sera indubitablement affecté personnellement, sans pour autant savoir comment ni quoi faire ? Simples poussières d'étoiles, nous restons prisonniers de nos craintes et d'une coupable appréhension ; souvent incapables de regarder la réalité avec lucidité, nous nous cantonnons alors à la facilité des « vérités » et autres fausses évidences. Le jugement à priori prime alors sur l'analyse et la réflexion, au grand bonheur des prêcheurs d'apocalypse qui se repaissent de nos frayeurs comme de nos angoisses. Leur prisme subjectif flatte ainsi notre incompréhension de la réalité objective, et la mondialisation devient la victime expiatoire, sacrifiée sur l'autel de nos craintes parce que désignée comme unique responsable des inexorables malheurs et des infortunes présentes et passées. Il est souvent malvenu de sortir des chemins balisés et de réfuter les « vérités » établies par une « intelligentsia » trop prête à censurer tout apocryphe. Le dogme devient intolérance. Penser et s'exprimer différemment est alors coupable aux yeux de ceux qui, pourtant, s'affirment bien-pensants et clament leur bonne foi.

Regarder et agir avec pragmatisme ne sont certes pas choses faciles, et ceux qui s'y risquent sont trop souvent vilipendés par les apologues d'une « morale » qui s'affranchit du réel et de toute rigueur pour ne considérer qu'un inexact truisme, construction dogmatique hypocritement vêtue de fausses vertus et dont l'unique objectif est de s'imposer comme idée (ou plutôt comme idéologie) dominante. Ainsi les fausses vérités s'affirment-elles comme faisant partie du « sens commun », et sont alors progressivement acceptées par tous, même par ceux qui s'en défendent et qui souvent, trop souvent, manquent cependant de sens critique, d'indépendance d'esprit ou simplement de courage. Il est préférable ou plus facile de hurler avec les loups, plus confortable de suivre le troupeau, même si celui-ci se dirige inexorablement vers le précipice. Faire preuve de réalisme et de sens critique est généralement contraire aux idées « politiquement correctes » et finalement consensuelles parce qu'imposées par la dictature d'une «élite » et relayées par une puissance médiatique parfois idéologiquement inféodée et conséquemment partiale.

Toutefois, si la mondialisation est ainsi jetée en pâture, le libéralisme est quant à lui trop souvent sujet à l'opprobre. Cela s'explique en partie par l'existence d'antagonismes idéologiques et doctrinaires, mais aussi parce qu'aujourd'hui le libéralisme constitue le fondement unique de la logique sur laquelle s'articule l'évolution du monde contemporain : la libéralisation des échanges économiques et sociaux. C'est un fait, cependant : toutes les tentatives fondées sur les idéologies doctrinaires, interventionnistes et autoritaires – marxistes et fascistes notamment – ont (c'est heureux) lamentablement échoué au cours du XXe siècle, non sans avoir tristement fait la preuve de leur potentiel destructeur et contraire au bonheur de l'humanité. Aussi, les nostalgiques et héritiers de ces doctrines passéistes ne peuvent-ils bien évidemment accepter l'humiliante infortune, c'est pourquoi ils s'acharnent avec férocité, et fort peu d'objectivité, contre cette révolution libérale coupable d'avoir détruit leurs utopies trompeuses.

Mais soyons réalistes ! Comme toute société de quelque nature que ce soit, le monde est complexe et ne se limite pas à la seule dimension économique contrairement à ce que voudraient faire croire les détracteurs de cette révolution libérale planétaire. La mondialisation des échanges n'est pas un simple phénomène économique : c'est au contraire un processus complexe qui intègre les mouvements démographiques, les échanges culturels, la sécurité et l'écologie. Peut-on prétendre que multiplier (libéraliser) les échanges culturels, ou diffuser la connaissance et les principes démocratiques, soit contraire aux intérêts de l'humanité ? Pourquoi la révolution libérale (car c'est bien d'une révolution qu'il s'agit, puisqu'elle impose une mutation à la fois rapide et profonde de la société mondiale, se déversant sur tous les peuples), pourquoi donc la révolution libérale se confinerait-elle aux seuls échanges économiques ? Qui plus est, il faut aussi en convenir, l'échange commercial n'est pas en soi néfaste lui non plus ; bien au contraire, puisqu'il permet aux peuples de s'enrichir et de se développer (au-delà de la simple connotation économique).

Usant des peurs et incertitudes suscitées par le changement, les pourfendeurs de la mondialisation libérale prônent alors le repli sur soi et encouragent des stratégies protectionnistes. Ainsi faisant, ils s'inscrivent dans une logique in fine anti-évolutionniste, et donc dangereusement contraire à la nécessaire adaptation des sociétés et des économies contemporaines, qui doivent évoluer dans un univers en profonde mutation. Pire encore, ils voudraient encourager les pays les plus pauvres et les plus fragiles à résister aux tentations du libre échange et du marché mondial, alors que ces derniers constituent pourtant leur seule possibilité de salut ; comment en effet nier que de l'échange naissent le progrès, le développement et la richesse ? Est-il inexact de prétendre que l'échange culturel et intellectuel enrichit les peuples et leur profite ? Faudrait-il condamner la liberté de penser ou de parler ? Et si la chose est juste, pourquoi en serait-il autrement sur le plan économique ? Fondée sur la multiplication des échanges, la mondialisation présente conceptuellement, en effet, des opportunités (ainsi que, bien évidemment, de nouveaux risques et enjeux) que chaque société <u>doit</u> être à même de saisir sous peine de se marginaliser. Pour ce faire, il faut parfois savoir adapter et imaginer les réponses aux défis qui se présentent ; mais rien ne peut être plus dommageable et inopportun qu'une coupable passivité ou, pire encore, une résistance obstinée au changement.

Les « bien-pensants », auto-proclamés justiciers de l'équité planétaire, ont souvent par ailleurs, à y regarder de près, des intérêts et actions étonnamment contradictoires avec le verbe qu'ils portent : tels certains paysans français qui affichent ostensiblement leur solidarité avec les économies les plus défavorisées à l'occasion des contre-sommets « alter-mondialistes » et qui, parallèlement, manifestent pour ne pas être victimes d'une remise en question de la politique agricole commune (PAC) mise en place par l'Union Européenne. Or, si celle-ci leur est à l'évidence favorable, c'est bien aux dépens de ceux qu'ils prétendent vouloir défendre par ailleurs, car la PAC a pour effet de limiter l'accès des produits agricoles non-communautaires sur le marché européen et brise ainsi toute compétitivité des produits que veulent exporter les pays les moins avancés (PMA), qui dépendent pourtant parfois exclusivement de ces exportations[1].

Fondée sur les principes mutagènes que sont l'innovation, le progrès et l'échange, la mondialisation engendre une évolution exponentielle, et suscite par ailleurs un décloisonnement inévitable (intégration) de tous les éléments et composants qui forment désormais la société mondiale, puisque aucune communauté ne peut rester à l'écart sans dépérir. Certes, le processus en cours est loin de son achèvement, et la planète reste un ensemble encore (fort heureusement, sans doute) pluriel ; mais son unité perd en cohérence. Rien ne semble pouvoir inverser fondamentalement cette évolution, pas même les « troupes » anti-systémiques d'Al Qaï da, ni les «alter »-mondialistes. Les sociétés, les Na-

[1] La Commission des Nations-Unies pour le Commerce et le Développement (CNUCED) remarque à ce propos : "Tributaire de l'exportation d'un petit nombre de produits dont les cours sont à la baisse, l'Afrique subit une détérioration des termes de l'échange. Les pertes engendrées par la détérioration des termes de l'échange pour ces produits équivalent au total de la dette en cours de l'Afrique sub-saharienne. [...] Le déclin des prix réels provient essentiellement d'une surabondance structurelle de l'offre Excédent des produits de base cultivés dans le Nord où l'agriculture est très subventionnée. [...] Qui sont les perdants ? Ce sont les contribuables des pays du Nord, mais aussi et surtout les millions de petits cultivateurs dans les pays du Sud, dont la plupart de ceux qui vivent en Afrique" : *Le salut commercial de l'Afrique passe par la diversification et un meilleur accès au marché*, ONU-CNUCED, NY, octobre 2003 : UNCTAD/press/pr/2003/103.

tions, multiples mais déjà parfaitement interdépendantes, sont effectivement toutes (individuellement et collectivement) profondément affectées par les bouleversements qui touchent LA société mondiale dans toutes ses dimensions : économique et financière, culturelle, politique, sécuritaire et juridique…

Par son ampleur et sa vélocité, le phénomène est ainsi plus qu'un simple processus d'évolution (qui est finalement intrinsèque à toute société, de quelque latitude ou de quelque époque que ce fût). L'humanité – comme toutes les espèces de la faune et de la flore qui vivent à nos côtés, et vis-à-vis desquelles nous avons d'ailleurs une responsabilité aujourd'hui éminente – fait donc face à une situation sans précédent, et les enjeux sont et seront à la mesure de l'événement. Cela devrait justifier l'absolue nécessité de rejeter à tout prix les approches passionnelles, et par définition erronées, pour s'efforcer de mieux comprendre la réalité telle qu'elle est dans sa complexité dynamique et multidimensionnelle, et non telle que l'on voudrait qu'elle soit. Seulement alors pourrons-nous en tirer des conclusions et nous efforcer de dégager les stratégies « adaptées ».

Dans ces conditions, réfléchir sur la gouvernance est bien plus qu'un aimable ou glorieux passe-temps, et si le raisonnement est ici un art majeur, il lui faut impérativement s'appuyer sur les armes que sont le courage des idées, le pragmatisme, et surtout le réalisme. La perception ainsi restituée doit alors refléter le plus rigoureusement possible les phénomènes observés et les considérer dans leur réalité exhaustive.

Sans doute alors découvrirons-nous que la réalité ne correspond pas exactement aux idées reçues, qu'elle est à la fois plus complexe et nuancée, et surtout beaucoup moins funeste qu'on voudrait le laisser croire.

PREMIERE PARTIE

LA MONDIALISATION LIBERALE

PRINCIPES ET EFFETS

Chapitre 1

ENJEUX ET ORIGINES DE LA REVOLUTION LIBERALE

« Tout homme naît avec des droits imprescriptibles ;
Telles sont la liberté de toutes ses opinions, le soin de son honneur et de sa vie ;
le droit de propriété, la disposition entière de sa personne, de son industrie, de toutes ses facultés ;
la communication de ses pensées par tous les moyens possibles,
la recherche du bien-être et la résistance à l'oppression »

Marquis de Lafayette
Projet de déclaration des Droits de l'homme et du citoyen, second paragraphe
Paris, le 28 août 1789

Processus multidimensionnel, la mondialisation affecte les sociétés sous tous leurs aspects, notamment :

Economique, bien sûr, par l'ouverture des marchés et la concurrence qui s'impose en règle suprême et à laquelle on ne saurait déroger (ce qui exige des réponses de l'entreprise et de l'individu comme de l'Etat, ce dernier étant responsable au premier chef de la défense de son économie et de sa compétitivité) ;

Culturel, l'impact médiatique mettant définitivement un terme à toute tendance ou tradition autarcique du fait du développement spectaculaire des nouvelles technologies de l'information et des communications (NTIC), appelant ainsi à la convergence des valeurs, modes et styles de vie.

Sécuritaire, du fait de la réalité transfrontalière d'enjeux toujours plus complexes (super-terrorisme, armes de destruction massive, pandémies, réchauffement planétaire…), rendant ainsi les stratégies et doctrines classiques obsolètes et bafouant par le fait même le principe de souveraineté.

Notre univers se transforme ainsi quotidiennement, presque incidemment et pourtant avec quelle vélocité ! Le changement nous affecte tous, individuellement et collectivement, sans même que nous y prenions garde. Plus exactement, victimes d'une fâcheuse tendance à ne distinguer que les désagréments que nous procure le changement, nous négligeons au passage les avantages que l'on en tire. Qui d'entre nous n'a pas considéré avec soupirs ces mutations quotidiennes qui affectent notre environnement matériel et social, oubliant que le progrès en fait aussi partie et qu'il contribue à améliorer très significativement nos conditions de vie ? Qui voudrait véritablement retourner en arrière, perdre son précieux téléphone portable et sa connexion Internet, et pourquoi pas son téléviseur, son frigidaire, et sa voiture ? L'on oublie que la durée de vie moyenne s'est globalement allongée, que notre confort s'est généralement amélioré de façon significative, ou que le temps que nous consacrons à nos loisirs s'est nettement agrandi... Nous ne portons pas non plus attention aux Droits et Libertés dont nous jouissons aujourd'hui, qui sont sans comparaison dans l'histoire, et cela même s'il reste de profondes inégalités entre les peuples à ce sujet. Des deux faces d'une même réalité, nous ne percevons trop souvent que la sombre et, pire (!), nous l'amplifions de manière disproportionnée et irrationnelle.

La mondialisation libérale impose il est vrai une mutation profonde de nos sociétés et, conséquemment, des êtres sociaux que nous sommes ainsi que des relations qui nous unissent. Elle nous transforme, à l'image de cet univers toujours plus global et interdépendant dans lequel nous évoluons. Cette globalisation croissante de la société mondiale engendre de multiples changements qui bouleversent nos repères et imposent de nouveaux enjeux, plus globaux, face auxquels il nous faut adapter nos réponses et stratégies. Et en cela elle nous effraie parfois. Mais, comme l'indique le qualificatif « libéral », elle contribue aussi à la diffusion des libertés : économiques, sociales et politiques. Or, la liberté d'opinion et l'échange, quelle qu'en soit la nature, sont les biens les plus précieux dont peut bénéficier l'humanité, et les plus sûrs gages de son développement.

Le liberalisme est un humanisme

La liberté et l'égalité

Souvent galvaudé, rarement défini, le terme « libéral », comme l'approche philosophique à laquelle il se rattache, le libéralisme, sont souvent décriés, pour ne pas dire vilipendés bien qu'on n'en comprenne pas toujours le sens. Et pourtant, faut-il avoir honte de mots et principes étymologiquement et philosophiquement liés à l'idée la plus noble et à l'acquis le plus inestimable pour notre humanité, sans distinction de culture ou de race : la liberté ? Faudrait-il renier ce pour quoi tant de peuples se sont battus, et se battent encore ?

Il est faux de prétendre que l'humanisme repose sur les principes égalitaristes, comme l'ont trop souvent laissé croire les idéologues des pensées et des doctrines finalement démagogiques et fatalement totalitaires lorsqu'elles sont poussées dans leurs logiques extrêmes. Quoique à priori généreux, l'égalitarisme crée inévitablement dans son application une rigidité socio-organisationnelle et fonctionnelle qui sclérose la communauté et ne bénéficie qu'à une caste bureaucratique et élitiste. Il décourage en effet l ' initiative individuelle et, de ce fait, s'inscrit contre le progrès ; du moins si celui-ci n'est pas conçu dans un cadre prévu à cet effet. L'initiative est alors planifiée, orchestrée de façon dirigiste, « fonctionnarisée », et tout bonnement émasculée. Les idéologies qui se réclament de ce principe sont de surcroît inévitablement hostiles à tout particularisme et toute caractéristique distinctive, tout ce qui fait que nous sommes DES hommes, certes égaux en droits mais chacun spécifique et différent. Or l'humanisme, c'est avant tout le respect des différences, du droit à exister et à s'exprimer librement.

La doctrine libérale, quant à elle, s'appuie sur la liberté et le pluralisme, lesquels présupposent non seulement l'acceptation et la considération des différences, quelles qu'elles soient, mais aussi l'organisation de la compétition – économique, politique (élections) ou sociale – entre les parties, cela dans la stricte observation de leurs droits respectifs et dans le respect de l'intérêt général. Ainsi faisant, le libéralisme permet non seulement l'existence des différences mais stimule encore l'initiative individuelle et collective en protégeant la propriété et rejetant l'arbitraire, encourageant de ce fait l'expression et la complémentarité des énergies, pour le plus grand bien de la société toute entière et du progrès. Loin de constituer un obstacle, la somme de toutes les différences est au contraire un atout pour la communauté.

Liberté et égalité ne sont cependant pas des valeurs antinomiques, loin s'en faut ; elles sont en fait intimement liées et interagissent de manière symbiotique, l'une confortant l'autre. Seules les positions dogmatiques, trop souvent intégristes, peuvent les opposer, et ainsi les menacer ; l'une, comme l'autre, d'ailleurs ! L'excès en la matière ne peut alors qu'avoir des effets redoutables. L'égalité, pas plus que la liberté, ne peut être considérée dans l'absolu, faute de quoi elle imposerait, plus qu'elle ne justifierait, un système forcément répressif puisque nul ne serait alors admis à se démarquer du lot. Cette perspective est évidemment parfaitement irréaliste, et les régimes qui s'en sont réclamés étaient (ou sont) sans aucun doute les plus inégalitaires qui soient : imagine-t-on qu'un paysan chinois ou un prolétaire soviétique ait jamais pu traiter également ou avoir les mêmes espoirs qu'un membre de la « nomenklatura » ou ses enfants ? Ces sociétés prétendument égalitaires sont en fait les plus injustes et n'ont paradoxalement jamais fait autre chose que renforcer les privilèges de la caste dirigeante. Ce n'est que dans ces régimes que l'on trouve des magasins réservés à l'élite bureaucratique (ou aux étrangers). De même les étudiants chinois qui affrontèrent courageusement le régime au printemps 1989 étaient, dans leur immense majorité, les enfants du pouvoir et de ses dirigeants, car le fabuleux modèle de la dictature du peuple ne privilégie en fait que l'infime minorité que constitue la caste dirigeante, confortablement installée au sommet de la Nation, gouvernant théoriquement au nom d'un peuple bâillonné[2]. En effet, si, selon Karl Marx, la dictature du prolétariat passait nécessairement par le biais du parti (supposé défendre les intérêts des prolétaires de manière plus « éclairée »), la réalité dans tout régime préten-

---

[2] Bruno Munier, « Une utopie réprimée ? Les jeunes chinois face au pouvoir » in *Jeunesses et politique, T.2*, édité par Raymond Hudon et Bernard Fournier, Les Presses de l'Université Laval et L'harmattan, Québec, Paris, 1994.

dument socialiste fut toujours différente, marquée par la spoliation du pouvoir au profit des soi-disant « représentants » du peuple : la dictature du parti, pour le parti et son élite, aux dépens des masses dont il se revendiquait pourtant. Ces régimes constituèrent (ou constituent encore, pour ceux qui ont survécu à la tourmente du tournant des années 1980-90) les plus abjectes dictatures, méprisant plus que tout autre les populations dont ils se targuent pourtant de défendre les intérêts et les droits ; moins que tout autre, ils n'hésitent pas à employer les méthodes les plus répréhensives pour défendre les intérêts… de la caste ! Les pogroms soviétiques, les purges maoï stes, le génocide khmer-rouge, qui tous ont fait des millions de victimes, mais aussi la répression de Tienanmen ou l'ire contre la secte Falun gong[3] … forment le triste et accablant bilan de ces républiques égalitaristes.

La véritable égalité n'impose aucun nivellement, c'est l'égalité devant la liberté. Cela présuppose bien évidemment l'égalité des chances, ce qui ne signifie pas que chacun doive vivre à l'identique mais, simplement, que chacun puisse avoir accès à des outils lui permettant d'espérer atteindre l'objectif qu'il se sera fixé en des termes bien sûr réalistes, s'il en a la volonté et l'énergie. Toute société doit en effet s'efforcer à maximiser ses potentialités multiples et différentes, et pour ce faire il lui faut garantir la liberté d'expression et encourager l'initiative. Ici encore, point d'absolu, mais une direction claire ; le rôle de l'autorité et sa responsabilité sont alors essentiels, car la société libérale n'est pas, bien évidemment, une société sans Droit, ni Etat, bien au contraire ! Il faut un certain nombre d'initiatives stratégiques, pour développer l'éducation de manière à ce qu'elle soit accessible à tous, mais aussi les infrastructures pour que chacun puisse communiquer et se mouvoir, pour faciliter les démarches administratives (réduisant coût et temps) afin de libérer l'initiative et permettre à chacun de tenter de mener à bien son projet (faute de quoi les plus riches ou les personnes proches du pouvoir sont inévitablement privilégiés face aux pauvres,

[3] Secte chinoise victime depuis quelques années de violentes répressions de la part du gouvernement de la République populaire de Chine, inquiet devant l'engouement populaire qu'elle suscite.

victimes d'une administration pléthorique, sclérosante et déroutante), pour sécuriser les droits de propriété afin de réduire le marché noir et faire en sorte que les moins aisés puissent disposer de leurs biens sans crainte de spoliation ou d'action de justice à leur encontre[4]. Ainsi seulement peut-on échafauder une société où les principes de liberté comme d'égalité ne sont plus réduits à de belles mais bien irréelles théories ; une société où l'ascenseur social existe véritablement et où les privilèges ne sont pas garantis à une élite, même sous des prétextes égalitaristes.

« Ce qui importe d'abord est de savoir dans quelle condition vous vivez, et non dans quelle condition par rapport aux autres. Ce qui importe est que le plus de gens possible vivent mieux, et cela reste valable même si certains améliorent leur sort plus rapidement que d'autres »[5]. Pour autant, comme le stipule clairement l'auteur de ce propos, l'égalité sociale, outre son intérêt philosophique et éthique, est un formidable stimulant de la croissance. Mais cette égalité, c'est bien l'égalité des chances, qui libère les énergies et encourage l'initiative. Cette égalité, c'est la liberté ! Liberté d'être différent tout en s'exprimant et agissant, liberté de produire et d'échanger pour évoluer et prospérer. C'est ce que permet d'offrir la mondialisation libérale aux peuples de la planète qui, avec l'engagement éclairé de l'Etat, veulent saisir leur chance.

La société libérale

Il faut ici être très clair : le libéralisme ne peut se résumer à une pensée unidimensionnelle, pour ne pas dire à une « recette » économique. C'est au contraire, on l'aura compris, une pensée philosophique très large et générale, qui s'attache à toutes les dimensions de l'activité humaine et sociale : politique, économique, juridique, sociologique et culturelle. Comment pourrait-il d'ailleurs en être autrement, sauf à vouloir la décrédibiliser ? La

---

[4] L'économiste péruvien Hernando de Sotto, repris par Johan Norberg, explique dans une analyse publiée en 2000 que les pauvres sont les inévitables victimes des situations où les droits de propriété ne sont pas garantis, ne pouvant souvent obtenir de titre légal de propriété et donc étant contraints à agir dans l'ombre ou à renoncer : Hernando de Sotto, *The Mistery of Capital : Why Capitalism Triumphs in the West and Fails Everywhere Else*, Bantam Press, Londres, 2000.

[5] Johan Norberg, *Plaidoyer pour la mondialisation capitaliste*, Plon, Paris, 2003, p. 67.

liberté ne peut, en tout état de cause, se réduire à la propriété matérielle des biens et à leur usage ; elle implique nécessairement, on l'a dit, l'expression politique et la liberté de pensée, mais aussi le respect de l'autre et les Droits de l'Homme. Ceux-ci, ne l'oublions pas, ont effectivement toujours été propulsés par les idées libérales et leurs protagonistes : ainsi la première déclaration des Droits de l'Homme et du citoyen fut-elle inscrite dans le préambule de la déclaration d'indépendance des Etats-Unis le 4 juillet 1776 : « Nous tenons ces vérités pour évidentes par elles-mêmes : que tous les hommes naissent égaux, que leur Créateur les a dotés de certains droits inaliénables, parmi lesquels la vie, la liberté et la recherche du bonheur... ». Le premier projet en France fut déposé le 11 juillet 1789 par le général Marquis de Lafayette, puis adopté en des termes sensiblement différents mais encore clairement d'inspiration libérale, le 26 août suivant, avant que l'extrémisme jacobin ne sévisse. Comment, enfin, ignorer l'inspiration libérale à la lecture de la déclaration universelle des Droits de l'homme adoptée par l'Assemblée générale des Nations-Unies le 10 décembre 1948 dans la droite ligne des deux déclarations précitées et du « Bill of Rights » adopté en 1791 par le Congrès des Etats-Unis pour former les dix premiers amendements à la constitution par souci de préciser encore la défense des droits des citoyens[6].

Faut-il le rappeler, la pensée libérale implique non pas un principe anarchique ni celui de la loi du plus fort, mais au contraire un véritable « contrat social » entre les parties, fondé notamment sur le principe de responsabilité. La liberté est à ce prix et le respect de la pluralité exige l'ordre, ce dernier concept étant compris non pas au sens d'une rigidité sclérosante, voire de l'immuabilité – bien au contraire ! –, mais comme l'incontournable pourvoyeur de la stabilité, laquelle (soulignons le) est nécessaire à toute évolution. L'ordre n'est donc pas ici synonyme

[6] Bien qu'elle ait été aussi adoptée par les démocraties populaires, la déclaration universelle n'a bien évidemment jamais été respectée par celles-ci, notamment en ce qui a trait à certains droits juridiques (art.6 à 11 notamment, cherchant à prévenir l'arbitraire), politiques (liberté d'association (art. 20) ou liberté de pensée (art.18), par exemple), et au respect des libertés individuelles de la dignité de la personne (art.5 et 12, notamment, voulant, entre autres, préserver l'individu et la famille de la torture et des immixtions arbitraires) : Paul Reuter et André Gros, *Traités et documents diplomatiques*, Presses Universitaires de France, Paris, 1982 (5e édition).

de répression mais impose la responsabilisation de toutes les parties, dans le respect du contrat social. Bien entendu, cela présuppose une nécessaire pédagogie au sein des populations sans tradition démocratique, tant cette définition de l'ordre est contraire au fonctionnement des systèmes autocratiques ou dictatoriaux.

La société libérale, de la plus infime communauté à la société mondiale elle-même, requiert ainsi l'existence de règles précises et acceptées (Etat de Droit) et l'engagement de chacun, solidairement, à en tirer profit comme à les défendre, pour préserver la liberté et la notion même de démocratie.

L'organisation politique. Considérant la liberté comme nécessairement antinomique au dirigisme ou à l'absolutisme, le libéralisme, sans être opposé à l'Etat et à ses missions essentielles, est logiquement réticent voire hostile à la tentation d'un interventionnisme systématique et aux tendances régulatrices de l'Etat, que ce soit en terme politique, économique ou social. C'est pourquoi, dans un spectre politique allant de Gauche à Droite et ayant comme unité de référence le degré d'intervention de l'Etat et comme polarités la Liberté ou le dirigisme, le libéralisme se positionnerait à l'opposé du marxisme comme du fascisme, lesquels partagent cette fascination pour les formes autoritaires et excessivement régulatrices de gouvernement, à l'encontre du principe de liberté. C'est Friedrich von Hayek, Prix Nobel d'économie (1974) qui, le premier, mit en évidence – dans une remarquable analyse publiée originellement en 1944 – la proximité philosophique et pratique des doctrines marxistes, fascistes et nazies, toutes les trois encourageant la constitution d'un système étatique autoritaire et régulateur, naturellement contraire à l'expression des droits et des libertés individuelles[7].

A contrario, la doctrine politique libérale s'inscrit en totale opposition à toute forme d'autoritarisme ou de régime dictato-rial. Ses origines viennent de la lutte contre l'absolutisme et elle se définit, comme nous le verrons plus en détail par la suite, par l'affirmation de la souveraineté populaire, l'organisa-

---

[7] Friedrich A. Hayek, *The Road to Serfdom*, University of Chicago Press, 1994 (titre français : *La route de la servitude*).

tion de la représentativité démocratique et de la compétition politique, et la séparation des pouvoirs pour éviter toute dérive totalitaire (John Locke : « Traité sur le gouvernement civil », 1690 ; et Montesquieu : « L'esprit des lois », 1748). Le libéralisme politique se fonde donc sur la liberté de pensée, le rejet de l'arbitraire et l'égalité juridique des citoyens, ainsi que sur le respect et surtout l'engagement politique de la communauté dans sa pluralité. C'est d'ailleurs dans cette pluralité que la société politique puisera sa force, sa vitalité et sa stabilité.

Un tel modèle ne peut à l'évidence qu'avoir un impact favorable sur les sociétés où il s'impose comme sur les hommes qui les composent, où qu'ils se trouvent et quelle que soit leur histoire ou leur culture. Comment alors ne pas regarder un brin favorablement ce processus de mondialisation qui encourage sa diffusion avec succès[8] ?

L'organisation économique. Comme nous le verrons plus loin, le principe du libre échange est l'antithèse d'une société fondée sur les privilèges, contrairement à ce qui est trop souvent proclamé. En effet, le privilège, c'est voir l'Etat favoriser une entreprise ou un agent économique, généralement de statut public, aux dépens de leurs concurrents. Le libéralisme économique s'appuie sur les mêmes raisonnements et principes que le libéralisme politique : pluralisme, compétition, et respect des règles établies. Certes, tout ne fonctionne pas nécessairement parfaitement et les règles ou principes peuvent ici et là être bafoués, mais c'est alors une erreur qu'il faut rapidement corriger.

Si l'économie libérale repose sur la concurrence, c'est parce que celle-ci (comme la concurrence politique) est au cœur du dynamisme, de la productivité, de l'innovation et de l'adaptabilité d'une économie, qualités essentielles pour assurer croissance et progrès. Le moteur de la production, source du développement, est assuré par l'échange et non par les « visions » économiques ou politiques de quelque technocrate ou gouvernant. Chacun a sa place dans ce marché, pour autant qu'il sache rester compétitif ; et sur ce point, il incombe à l'autorité de

[8] Nous trouverons plus loin une analyse détaillée sur ce sujet.

veiller à ce que les règles encadrant le principe de concurrence soient respectées. La philosophie économique libérale consiste à favoriser l'initiative et la production en stimulant l'échange et la concurrence, ce qui a pour conséquence d'encourager la recherche de compétitivité qui, à son tour, incite l'innovation, permettant ainsi de proposer une offre variée et s'adaptant à la demande. Il y aura bien sûr des puissants aux côtés des plus petits, mais ceux-ci peuvent aussi avoir des atouts par rapport aux premiers, comme une meilleure capacité d'adaptation, et la possibilité de se spécialiser là où ils seront plus performants. Cette division du travail permet ainsi à chacun, grand ou petit, de s'affirmer et d'en tirer les bénéfices. Ce raisonnement est valide à tout niveau et dans tous les marchés qui en respectent le principe : les pays pauvres ont donc tout à gagner de la libéralisation des échanges au sein du marché mondial, pour autant qu'ils s'appliquent (comme nous le verrons plus loin) à progressivement adapter leur production aux besoins de la demande extérieure.

Respectueux de la diversité et des libertés, encourageant l'initiative et la responsabilité, le libéralisme est un humanisme parce que sa conception du politique et de l'économique n'a pour fondement que l'homme. La complexité de celui-ci tient à la fois de ses particularités individuelles et de son caractère intrinsèquement social : l'homme est nécessairement singulier mais aussi pluriel, et c'est aussi ce qui fait sa richesse ; et le véritable humanisme doit indubitablement prendre en compte cette double dimension !

S'ADAPTER POUR NE PAS PERIR

Les très profondes mutations qui affectent l'ensemble des sociétés, pour ne pas dire la civilisation contemporaine, exigent de chacun d'entre nous, à titre individuel et collectif, les mêmes qualités qui ont fait le succès de l'espèce, révélées voici plus d'un siècle par Darwin et les théoriciens de l'évolution.

La réalité qui nous entoure subit, nous l'avons dit, de

profondes, générales et irrémédiables transformations qui affectent la planète dans son intégralité à un rythme exponentiel, quoique de façons encore diverses. Parce qu'il n'est pas d'évolution sans mutation à la fois structurelle et organisationnelle, ce changement correspond en fait à une véritable métamorphose de la société et du monde qui nous entoure. Comme le rappelait le cybernéticien Nicolas Schoffer : « Tout phénomène évolutif porte en soi les facteurs de la modification profonde de ses propres structures. Si la modification n'a pas lieu, il y a ou blocage, ou régression ou annulation du phénomène en question »[9]. Toute évolution environnementale exige donc l'adaptation de ceux qui la subissent. Et vouloir arrêter ou même freiner le processus et sa dynamique mutagène apparaît proprement irréaliste. C'est pourquoi, sauf à imaginer vouloir contrôler et restreindre les véritables moteurs de la mondialisation que sont l'innovation et le progrès technologique – scénario alors proprement « orwellien » et aux implications indubitablement catastrophiques mais fort heureusement improbables – il n'existe pas d'alternative pour l'humanité contemporaine que l'adaptation à cet univers mondialisé en formation. A l'évidence en effet, nous ne sommes pas, ni ne voulons être, tels les dinosaures, terrassés devant un monde en mutation rapide et incapables d'appréhender cette réalité nouvelle ou de répondre aux défis qu'elle nous impose !

Utilisant un langage systémique, nous pouvons résumer ainsi notre propos : tout système est fait d'éléments qui, quelle que soit leur nature, interagissent de diverses manières et ne sont donc en aucun cas ni isolés, ni statiques et encore moins immuables. Cette dynamique, qui se forme de la somme des interactions systémiques (lesquelles sont éventuellement de nature diverse : économiques, sociologiques, politiques) est source d'évolution et donc de mutation pour le système lui-même ; ce qui signifie nécessairement un changement de l'environnement pour les éléments qui le composent. Ces derniers sont alors contraints d'adapter leurs réponses (comportements), et parfois leurs structures, pour s'intégrer à la synergie systémique et en tirer partie. Ainsi faisant, en s'adaptant (en changeant !), ils con-

[9] Nicolas Schoffer, *La ville cybernétique : la société ne subira plus son destin, elle le créera*, Denoël, Paris, 1972 : www.olats.org/schoffer/livle1.htm.

courent – tous – en retour à l'évolution du système. Refuser ou s'opposer à cette contrainte impliquerait au contraire une inadaptation croissante qui ne pourrait à terme qu'être extrême-ment nuisible pour l'élément en question, voire pour le système si de son côté il ne réagit pas non plus à cet état de fait. Ce principe général vaut bien évidemment pour tout : l'univers ou la molécule sont régis par des règles communes, et il en va de même pour les sociétés. Refuser le changement environnemental (ou systémique) et l'adaptation nécessaire équivaut donc pour un élément – ici un Etat, une communauté, un individu – à se marginaliser et dépérir.

Nul sur cette terre n'a donc d'autre choix que de vivre et accepter les changements et les bouleversements engendrés par cette évolution effrénée de l'environnement qui nous entoure. Et dans un tel contexte, la passivité serait aussi coupable et dangereuse que de succomber aux prêches apocalyptiques ou aux dogmes démagogiques et populistes d'illuminés rêvant de stopper la dynamique mondiale. Il faut donc modifier nos comportements et adapter nos stratégies et réponses individuelles ou collectives pour agir, avec pragmatisme et responsabilité, et surtout sans aveuglement. Nous devons regarder la réalité en face, la percevoir et la comprendre telle qu'elle est, et surtout pas comme nous souhaiterions qu'elle soit.

Bien sûr, les réponses que l'on peut tenter d'apporter face à cette dynamique mutagène sont potentiellement multiples autant que spécifiques et particulières puisque chacun d'entre nous est directement concerné voire affecté par les effets du changement et peut ou doit apporter ses propres répliques ; mais elles seront aussi nécessairement collectives et concertées, tant il est vrai que le défi s'impose à chaque communauté, à chaque société et à LA société mondiale dans son ensemble.

La réforme de l'Etat, les processus d'intégration régionale en Europe comme ailleurs, la démocratie de proximité chère à Alexis de Tocqueville, la recherche d'une nouvelle forme de gouvernance mondiale (et les initiatives comme celle proposée par le Secrétaire général des Nations-Unies, monsieur Kofi Annan, pour un « Pacte mondial » appelant une implication responsable des entreprises transnationales et des organisations non-gouvernementales)... toutes ces stratégies ont en commun de vouloir apporter une réponse à l'évolution contextuelle et aux nouveaux enjeux qui en découlent. Toutes impliquent un profond réaménagement, pour ne pas dire une réelle redéfinition de la mission et du champ d'intervention des autorités publiques, bouleversant ainsi en profondeur l'environnement du citoyen et la relation Etat-Nation.

Parce qu'à l'évidence nos sociétés se transforment, les règles et principes de fonctionnement, ainsi que les modalités organisationnelles sur lesquelles elles reposent, sont appelés à évoluer pour s'adapter et faire face aux nouvelles contraintes. Devant la nécessité, rien n'est immuable ; seule la pertinence des actions et décisions compte. C'est pourquoi la mondialisation, parce qu'elle contribue à modifier significativement l'Ordre et le système international, exige une adaptation progressive mais en profondeur de la gouvernance, voire de ses institutions, que ce soit au niveau national ou planétaire.

L'homme et le changement

Si chacune des questions susmentionnées mérite d'être traitée en profondeur, il faut dans un premier temps mesurer l'impact du changement sur le quotidien de chacun d'entre nous.

L'homme «moderne » de ce début de XXIe siècle, plus qu'aucun de ses ancêtres, doit s'adapter au bouleversement rapide et total de son cadre de vie : que ce soit du fait de la spectaculaire évolution technologique et des moyens mis à sa disposition ou s'imposant à lui – qui dans tous les cas présupposent un nécessaire et constant changement comportemental –, ou du fait des modifications du contexte économique, culturel et politique dans lequel il évolue. Intrinsèquement, cependant, notre capacité d'évolution (métabolique et psychique) reste contrainte dans d'évidentes limites que nous impose notre condition. Ainsi peut-on s'interroger sur les distorsions potentiellement générées par le décalage entre l'état de nature (qui ne cesse de nous poursuivre, tant il est vrai que nous restons liés à la condition animale et obéissons ainsi à des pulsions que l'on pourrait qualifier de « primaires ») et les « outils » dont nous disposons, toujours plus sophistiqués et complexes. Les problèmes ici suscités peuvent donner le vertige ; ils posent en quelque sorte la question de notre aptitude à maîtriser les forces que nous avons su libérer. La chose n'est toutefois pas nouvelle, et fut révélée voici bien longtemps par les hellènes sous la métaphore de la «boîte de Pandore ».

Le décalage potentiel entre l'évolution de l'homme et de ses outils interpelle, semble-t-il, et pose finalement le problème de la capacité réelle d'adaptation dont nous pouvons ou savons faire preuve. Toute évolution rapide des sociétés ou de l'économie engendre une nécessaire réponse de l'ensemble des acteurs concernés que l'on peut décrire comme un processus d'acclimatation à de nouvelles contraintes. Cependant, les contraintes inhérentes liées à l'accélération, semble-t-il constante, du processus de mondialisation et aux « révolutions » technologiques et psychosociologiques que celle-ci engendre, peuvent parfois donner le sentiment d'une certaine incapacité à appréhender et maîtriser la situation, l'adaptation restant alors nécessairement imparfaite ou incomplète.

L'on peut ici prendre l'exemple des économies asiatiques, du moins celles qui méritent le qualificatif de « Nouveaux Pays Industrialisés » (NPI). Alors qu'elles ont été caractérisées par une réelle et très forte croissance qui a bouleversé leur réalité (en terme de production mais aussi d'évolution techno-scientifique et infra-structurelle) en seulement quelques décennies, voire quelques années, force est cependant de constater un écart perceptible entre l'évolution réelle des économies et celle des sociétés qui les composent. La crise qui affecta la région en 1997-98 a en effet révélé un profond décalage entre l'accélération du potentiel productif – qui permit de renforcer l'attractivité de ces économies, encourageant les investisseurs comme les spéculateurs à s'intéresser aux perspectives offertes – et les mécanismes de contrôle et de surveillance financiers et bancaires trop souvent incapables de satisfaire à leur mission et encourageant une dangereuse opacité systémique ? En fait, ce qui différencie pour l'essentiel ces NPI des vielles puissances industrielles ou post-industrielles, c'est justement la référence au temps : ce qui s'est fait ici sur plus d'un siècle de révolution industrielle s'est fait là en quelques années seulement. L'on peut alors aisément concevoir, outre le contexte historique et culturel différent, que les sociétés (les hommes ainsi que leurs institutions...) n'ont pu « s'acclimater » de la même manière ou avec la même facilité à leurs nouvelles contraintes. Pour imager notre propos, disons simplement qu'un entrepreneur thaï landais à la tête d'une société opérant dans le secteur des hautes technologies ou des services, en 1997, et gérant un capital conséquent du fait de ses activités internationales, n'était sans doute pas fondamentalement très différent du jeune homme qu'il fut vingt ans plus tôt. Il vivait certainement alors dans des conditions et dans un univers se situant à mille lieues du monde sophistiqué dans lequel il évolue aujourd'hui, mais sans avoir eu suffisamment de temps pour apprivoiser pleinement cette nouvelle réalité. L'évolution économique et matérielle a peut-être ici été trop rapide pour donner le temps et le recul suffisant. Il s'est instauré alors un décalage évident. L'homme n'évolue pas nécessairement au diapason de son environnement extérieur, et les risques de dérapage sont alors réels.

Mais cette évidente difficulté d'adaptation au changement rapide, qui caractérise aujourd'hui notre univers, et l'inconfort qui peut en résulter, ne sauraient toutefois remettre en question le « progrès » d'une part parce que la dynamique qui l'engendre échappe en fait à notre contrôle, et d'autre part parce que nous sommes en quelque sorte contraints d'en bénéficier ne pouvant nous laisser submerger sous peine d'être marginalisés.

L'adaptation résulte d'un choix

L'exemple des NPI asiatiques est ici pertinent : la formidable croissance économique dont ils ont bénéficié ne s'explique que par les stratégies mises en place par les autorités – en concertation avec les entreprises – visant à appuyer le développement (économique et social) sur la demande des marchés extérieurs, et jouant parfaitement ainsi la carte de l'intégration à l'économie mondiale. A en juger par les taux croissance que l'on a pu (et que l'on peut encore) connaître dans cette région, la stratégie se révéla payante, d'autant plus que l'augmentation quantitative et qualitative de la production (la croissance) se traduit inévitablement par des conséquences favorables en matière d'emploi, donc de niveau de vie. On peut donc déjà affirmer au passage qu'il est faux de dire que la mondialisation crée la pauvreté ! La Chine, la Malaisie, la Corée du Sud, Taï wan... pour ne citer que ceux-là, sont-ils plus pauvres aujourd'hui qu'il y a vingt ans ? A l'évidence, non ! Il ne s'agit cependant pas ici de prétendre que la pauvreté y ait été éradiquée, mais tout simplement de reconnaître que, globalement, la situation s'est cependant améliorée. Comment nier que, malgré tous les propos fantaisistes que l'on peut entendre, la situation ne s'est pas significativement améliorée pour ces « pays en voie d'enrichissement » ? Or, si cela est, c'est justement parce qu'ils ont su faire le bon choix, collectivement : celui de l'intégration à l'économie mondiale ; et bien sûr aussi parce que leur détermination fut constante. Comment alors imaginer que le principe puisse se limiter à la seule variable économique, sans influence culturelle ni politique ? Certes, ici, les résistances sociétales et politiques peuvent freiner la dynamique.

Mais la mondialisation, par son versant culturel, n'est-elle pas justement le meilleur outil permettant de véhiculer et propager des idées et principes tels que les Droits de l'Homme, l'Etat de Droit, la démocratie représentative et participative, aux côtés des principes encourageant le libre échange ainsi que l'ouverture économique ? L'idée peut apparaître odieuse à certains, prisonniers de leurs convictions négatives et donc nécessairement hostiles au phénomène et à la dynamique d'échange (économique mais aussi culturel et politique) qu'il génère. Mais la mondialisation peut effectivement permettre d'établir des ponts entre les différentes économies et sociétés pour finalement les aider vers de nouveaux choix et nouvelles stratégies mieux adaptées pour répondre aux contraintes objectives auxquelles il faut nécessairement faire face.

Revenant aux stratégies asiatiques, force est de constater que le choix de « l'intégration » à l'économie monde, quelles que soient les difficultés qui restent à surmonter, semble de toute évidence avoir été le bon ; surtout si l'on compare avec les économies qui, pour de multiples raisons (souvent liées au problème de gouvernance : corruption, guerre civile...), n'ont pas su ou pu s'engager dans la même direction. Or, que veut dire finalement ce terme d'« intégration » si ce n'est l'adaptation opérée volontairement par une économie et une société, à son environnement extérieur, c'est-à-dire à l'économie et à la société mondiales ainsi qu'aux forces qui les soutiennent ?

Tout ceci est bien évidemment le résultat de choix et stratégies délibérément engagés par l'Etat ; « l'intégration » présuppose en effet, par delà la simple volonté de stimuler les échanges, la mise en compétition du potentiel économique et social, ce qui implique nécessairement la recherche d'une plus grande compétitivité. Pour ce faire, l'Etat va devoir prendre des décisions impliquant parfois une réorganisation profonde de son économie, des outils de production et des secteurs d'activité comme de la main-d'œ uvre et ses compétences. Il devra probablement aussi réajuster son rôle et ses fonctions au sein de l'économie et de la société : l'Etat producteur et régulateur évoluera par le biais de privatisations ou d'autres politiques visant à stimuler et libérer les forces ainsi que les secteurs productifs et réduire ou réorganiser ceux qui, au contraire, seraient déficients ou tout simplement contre-productifs (parce que n'obéissant pas aux règles du marché). Ainsi peut-on constater que cette tendance affecte depuis deux décennies l'ensemble des économies, de la France à la Chine en passant par le Vietnam ou le Mexique ; avec quelques exceptions cependant, dont la Corée du Nord est sans doute la plus symptomatique, suivie par quelques autres pays comme le Myanmar (Birmanie).

Certes, les modalités et la profondeur des opérations engagées ici et là varient, mais le sens des politiques mises en place par les gouvernements aux quatre coins de la planète est le même ! La baisse de l'interventionnisme étatique et la volonté de stimuler l'attractivité économique afin d'attirer les investissements constituent ainsi une tendance dominante pour répondre aux enjeux et aux défis auxquels doivent répondre les économies contemporaines. Comme nous le verrons plus loin, les résultats dépendent très largement de la détermination et de l'engagement effectif face à la nécessaire réorganisation (adaptation) économique (et nécessairement sociale). Il s'agit donc, à proprement parler, d'une véritable métamorphose affectant l'Etat dans ses profondeurs, jusque dans ses missions et son sens, remettant bien évidemment en question son organisation traditionnelle. La réforme de l'Etat ne constitue donc plus ici une option (sauf dans ses modalités) mais une incontournable nécessité pour lui permettre de s'adapter aux contraintes objectives auxquelles il lui faut indubitablement faire face.

Ce qui est vrai au niveau national l'est, bien sûr, à une échelle supérieure. L'adaptation de la gouvernance et de ses structures constitue une nécessité absolue qui repose, non sur un quelconque processus naturel ou transcendant s'imposant de lui-même, mais sur l'engagement volontaire, lucide, pragmatique et déterminé des forces politiques ainsi que de la participation des acteurs économiques et sociaux.

SUR LES ORIGINES DE LA MONDIALISATION

Bien que le terme soit relativement nouveau (ce qui explique sans doute qu'il est trop souvent utilisé et défini de manière imprécise, voire inexacte), la mondialisation n'est bien évidemment pas un phénomène spontané. Elle n'est pas le fruit du délire des temps modernes, mue par la volonté démoniaque de quelques puissances capitalistes occultes, et coupée de ses racines comme de toute histoire. Il faut au contraire, pour la comprendre, inscrire le processus de mondialisation dans une continuité historique, et identifier les facteurs responsables de son extraordinaire accélération.

De fait, comment concevoir l'histoire autrement ? Certes, ce long fil continu qui nous rattache aux premières civilisations, et même au-delà, n'est pas sans inconstances ! Bien au contraire, l'histoire des civilisations est composée de phases de développement et de ruptures, parfois dramatiques ; mais ces « ruptures » ne sont en général qu'un infléchissement de la dynamique sans pour autant qu'il y ait discontinuité historique. L'effondrement de l'empire romain n'implique pas la disparition définitive de la culture gréco-latine et l'évanouissement de tout héritage, pas plus que la disparition des civilisations précolombiennes ne signifie l'évanouissement total d'un peuple, ni même de sa culture. Aussi, et bien qu'elle s'inscrive avec certaines caractéristiques qui la distinguent des périodes antérieures de notre histoire, la mondialisation a bien évidemment des racines dans le passé qui permettent d'en mieux comprendre le sens.

L'échange

Dès l'origine, l'humanité se caractérise par sa nature profondément grégaire, spécificité par ailleurs nécessaire à la survie de ces fragiles bipèdes évoluant dans un environnement leur apparaissant hostile ; l'ironie étant que cette espèce s'affirmera comme la plus dynamique, mais aussi la plus menaçante pour l'équilibre planétaire. L'histoire commence avec le rift africain, ce bouleversement géologique et climatique qui sépara l'Afrique orientale en deux zones voici entre 3 et 2,5 millions d'années – ce qu'Yves Coppens a baptisé « l'événement de l'(H)Omo » (du nom du fleuve sur les rives duquel furent mises en évidence les séquences stratigraphiques qui permirent la révélation de cet événement) –, l'une des zones restant humide et fortement boisée, l'autre désormais plus sèche du fait du refroidissement, devenant terre de savane[10]. Ce phénomène eut, aux dires des paléoanthropologues modernes, des conséquences fondamentales sur l'évolution des hominoïdes en suscitant une «bifurcation phylogénétique » majeure (en langage commun nous parlerions de séparation des espèces). Le groupe se situant dans la zone plus sèche, ne bénéficiant plus de l'abri que constituait la forêt tropicale, perdit progressivement le réflexe arboricole, ces premiers hominidés adoptant peu à peu la station debout, libérant les membres antérieurs et ouvrant ainsi la voie à une fantastique évolution du potentiel cérébral. Mais, le danger que constituait ce nouvel environnement où ces fragiles pré-humains étaient désormais contraints de se mouvoir à découvert, seuls face aux prédateurs, renforça aussi considérablement la solidarité entre les membres de chaque groupe. Cet automatisme commu-

---

[10] Yves Coppens, *Le genou de Lucy*, Odile Jacob, Paris, 1999, p. 52 et suivantes.

nautaire présidera naturellement à l'émergence de sociétés de plus en plus structurées et organisées, puis à celle des civilisations grâce au processus de sédentarisation. Véritable révolution dans l'histoire de l'humanité, ce dernier entraînera la nécessaire spécialisation des activités, qui permettra à son tour de multiplier l'efficacité du travail et donc la productivité. Il en résultera naturellement un développement considérable des échanges, intra et inter communautaires. La division du travail était née.

Rappelons à ce propos ces mots d'Adam Smith : «Les plus grandes améliorations dans la puissance productive du travail, et la plus grande partie de l'habileté, de l'adresse, de l'intelligence avec laquelle il est dirigé ou appliqué sont dues, il me semble, à la division du travail. » [...] « ... les talents les plus disparates sont utiles aux uns et aux autres ; les différents produits de leur industrie respective, au moyen de ce penchant universel à troquer et à commercer, se trouvent mis, pour ainsi dire, en une masse commune où chaque homme peut aller acheter, suivant ses besoins, une portion quelconque de l'industrie des autres » [11].

La division du travail constitue en effet, on ne saurait trop le rappeler, une étape essentielle du progrès de l'humanité, puisqu'en permettant de maximiser la production, elle contribue à l'enrichissement collectif et à l'amélioration des conditions de vie. Elle renforce aussi les liens entre les parties, désormais interdépendantes et contraintes à l'échange. Bien évidemment, cette fonction d'échange ne se limite pas à la seule dimension économique ; elle est aussi inévitablement culturelle, technologique et scientifique... Ainsi, lorsque les marchands indiens accostaient près de l'ancien royaume de Funan, au Cambodge actuel, ils ne firent pas que commercer mais diffusèrent aussi leur culture, leur religion, leur écriture... contribuant alors au rayonnement à venir du royaume puis de l'empire khmer et à l'« indianisation» de l'Asie du Sud-Est[12]. Dans une perspective plus moderne, l'échan-

---

[11] Adam Smith, *Recherches sur la nature et les causes de la richesse des nations*, vol. I, (1776. Livre premier chapitres I & III), Flammarion, Paris, 1991, p. 71 & 84.

[12] L'indianisation signifie la diffusion des religions hindouiste puis bouddhiste, ainsi que la généralisation de l'écriture indienne en Asie du Sud-est et encore présente en Thailande, notamment; cf. notamment, pour un résumé concis, Paul Isoart, *Les Etats de l'Asie du Sud-Est*, Economica, Paris, 1978, p. 2-14.

ge, c'est aussi la diffusion des valeurs démocratiques et des droits fondamentaux, la propagation de nouvelles techniques sanitaires… Aussi, par sa multidimensionnalité, l'échange constitue un pilier essentiel de l'évolution des sociétés. De fait, il contribue à satisfaire les besoins nécessaires à leur croissance, voire à leur survie. De nombreuses civilisations, sur tous les continents et de tout temps, ont ainsi fondé leur existence même sur l'échange avec les communautés environnantes, ces dernières s'étant parfois spécialisées jusqu'à devenir parfaitement dépendantes de la relation ainsi établie.

Le concept n'est pas nouveau, et il est en fait « vieux comme le monde ». Il constitue un fondement structurant, non seulement des relations inter-sociétales (devrions-nous dire « internationales ») mais aussi pour chaque société : que serions-nous sans les relations que nous avons établies au cours de l'histoire avec d'autres peuples et cultures, cultures dont nous nous sommes plus ou moins imprégnés et enrichis et qui constituent dès lors une partie intégrante de notre réalité. Le Cambodge, pour reprendre cet exemple, ou les Etats voisins d'Asie du Sud-Est continentale seraient-ils ce qu'ils sont aujourd'hui sans l'imprégnation de l'influence culturelle indienne, originellement véhiculée par le biais des liens commerciaux au début de notre ère ? Homo Sapiens Sapiens, comme déjà ses ancêtres hominiens et hominidés, est essentiellement et fondamentalement un animal social ; or, ce qui caractérise tout système social, c'est l'existence d'une dynamique d'échange, multidimensionnelle et organisée.

Propre à toute société et civilisation, l'échange encourage le développement de relations entre individus et communautés diverses – relations souvent inégales, certes, du fait des rapports de force existants. Ainsi s'organise l'Ordre international. Le caractère multidimensionnel de l'échange repose notamment sur l'existence d'interactions entre les diverses fonctions caractérisant la vie sociale (variables), les unes affectant les autres. Ainsi, le politique interfère-t-il sur le négoce, le négoce sur la culture et l'organisation sociétale… : l'autorité politique ou la force militaire viendra au secours des ambitions et intérêts commerciaux comme la troupe britannique forçant, au milieu du XIXe siècle, l'accès au gigantesque marché chinois (guerre de l'opium) … Il est vrai, la puissance et les disparités économiques, politiques ou technologiques… affectent ou conditionnent immanquablement l'échange. La « politique de la canonnière » mettant la supériorité technologique militaire au service des ambitions économiques et commerciales européennes est une réalité historique, ne pas en prendre compte serait effectivement une grave erreur historique, tout comme se borner à la facilité intellectuelle en condamnant l'agresseur et plaignant sa victime. La confrontation ne naît pas de la simple existence de disparités ou différences, ni des divergences qui peuvent en résulter, mais du refus de tout dialogue et surtout de l'échange. La comparaison des attitudes qu'ont adoptées les empires de Chine et du Japon à la fin du XIXe siècle, fondées sur des stratégies diamétralement opposées, est ici éloquente. En effet, tandis que le premier s'enfermait dans une volonté autarcique qui le conduisait immanquablement à l'affrontement et au déclin, l'autre s'employa à ouvrir son économie et valorisait ainsi ses atouts. C'est d'ailleurs ici que prend tout son sens la théorie de David Ricardo sur l'avantage comparatif, dont l'inté-rêt fut de démontrer que, peu importent ses faiblesses, chacun trouvera profit dans l'échange[13].

L'échange, même si les partenaires sont profondément dissemblables, est non seulement source de progrès mais aussi de richesse, puisqu'il stimule la production et permet de se spécialiser dans les secteurs les plus profitables tout en achetant à meilleur coût ce que l'on ne saurait produire aussi avantageusement soi-même. Dans cette perspective, toute attitude favorable à la limitation des échanges se retournerait nécessairement contre les intérêts de celui qui s'y adonnerait, tout conseil en ce sens apparaît donc plus que condamnable. Bien évidemment, pour être vraiment bénéfique, l'échange doit aussi répondre à des critères objectifs concernant la rentabilité des secteurs de production, ou plus exactement l'adaptation de l'offre à la demande internationale. Aussi est-il cohérent de ne pas rester statique mais

---

[13] Théorie à la base de la science économique moderne, formulée suite à l'analyse d'Adam Smith, à partir de l'étude comparative des coûts de production entre deux pays. Tout pays, même s'il ne possède pas d'avantage absolu sur un produit par rapport à d'autres pays peut quand même bénéficier de l'échange dès lors qu'il vend un bien plus cher à l'étranger que sur son propre marché ou qu'il peut acheter à meilleur coût que s'il le produisait.

plutôt de chercher à se positionner sur des secteurs profitables, surtout si les produits que l'on exporte traditionnellement perdent de leur valeur.

Inhérente à l'activité humaine et sociale, la dynamique d'échange trouve donc ses origines avec les premières communautés. C'est elle qui a façonné les civilisations et les peuples. Elle s'est elle-même transformée du fait de l'évolution technologique, politique et institutionnelle. La mondialisation, considérée comme un approfondissement de la dynamique d'échange à l'échelle mondiale, ne constitue donc pas un phénomène extraordinaire si ce n'est par l'intensité, l'ampleur et la vélocité du processus. S'il est vrai que l'échange contribue intrinsèquement au progrès et à l'essor des sociétés, comme au bénéfice des hommes qui les composent, pourquoi alors considérer, a priori, la mondialisation autrement que comme un phénomène théoriquement favorable au développement de l'humanité (au-delà, bien entendu, des inconforts et incertitudes générés par l'étendue et soudaineté des mutations suscitées) ? Bien évidemment, cette remarque ne témoigne pas d'une extrême naï veté ni d'un angélisme béat ; elle ne signifie en aucun cas que la mondialisation ne comporte aucun risque.

Tout processus de transformation remet en question les fondements et le fonctionnement du système tel qu'il était précédemment. Ainsi faisant, la mondialisation contribue bien sûr à déstabiliser l'ordre établi, assombrissant au passage les points de repère sur lesquels nous nous reposions. Il est par ailleurs illusoire de penser que l'on puisse exercer un réel contrôle sur le phénomène et sa dynamique, ce qui ne peut qu'aggraver l'inconfort dans lequel nous nous trouvons et alimenter nos inquiétudes. Tout ce que nous pouvons faire est d'essayer d'orienter ce processus afin d'éviter les pièges qui ne manqueront pas de survenir, et d'identifier le plus sûr chemin ; ce qui présuppose force pragmatisme et connaissance éclairée de la réalité qui nous entoure. C'est d'ailleurs ici que notre tâche trouve sa cohérence.

La mondialisation est comme un pont entre deux humanités. Nous connaissons une rive, et devons découvrir (ou créer) l'autre, celle vers laquelle nous nous dirigeons.

Le progrès

Deux critères conditionnent le développement des échanges : le niveau ainsi que les avancées technologiques, qui déterminent les possibilités de transport et de communication (l'innovation, source du progrès, constitue ainsi un élément essentiel à l'essor du processus) ; et d'autre part, la volonté (politique) des communautés concernées, convaincues de leur intérêt et déterminées à accepter et faciliter ces échanges par le biais des traités et de la réglementation intérieure (principe de non-discrimination régissant les échanges commerciaux, généralisation de la clause de la Nation la plus favorisée...). Depuis la fin de la seconde guerre mondiale, des évolutions spectaculaires ont été réalisées dans ces deux domaines.

Si l'innovation technologique, en facilitant les communications et permettant le développement des moyens de production, stimule l'échange économique, ce dernier, à son tour, encourage l'innovation et le progrès. Un auteur britannique anonyme écrivait déjà à ce sujet, en 1701, dans un ouvrage intitulé *Considérations sur le commerce des Indes orientales*, que ce dernier « en nous apportant des articles fournis à plus bas prix que les nôtres, aura très probablement pour effet de nous obliger à inventer des procédés et des machines, qui nous permettront de produire avec une main-d'œ uvre moindre et à moindre frais, et par là, d'abaisser le prix des objets manufacturés »[14].

Il est difficile, voire impossible, de tenir une liste exhaustive des innovations technologiques et scientifiques réalisées au cours du siècle écoulé comme de leurs applications et utilité, tant le rythme s'est accéléré. Cette amplification du rythme des innovations ne cesse d'ailleurs de se poursuivre, de manière exponentielle, au point de sembler échapper à tout contrôle. Pour tenter d'évaluer l'extraordinaire accélération du progrès, il faut remonter dans le temps afin d'élargir notre perspective. De l'aube de l'humanité, lorsque les premiers hominiens firent leur apparition, jusqu'à l'utilisation de la pierre taillée ou la découverte et la maîtrise du feu, quelques millions d'années se

[14] Citation reprise par Raymond Barre, *Economie politique T.1*, Presses Universitaires de France, Paris, 1972 (8e édition), p. 86.

sont écoulés ; l'élevage et la poterie ne sont apparus que quelques milliers d'années avant les temps historiques ; il faudra attendre le XVe siècle pour voir enfin des navires capables de traverser les océans, notamment grâce au gouvernail d'étambot. Comme le laissait entendre l'auteur britannique anonyme cité plus haut, la révolution industrielle allait être caractérisée par une fantastique accélération des découvertes, encouragée en cela par les besoins d'une industrie dont l'extension des débouchés commerciaux exigeait une augmentation du rythme de production : l'industrie textile, avec l'invention dès 1733 d'un nouveau métier à tisser plus rapide et performant, encore perfectionné tout au long du siècle ; le développement de l'industrie métallurgique grâce à de nouveaux procédés (puddlage, en 1784)[15] ; l'invention de la machine à vapeur par Denis Papin en 1765 qui révolutionnera l'énergie motrice… Ainsi, en quelque sorte, un cercle vertueux s'était créé où l'innovation stimulait l'activité économique, et où la compétition suscitée par cette dernière encourageait à son tour l'innovation. Déjà, le monde, alors sous l'impulsion de l'Europe occidentale, changeait sous la double pression du développement des échanges et des forces productives d'une part, et du progrès technologique et scientifique d'autre part.

En 1876, Alexander Graham Bell inventa le premier téléphone ; mais combien d'années faudra-t-il encore pour que chaque famille ou presque y ait accès dans les pays industrialisés ? Alors qu'il fallut à peine quelques années pour que le téléphone cellulaire (ou portable) soit dans toutes les poches et pas seulement dans les pays les plus riches. A l'explosion du rythme de découvertes et d'innovations va en effet s'ajouter, durant la seconde moitié du XXe siècle, un formidable processus d'accélération touchant aussi la diffusion du progrès auprès d'un public toujours plus large et de plus en plus assoiffé. La lumière électrique, sans laquelle on ne saurait imaginer vivre, fut inventée par Thomas Edison en 1879, mais il fallut encore quelques décennies pour que les particuliers en tirent personnellement profit ; l'automobile apparaît en 1889, peu avant l'aviation, mais les moteurs à réaction ne seront mis au point qu'en 1944 et la démocratisation du transport aérien suivra de quelques années

[15] *Ibid*, p. 85-87.

voire quelques décennies, tandis qu'il fallut attendre la Ford « T » pour que l'automobile se démocratise en Amérique et ailleurs. La révolu-tion cybernétique ne se développera qu'à partir des années 1970 pour balayer rapidement un mode de vie et de pensée qui nous est désormais étranger[16] ; parallèlement, le microprocesseur, ouvrant la porte à la nouvelle révolution industrielle que constituera la miniaturisation, n'est inventé qu'au tournant des années 1960-70. Enfin, après une première ébauche en 1969, l'Internet ouvrira l'ère de la révolution post-industrielle[17] en une décennie seulement, au cours des années 1990, soutenu par le développement de l'informatique et le perfectionnement des ordinateurs personnels ainsi que des systèmes de communication.

De la théorie de la relativité aux bio-technologies ou à la mécanique quantique, dont la contribution sur les progrès technologiques majeurs de notre époque est essentielle (électronique, semi-conducteurs, lasers, nanotechnologies…)[18], combien de découvertes scientifiques majeures ont fait basculer notre univers au cours du dernier siècle ? De la voiture personnelle à l'ordinateur et au téléphone portable, combien de réalisations technologiques ont transformé notre quotidien depuis ces dernières décennies ? Sans oublier la pasteurisation, ou les pilules contraceptives dont on sait la contribution au progrès d'une humanité en partie libérée des contraintes naturelles. Et le cycle de transformation est loin d'être achevé, à l'aube de la révolution des nanotechnologies et d'une relance de la conquête spatiale[19].

Chaque découverte, technologique ou scientifique, apporte sa pierre au progrès de l'humanité. Ce concept, qui étymologiquement signifie une avancée ou tout simplement le fait d'aller de

---

[16] Fondateur de la cybernétique, Norbert Wiener (*Cybernetics or Control and Communication in the Animal and the Machine*) définit celle-ci comme l'étude du contrôle de la communication des machines comme des êtres vivants, faisant de l'échange d'information une caractéristique fondamentale des mécanismes qui régissent la vie et l'univers : Robert Vallée, *Norbert Wiener*, International Society for the System Science, Pocklington (GB), 2001 : www.isss.org/lumwiener.htm

[17] Le qualificatif « post-industriel » fait référence à une économie ne fonctionnant plus uniquement à partir du progrès industriel, mais s'appuyant sur la production et l'échange de services (immatériels) soutenus par les nouvelles technologies de l'informatique et des communications (NTIC).

[18] Théorie révolutionnaire permettant d'accéder au monde de l'infiniment petit (atomes, photons, neutrinos, quarks…), et ouvre les portes d'un monde déroutant semblant défier la logique et le bon sens : cf. : « Qu'est-ce que la mécanique quantique ? », *Cybersciences*, Québec Science, Montréal, 1998 : www.cybersciences.com/cyber/2.0/Q903.asp

[19] Nous reviendrons plus loin sur les programmes et politiques en question.

l'avant, prend en réalité un sens qualitatif traduisant une valeur positive : l'ascension. Il implique ainsi une amélioration par rapport à la situation antérieure. Mais l'homme est ainsi fait qu'il n'utilise pas toujours l'innovation à bon escient ou avec clairvoyance, suscitant alors un mouvement réactif. Le réchauffement planétaire lié à l'effet de serre, le clonage et les manipulations génétiques… sont effectivement autant d'exemples dont les conséquences peuvent gravement nuire à l'humanité, comme aux autres espèces (nous oublions trop souvent en effet que nous ne sommes pas les seuls locataires de cette merveilleuse planète). Qui plus est, l'innovation engendre le changement, tant redouté par certains. Alors le progrès fait peur ! Le voilà dénoncé comme source de malheurs pour l'homme. Ces attaques ne manquent généralement pas d'écorcher au passage les lobbies industriels ; elles mettent dans le même sac le capitalisme tout entier, source du progrès (que l'on ne sait ou n'ose alors plus qualifier) qui est dès lors perçu comme étant intrinsèquement responsable de la perte annoncée de l'humanité. Ces dérives analytiques, généralement influencées par des idéologies politiques antisystémiques, souvent héritières de la doctrine marxiste, encouragent un mouvement de réaction hostile à la mondialisation, celle-ci étant dès lors suspectée de porter en soi les germes maléfiques d'une apocalypse annoncée. Mais il ne s'agit pas ici d'être à notre tour victime d'aveuglement et de ne pas reconnaître que le progrès génère «aussi» des méfaits qu'il faut naturellement combattre. Cependant, comment ne pas considérer le pas de géant qu'a fait l'humanité au cours des derniers temps ?

Le progrès est avant tout une composante essentielle de l'évolution sociale en contribuant effectivement, ne l'oublions jamais, à l'amélioration matérielle comme intellectuelle des conditions de vie. La quête du progrès est partie intégrante de l'esprit humain, et c'est d'ailleurs probablement ce qui nous distingue le plus des autres espèces supérieures connues. Comme le faisait déjà remarquer Alexis de Tocqueville en 1835, le progrès contribue aussi à améliorer les conditions des plus modestes, élevant ainsi le niveau général : « Dès que les citoyens commencèrent à posséder la terre autrement que selon la tenure féodale, et que la richesse mobilière, étant connue, put à son tour créer l'influence et donner le pouvoir, on ne fit point de découverte dans les arts, on n'introduisit plus de perfectionnement dans le commerce et l'industrie, sans créer comme autant de nouveaux éléments d'égalité parmi les hommes. A partir de ce moment, tous les procédés qui se découvrent, tous les besoins qui viennent à naître, tous les désirs qui demandent à se satisfaire, sont des progrès vers le nivellement universel. Le goût du luxe, l'amour de la guerre, l'empire de la mode, les passions les plus superficielles du corps humain comme les plus profondes, semblent travailler de concert à appauvrir les riches et à enrichir les pauvres »[20].

Le progrès permet d'améliorer les conditions sanitaires et l'espérance de vie, au Canada comme au Bengladesh ; il favorise les déplacements, libère l'activité... Le développement des moyens de communication facilite non seulement l'augmentation des échanges économiques, grâce à l'amélioration des moyens de transports et des télécommunications, mais il contribue aussi à désenclaver l'ensemble des populations pour les sortir de leur isolement comme de leur ignorance et leur offrir des idées et connaissances nouvelles qu'elles pourront utiliser pour améliorer leurs conditions matérielles, sociologiques ou politiques. **Le progrès participe ainsi à libérer les hommes de leurs entraves, concourant pleinement à véhiculer les idées de démocratie et de liberté, de respect des Droits de l'homme, et les Droits des femmes...**

Le développement technologique a bien évidemment aussi pour effet d'accroître la productivité, ce qui a pour conséquence majeure d'augmenter la richesse créée (amplifiant ainsi les possibilités d'investissements, nécessaires au développement de l'économie).

[20] Alexis de Tocqueville, *De la démocratie en Amérique* (1835 ; Vol. I), Flammarion, Paris, 1981, p. 59.

Croissance du Produit Mondial Brut[21] *En Milliards de dollars internationaux 1990*				
Années	**0**	**1000**	**1820**	**1998**
Groupe A	12,8	14,1	198	17998
Groupe B	89,7	102,7	496,5	15727
Monde	**102,5**	**116,8**	**694,4**	**33726**

Groupe A : *Europe occidentale et pays d'immigration européenne, Japon*
Groupe B : *Amérique latine, Europe de l'Est et ex URSS, Asie, Afrique*

Soulignons cependant que l'augmentation de la productivité, bien qu'étant un effet direct du progrès technologique, n'est toutefois possible qu'en interaction avec l'investissement, qui permettra d'acquérir la connaissance et de moderniser l'outil[22]. L'accélération spectaculaire de la production résultant de cette dynamique s'est aussi accompagnée d'une réduction de la durée du travail (en 1900, la durée hebdomadaire moyenne de travail dans l'industrie était de 55,3 heures aux Etats-Unis, et de 64,5 heures en France)[23]. Enfin, il ne faut pas oublier, quoiqu'en disent les éternels sceptiques, que l'amélioration significative des conditions de travail est liée au progrès technologique ; comment oserait-on, par exemple, comparer la situation d'un ouvrier européen en ce début de XXIe siècle à celle de ses aïeux de la fin du XIXe siècle, à l'époque où Zola peignait «Germinal » ? Et à ceux qui objecteront que les conditions ne sont cependant aujourd'hui pas partout les mêmes, nous opposerons une amélioration générale des conditions de vie qui, si elle laisse encore des exclus, atteint de plus en plus d'hommes et de femmes, partout sur cette planète[24].

Parce qu'elle s'appuie sur l'innovation, parce que celle-ci concourt globalement au progrès (malgré des incidences parfois néfastes, on l'a dit !), la mondialisation contribue effectivement et logiquement à l'amélioration des conditions de vie de l'humanité dans sa globalité. Pour ce qui est des pays pauvres, cela signifie aussi une capacité d'accès direct à des technologies plus moder-

---

[21] Angus Madisson, *L'économie mondiale : une perspective millénaire*, Organisation pour la Coopération et le Développement Economique (OCDE), Paris, 2001, p. 28.

[22] Paul A. Samuelson, *Economics*, McGraw-Hill Kogakusha, Tokyo, 1976, p. 742-745 ; l'auteur, prix Nobel d'économie (1970), fait notamment référence aux travaux du professeur Robert Solow sur le rôle du capital dans l'augmentation de la productivité (milieu des années 1950, Massachusetts Institute of Technology).

[23] Raymond Barre, *Economie Politique, T1*, PUF, Paris, 1972, p. 108.

[24] Nous développerons ce point en détail dans la partie suivante.

nes sans qu'il soit besoin d'investir dans celles qui, plus anciennes, sont déjà dépassées, passant ainsi directement à une étape supérieure ; mais bien sûr, chaque chose a un coût. L'exemple du téléphone cellulaire, qui permet aujourd'hui aux populations des pays aux économies encore fragiles de communiquer (avec tout ce que cela peut impliquer sur l'activité économique et le négoce) sans qu'il soit nécessaire de construire un large réseau de lignes téléphoniques, est ici parfaitement évocateur[25]. L'Internet offre quant à lui aux peuples ou segments de populations isolées, périphérisées, des possibilités extraordinaires de communiquer, d'apprendre, de négocier avec « les autres » : les citadins, les pays riches, tous ceux qui peuvent désormais constituer un partenaire, quelle que soit la distance. Même les Saoudiennes, recluses dans leurs intérieurs, peuvent aussi échanger, s'exprimer et travailler tout en restant à domicile. **Le progrès démocratise l'humanité !**

Rappelons les mots de madame Chen Zhili, Conseiller d'Etat de la République populaire de Chine, selon qui le progrès technologique et scientifique constitue un atout pour les populations et les pays pauvres soucieux de rattraper le retard économique et social accumulé : « Aujourd'hui, la science et la technologie avancent rapidement et l'innovation est devenue une force dominante du développement économique et social. Pour les pays en développement, le secret de la croissance économique consiste à saisir les occasions offertes par la nouvelle révolution scientifique »[26].

Enfin, et pour conclure sur ce point, une question résiduelle mérite encore une réponse : comment expliquer la spectaculaire accélération du progrès (les innovations ainsi que la généralisation de leur application) ? La réponse tient en quelques mots, voire en un seul : la liberté. Cette liberté de penser et d'innover : « Le but ultime de la liberté est de permettre d'accroître cette capacité par laquelle l'homme surpasse ses ancêtres et à laquelle chaque génération doit se surpasser pour ajouter sa

---

[25] L'auteur s'appuie notamment sur des données de la Banque Mondiale : Johann Norberg, *Plaidoyer pour la mondialisation capitaliste*, Plon, Paris, 2003, p.250.

[26] Chen Zhili, « Science et éducation bâtiront une société d'aisance », *Beijing Information* : www.bjinformation.com/fawen-2002/pic-2003-42/03-42-fm.htm

part »[27]. Cette liberté n'a cessé de progresser, particulière-ment depuis les dernières décennies, d'abord au sein des «vieilles démocraties » et de l'Occident, pour ensuite se répandre progressivement ailleurs dans le monde. La libéralisation des échanges et l'affirmation des principes universels ainsi que les mécanismes de stabilisation internationale y ont probablement largement contribué. **La liberté est source d'innovation, et celle-ci est la mère du progrès.**

L'institutionnalisation des relations internationales

Autre facteur à l'origine de la spectaculaire accélération des échanges caractérisant l'histoire contemporaine : le nouvel ordre international mis en place après la seconde guerre mondiale. Déterminés à empêcher la survenance d'une nouvelle conflagration planétaire encore plus destructrice, les architectes de ce nouvel ordre international se fixèrent comme objectif d'élaborer un système permettant de préserver la stabilité et la sécurité internationale. Non pas que la guerre (froide ou non) fût rendue impossible ou illégale[28], mais pour qu'elle ne puisse générer de risques susceptibles de menacer la sécurité internationale globale. Pour ce faire, il fallait d'une part développer le cadre juridique international, et mettre en place un système de règlement pacifique des différends par la création, entre autres, d'un forum de négociation au sein d'institutions inter-gouvernementales permanentes (principalement, ici, l'Organisation des Nations-Unies), et d'autre part instaurer un environnement favorable à l'équilibre international et au développement. Le raisonnement était des plus simples : maintenir la paix exige plus qu'un système de règlement des différends internationaux, il faut

[27] Friedrich A. Hayek, *The Constitution of Liberty*, University of Chicago Press, 1978, p. 394.
[28] L'article 33 de la *Charte des Nations-Unies* invite les parties à un différend à rechercher une solution pacifique « par voie de négociation, d'enquête, de médiation, de conciliation, d'arbitrage, de règlement judiciaire, de recours aux organismes ou accords régionaux, ou par d'autres moyens pacifiques de leur choix » ; l'article 37 stipule qu'en cas d'impossibilité les parties se soumettent au Conseil de Sécurité. Néanmoins, en cas de rupture de la paix, le Conseil de Sécurité *peut* émettre des recommandations ou décisions impliquant ou non l'usage de la force (articles 39, 41, 42). L'article 51 précise enfin : « Aucune disposition de la présente charte ne porte atteinte au droit naturel de légitime défense, individuelle ou collectif [...] jusqu'à ce que le Conseil de Sécurité ait pris les mesures nécessaires ».

aussi encourager le développement et « favoriser le progrès économique et social » (tel qu'il est inscrit dans le préambule de la Charte des Nations-Unies).

Le développement s'appuie sur la croissance économique, laquelle signifie l'augmentation (quantitative et qualitative) de la production, elle-même reposant sur l'évolution de la demande. Dans cette perspective, la libéralisation des échanges constitue une condition nécessaire et absolue. Plus qu'un simple projet répondant à une vision idéologique, la libéralisation des échanges s'inscrivait dans une perspective d'ensemble participant d'une volonté de réorganisation et de consolidation géopolitique de l'ordre mondial, en en constituant la véritable pierre angulaire.

Encore fallait-il disposer d'un contexte favorable permettant d'encourager le développement des échanges en facilitant l'accès aux marchés (fluidité, sécurité) et en sécurisant l'environnement financier (balances des paiements notamment) et monétaire. Ce dernier point constituait en fait un incontournable prérequis au développement des échanges économiques puisque les monnaies sont les vecteurs par lesquels s'opère le négoce, celui-ci est nécessairement affecté en cas d'instabilité monétaire.

L'entre-deux guerres avait été caractérisé par une incroyable augmentation des politiques nationalistes et protectionnistes, ce qui contribua à engendrer une longue et profonde dépression économique internationale caractérisée par un effondrement de la demande mondiale et, en conséquence, de la production, le tout aboutissant à considérablement aggraver la situation économique, sociale et politique pour aboutir à la seconde guerre mondiale. Le chômage, causé par de multiples facteurs et dramatisé par la crise de 1929 (qui eut pour effet d'assécher les investissements et les prêts étrangers ou locaux), et la crise sociale qui en résulta partout en Europe et en Amérique du Nord (principalement), incitèrent en effet les gouvernements à adopter des mesures draconiennes pour préserver l'emploi. L'on érigea alors des barrières tarifaires de manière excessive afin de réduire significativement les importations et protéger (théoriquement !) les industries locales de la compétition étrangère, exportant ainsi le chômage. Parallèlement, pour élever la production, les autorités publiques tentèrent de stimuler leurs exportations en utilisant l'arme monétaire (dévaluation pour gagner en compétitivité), les autres économies (affectées par ces mesures) réagirent en adoptant les mêmes politiques, et le tout engagea l'économie mondiale dans une spirale qui ne fit qu'accélérer l'effondrement des échanges et chuter la production, précipitant ainsi la crise internationale[29].

Tirant les leçons de cette amère expérience, un ensemble de décisions et de réalisations essentielles et historiques furent décidées afin de sécuriser l'ordre international, de lutter contre les tendances protectionnistes et les désordres monétaires. Il est ici intéressant de noter que c'est à ce dernier point que l'on s'attacha en premier : en effet, dès 1944, alors que la guerre n'était pas achevée, la conférence de Bretton Woods (New Hampshire) donnait naissance à un système monétaire, fondé sur le principe de la stabilité des taux de change[30], qui contribuera considérablement, en sécurisant ainsi l'environnement dans lequel s'opéraient les échanges, à stimuler la croissance des économies occidentales et d'Asie périphérique engagées justement, dès les années 1950s, dans une profonde dynamique d'échange. Avec la création du Fonds Monétaire International, la conférence de Bretton Woods mettait aussi en place un instrument permettant de stabiliser la balance des paiements des pays membres et contribuant à consolider l'environnement économique international, ce près d'un an avant la conférence de San Francisco et la naissance de l'Organisation des Nations-Unies. En 1947, les Accords généraux sur le commerce et les tarifs douaniers (GATT) de leur côté encouragèrent significativement la baisse des barrières protectionnistes pour les économies participant au système, permettant ainsi de libérer les échanges et d'engager l'Occident dans une formidable dynamique de croissance. Ce système

[29] Jagdish Bhagwati, *Protectionism*, MIT Press, Cambridge (Massachusetts), 1989.

[30] Les devises des Etats participants étaient fixées sur le dollar, lui-même convertible en or puisque l'essentiel des réserves du précieux métal se situaient désormais dans les coffres de la Réserve fédérale, les guerres mondiales ayant rendu les économies européennes exsangues. Rappelons cependant que ce système de changes fixes prévoyait la possibilité de réviser les parités des devises par le biais de la négociation : dans les années 1950-1960s, de nombreux pays européens ainsi que le Japon purent alors dévaluer leurs devises pour accroître leur compétitivité, ce qui aboutit à une surévaluation du dollar pénalisant gravement la balance commerciale américaine, jusqu'à ce que les Etats-Unis décident, avec leurs partenaires, de remplacer ce système par un taux de change flexible.

multilatéral, fondé sur le principe de la généralisation de la clause de la nation la plus favorisée (ce qui revient à réduire les pratiques discriminatoires) fut renforcé dès les années 1990 par l'adhésion d'un nombre de plus en plus important d'économies – la Chine est finalement entrée dans le système fin 2002 –, et par la création de l'Organisation Mondiale du Commerce (OMC) en 1995. Cette dernière venait compléter une architecture dont l'objectif est d'encourager le développement des échanges et, donc, la croissance mondiale.

Grâce à tout cela, depuis les années 1950, la production mondiale s'est multipliée au rythme de 4 % par an, tirée par l'explosion des échanges (le volume du commerce mondial de marchandise s'étant multiplié au cours de cette même période au rythme annuel moyen de 6 %). Autrement dit, la production mondiale s'est multipliée par 6 entre 1950 et 1994, et le commerce par 15[31] ! Bien évidemment, les économies qui étaient déjà ouvertes (ou, pour prendre un langage différent : qui ont eu l'opportunité et la capacité de s'intégrer au marché mondial) en ont plus largement bénéficié[32]. Enfin, preuve du développement mondial et de l'intérêt à spécialiser la production sur les secteurs « modernes » à plus forte valeur ajoutée, les échanges de biens et de service ont explosé, passant de 7,9 % du Produit Mondial Brut en 1913 (période de la « *première* mondialisation » – selon les termes de la Banque Mondiale – qui a précédé l'effondrement des échanges entre 1914 et 1945) à 17,2 % en 1998[33].

Tous ces accords et organisations inter-gouvernementales à vocation globale ont ainsi très largement permis de stimuler les échanges économiques et, ce faisant, la production mondiale. Cette architecture se compléta très vite par la multiplication d'autres accords et organisations ayant pour vocation la dynamisation des échanges à l'échelle régionale – accords préférentiels – (comme l'Union Européenne, l'Accord de Libre échange Nord-Américain ou le Mercosur en Amérique Latine) voire inter-régionale (comme l'APEC, qui unit les deux rives du Pacifique),

---

[31] Charles W. L. Hill, *Global Business Today*, McGraw Hill, Boston, 1998, p. 10.

[32] Voir partie ci-après : 'DISPARITES ET COHERENCE DU SYSTEME INTER-ETATIQUE ' (chap.7).

[33] *Globalization, Growth and Prosperity : Building an inclusive World Economy*, Banque Mondiale, Oxford UP, Washington DC, NY, 2002 : econ.worldbank.org/prr/globalization/txt-2857.

ainsi que l'aide au développement sous forme d'intervention financière ou autre (Banque Mondiale ou encore les banques régionales de développement comme la Banque Asiatique de Développement ou la Banque Africaine de Développement)[34]. A tout cela, il faudrait aussi ajouter les traités bilatéraux, toujours plus nombreux, et les accords signés par les organisations régionales avec des partenaires extérieurs (ces accords, comme ceux conclus entre l'Union Européenne et le Mexique ou le Chili, l'Afrique du Sud… se sont multipliés au cours des dix dernières années, au point de créer un enchevêtrement de régimes préférentiels complexes coexistant avec le système multilatéral de l'Organisation Mondiale du Commerce)[35]. **L'ensemble de ce corpus institutionnel a une même finalité : soutenir la croissance économique planétaire en stabilisant et perfectionnant l'environnement commercial et financier pour stimuler les échanges et accélérer la production, contribuant ainsi efficacement au développement, à la paix comme à la stabilité internationale.**

---

[34] Nous reviendrons plus loin sur ces organisations intergouvernementales.

[35] *Rapport sur le commerce mondial, 2003*, Organisation Mondiale du Commerce, Genève, 2003, p. 52-55 : www.wto.org/french/news_f/press03_f/pr348_f.htm

Chapitre 2

APPROFONDISSEMENT DES INIQUITES OU DEVELOPPEMENT ?

« Amicus Plato, sed magis amica veritas »

Aristote[36]

ALTER-MONDIALISME OU ANTI-MONDIALISATION ?

Si la mondialisation est un processus multidimensionnel, le versant économique du phénomène reste quant à lui le plus « médiatique » et, certainement, le plus sujet à polémique. Depuis Marx et surtout Lénine, certains intellectuels, un temps activement soutenus par les forces « progressistes » – l'Union des Républiques Socialistes Soviétiques et les «démocraties populaires » en tête (dont on sait aujourd'hui la réalité si peu démocratique et moins encore populaire) –, n'eurent de cesse de véhiculer une idée finalement fort simple, pour ne pas dire simpliste : les riches et les puissants sont les seuls et absolus responsables de tous les malheurs et de toutes les injustices de ce monde. L'intérêt de la formule réside dans le fait que les coupables soient aisément identifiés, et que la solution aux problèmes soit encore plus facile à conceptualiser : l'élimination et la spoliation sous prétexte de redistribution. Ne nous y trompons pas, il y a derrière cette approche, que certains considèreront non sans sympathie, une logique doctrinaire implacable autant que terrifiante : le principe d'un déterminisme historique formulé par Karl Marx, imposant le nécessaire aboutissement à la révolution socialiste par laquelle s'opère la collectivisation des moyens de production ainsi que la dictature du prolétariat, économie et société étant, bien entendu, gérées au profit des « masses » par une élite accaparant l'appareil de production et les biens[37]. La doctrine marxiste se fonde donc sur

[36] Traduction : "J'aime Platon, mais j'aime mieux la Vérité" ; il ne suffit pas qu'une opinion soit recommandée (même par une autorité telle que Pla ton) ni qu'elle soit acceptée comme vérité dominante ; il faut qu'elle soit effectivement conforme à la Vérité.

[37] Karl Marx, «Contribution à la critique de l'économie politique» (1859), in *Manuscrits de 1861-*

l'opposition dialectique des forces productives (classes socio-économiques) menant inévitablement à la rupture, et donc au conflit (en contradiction avec la continuité historique hégélienne)[38]. Fondement de «l'exploitation capitaliste», le marché ne peut alors logiquement qu'être rejeté.

Loin de disparaître, ce raisonnement est aujourd'hui tristement réhabilité de manière souvent insidieuse par le discours de ceux qui, bien que se prétendant «alter-mondialistes» (pour une autre» mondialisation), sont, en réalité, de véritables crypto-marxistes pleinement engagés dans un combat pour la destruction du système «capitaliste» international qu'ils se plaisent à abhorrer[39]. Parce qu'elle repose sur la libéralisation des échanges commerciaux et financiers, la mondialisation s'inscrit en effet naturellement en contradiction (de manière incontournable et rédhibitoire) avec les principes philosophiques et doctrinaires auxquels ils se rattachent. Ainsi, sous leurs habits respectables se cachent de véritables et indéfectibles adversaires de la liberté, du marché, et de la démocratie telle que nous la concevons. A l'image de leurs illustres prédécesseurs, ils vampirisent les peurs comme les incertitudes, encouragent la lutte des classes, favorisent les stratégies interventionnistes et protectionnistes, luttant ainsi de toutes leurs forces contre le modèle libéral pour lui substituer un système dirigiste, inévitablement autoritaire.

Tous ne partagent bien évidemment pas, fort heureusement, ces choix et perspectives extrêmes. Certains appellent sincèrement de leurs vœux une «autre mondialisation», qui prendrait mieux en compte la dimension sociale ; héritiers de la pensée sociale-démocrate et des principes keynésiens, ils ne rejettent pas quant à eux le marché, mais restent cependant adeptes

---

1863, cahiers I à V, Editions sociales, Paris, 1980.

[38] Marta Harnecker, *Les concepts élémentaires du matérialisme historique*, Editions Contradiction, Bruxelles, 1974, pp.198-204 sur la relation entre les théories hégélienne et marxiste de l'histoire.

[39] ATTAC France, par la voix de son président Bernard Cassen, ne se cache d'ailleurs pas de ses ambitions politiques ni de sa filiation idéologique : « Les grands mouvements émancipateurs du XXe siècle, la sociale démocratie et le communisme, semblent avoir épuisé leur force propulsive et perdu leur assise populaire. Le mouvement écologiste n'a pas rempli les promesses que l'on aurait pu fonder sur lui. Le mouvement alter-mondialiste, même avec son aspect chaotique, pourrait bien être à l'origine d'une dynamique historique et devenir le mouvement d'émancipation sociale du XXIe siècle. Donc, ou bien les partis héritiers du siècle dernier sauront capter ses idées, ou bien, à terme, cette force trouvera obligatoirement une traduction politique hors d'eux» : entretien avec Bernard Cassen, «Socialistes et communistes ont épuisé leur force propulsive », *Le Figaro*, Paris, 8 octobre 2003.

de la régulation autoritaire pour gérer la redistribution. Ils s'accordent avec les premiers pour dénoncer les excès du marché et surtout la liberté de circulation des capitaux, qu'ils jugent dangereuse et amorale.

C'est la crise financière asiatique de 1997 qui, bien involontairement, offrit aux adversaires de la mondialisation libérale un formidable s ursaut. Les forts et brusques mouvements de capitaux que l'on put alors observer furent ainsi dénoncés comme la cause d'une grave instabilité régionale, que d'aucuns voyaient déjà se propager à l'ensemble des marchés, au risque de sérieusement affecter l'économie mondiale. Cette hypothèse, additionnée à l'hostilité épidermique de certains contre le capital et le marché, conduisit à exiger l'instauration d'un système international pour contenir les mouvements excessifs de capitaux. La « taxe Tobin » fut ainsi sacralisée et, surtout, détournée de l'esprit dans lequel son concepteur (Prix Nobel d'économie 1981 et ancien conseiller du Président Kennedy) l'avait imaginée et présentée comme la solution incontournable afin de « sauver le monde », puisqu'elle devait permettre de limiter les mouvements de capitaux. Il s'agissait en fait, pour les fondateurs d'ATTAC, de trouver « le grain de sable qui pourrait enrayer la machine », ce qui contraignit le Prix Nobel à dénoncer l'utilisation « abusive » de son nom et la déformation de ses idées, à expliquer également, dans une interview accordée au journal *Der Spiegel* le 1er septembre 2001 (puis reprise dans *Le Monde*), que ses objectifs ne visaient qu'à instaurer un processus de régulation pour protéger les marchés, et non les briser[40]. Mais le prisme idéologique des « alter-mondialistes » masquait une réalité fort différente, en contradiction évidente avec cette analyse détournée sans le moindre scrupule.

De fait, ce ne sont pas les mouvements de capitaux, ni même la spéculation financière, qui furent à l'origine de la crise ;

[40] « On s'est abusivement servi de mon nom pour des priorités qui ne sont pas les miennes. [...] Je défends le libre échange. De plus, je soutiens le Fonds Monétaire International, la Banque Mondiale et l'Organisation Mondiale du Commerce, tout ce à quoi ces mouvements s'en prennent. On détourne mon nom. [...] Tous les pays, comme leurs habitants, tirent profit du libre échange des biens et des capitaux... », in *Le Monde*, Paris, 11 septembre 2001. Voir aussi : Olivier Storch, *La Taxe Tobin : revue de la pensée magique*, Fondation Robert Schuman, Paris, 2002 : www.robert-schuman.org/notes/notes4.pdf ; *Tobbin contre ATTAC*, L'Ornitho (« magazine virtuel politiquement décalé vers la gauche »), Paris, décembre 2002 : www.ornitho.org/ornitho/article.php3?id_article=48

ils en étaient au contraire la manifestation, l'expression, la conséquence, même s'il est exact qu'ils contribuèrent à l'amplifier parfois déraisonnablement et exagérément. La crise asiatique est mécaniquement partie de la hausse de devises qui étaient alignées sur le dollar(notamment, et en premier lieu, le baht thaïlandais), lequel était en ascension face au yen dès 1995. Cette évolution ne pouvait bien sûr qu'avoir un impact négatif sur la balance commerciale d'économies fortement exportatrices qui bénéficiaient jusqu'alors d'un avantage comparatif évident suscité par la position faible de la devise américaine. La logique et la prudence auraient sans doute alors exigé une plus grande flexibilité monétaire ; et c'est justement le manque d'anticipation et l'excessive passivité réactive des autorités monétaires concernées qui affecta la confiance des investisseurs dans l'économie thaïlandaise et dans la capacité de la Banque Centrale à maintenir le cap, anticipant pour leur part une inévitable baisse de la devise. La Banque Centrale et le gouvernement sont donc directement responsables des mouvements de repli ainsi que des spéculations qui allaient enfoncer l'économie thaïlandaise dans la crise. Ainsi, ce sont les erreurs de gouvernance qui sont principalement à l'origine du problème ; si de nombreux investissements se dirigèrent sur des secteurs plus spéculatifs que productifs, la faute en incombe encore aux autorités qui ont encouragé la chose plutôt que de s'efforcer à orienter les capitaux là où ils étaient les plus utiles[41]. La proximité conjoncturelle d'un certain nombre d'économies dans la région, et le vent de méfiance qui se généralisait furent ensuite responsables de l'expansion régionale de la crise. Toutefois (et la remarque a son importance), les économies les plus ouvertes d'Asie orientale, comme Taïwan ou Hong Kong, furent moins affectées par la crise, ou surent mieux lui résister comparativement à l'Indonésie ou la Malaisie, moins libérales[42] ; et surtout, le redémarrage économique, parfois spectaculaire comme pour la Thaïlande ou la Corée du Sud, fut très largement conditionné par l'ouverture économique et le

---

[41] Voir l'analyse proposée plus loin sur le modèle de développement, et la gouvernance.

[42] Tandis qu'un certain nombre de devises s'effondraient, le dollar de Taïwan comme le dollar de Hong Kong tinrent bon. La croissance, bien qu'affectée, résista mieux sous le choc, même s'il est aussi exact que certaines économies alors très affectées ont ensuite connu un redémarrage spectaculaire.

retour de la confiance des investisseurs. Mais pour les procureurs anti-mondialistes cependant, rien n'y fait : le mal est inhérent au système capitaliste et à sa manifestation suprême qu'est bien évidemment la liberté de mouvement des capitaux. Pourtant, réfréner celle-ci ne ferait en réalité que limiter plus encore la possibilité qu'ont les économies déjà peu attractives à recevoir les investissements tellement nécessaires et si ardemment souhaités. La libre circulation signifie effectivement la possibilité d'investir partout où se trouvent les opportunités, même là où les capitaux sont faiblement existants.

Bref, il n'y a rien de vraiment nouveau sous le soleil. Le combat des anti-mondialistes s'inscrit pour les uns dans une continuité idéologique anti-systémique et radicale, partiellement rénovée dans la forme (et de ce fait d'autant plus dangereuse) mais pas sur le fond. Pour les autres, il s'enfonce dans une critique de la « perversion » d'un « système néolibéral fondé sur la seule logique des intérêts financiers »[43], sans pour autant proposer d'alternatives crédibles au « productivisme effréné » tellement vilipendé (malgré les aspirations réelles des pays en développement à accueillir les investissements et dynamiser leur propre production)[44]. Fort heureusement certains, parfois, reconnaissent (peut-être maladroitement) le déficit stratégique de la pensée anti-mondialiste : « Le Forum social mondial est né avec l'ambition de dépasser les postures purement protestataires – anti-OMC à Seattle, anti-Davos, etc. – et d'élaborer des alternatives à la mondialisation économique [...] qui restent aujourd'hui dans les limbes : quel autre modèle économique, quelle gouvernance mondiale, etc. ? »[45].

Enfin, il est paradoxal de constater que ceux-là mêmes qui dénoncent l'impérialisme capitaliste sont aussi les premières victimes des tentations d'un impérialisme culturel qui tend tout

[43] Philippe Merlant, René Passet, Jacques Robin, *Sortir de l'économisme : une alternative au capitalisme néolibéral*, Editions de l'Atelier, Paris, mars 2003.
[44] La révolution technologique de l'informatique est dénoncée dans son principe d'organisation systémique comme accélérateur des disparités et de l'exclusion ; la réponse (solution ?) apportée tient pour certains penseurs en quelques jolis propos philosophiques d'une banalité finalement déconcertante : « placer l'homme et le vivant au cœur de toute activité économique » ; qui pourrait effectivement contredire cela ? Cf. René Passet, *L'illusion néo-libérale*, Flammarion, Paris, 2001.
[45] Patrick Piro, « Porto Alegre, les défis de la croissance », *Politis*, Paris, 23 janvier 2003 : www.politis.fr/article426.html

simplement à ignorer les aspirations du « Tiers-Monde » pour y substituer leurs propres valeurs et leur conception du monde, du développement, de la vie. Cependant, contrairement aux gesticulations de ces faux moralisateurs et autres donneurs de leçons, beaucoup de citoyens des pays pauvres n'aspirent à rien d'autre qu'à rejoindre le train du développement par l'industrialisation et le capital : *primum vivere, deinde philosophari* « vivre d'abord, philosopher ensuite ». Au-delà de toute inutile polémique, il est donc nécessaire de rétablir certaines vérités et de dénoncer les mystifications, erreurs de raisonnement et tromperies sur lesquelles s'articulent le propos et les analyses anti-mondialistes.

Le fosse Nord Sud

La fin de la guerre-froide a non seulement bouleversé l'équilibre mondial mais aussi, selon toute évidence, renversé les priorités antérieures, affectant ainsi très profondément l'ordre mondial. Jusqu'alors, ces priorités étaient, en effet, principalement d'ordre géopolitique – les questions stratégiques, militaires et politiques prenant le pas sur les considérations économiques. Depuis, les choses ont bien changé : l'accélération du processus d'intégration au marché mondial, en plus de l'effondrement du bloc de l'Est et de la fin de la guerre-froide, nous a fait basculer dans une réalité sensiblement plus géoéconomique que par le passé.

Au préalable, le conflit stratégique qui opposait le « monde libre » au « bloc de l'Est » (pour employer une terminologie manichéenne inévitablement réductrice, car faisant abstraction des divergences existant à l'intérieur de chaque camp) s'inscrivait dans une logique antagonique incontournable imposant aux deux parties la nécessité de résister au risque hégémonique que présentait l'adversaire. Le syndrome de l'assiégé qui caractérisa longtemps l'Union soviétique, isolée depuis la révolution bolchevique, la recherche d'un équilibre stratégique (l'Amérique étant la seule puissance nucléaire au sortir de la guerre), les traditions impériales héritées du défunt empire tsariste, et surtout les fondements doctrinaires de l'Etat soviétique qui légitimaient en quelque sorte ses aspirations hégémoniques (l'internationalisme révolutionnaire, formulé par Karl Marx lui-même dans le « manifeste du parti communiste » et repris par Lénine, encourageait l'URSS à se présenter comme fer de lance de la «révolution mondiale »)… tout explique l'irrésistible tentation expansionniste de Moscou et l'inévitable antagonisme avec l'Occident[46]. L'effet de domino que constituait le basculement successif des Etats d'Europe centrale et orientale happés par l'influence soviétique, en contradiction avec les accords de Yalta, créa l'absolue nécessité de contenir l'expansion communiste dont on ne savait où elle s'arrêterait. Face à cette situation, et compte tenu de l'extrême faiblesse dans laquelle se trouvaient les anciennes puissances européennes, les Etats-Unis n'avaient d'autre choix que de prendre leurs responsabilités et de rompre avec leurs traditions isolationnistes[47] afin d'assurer la défense du monde libre et de leurs propres intérêts en élaborant une stratégie visant à contenir l'expansion communiste (doctrine Truman). Pour cela, il devenait primordial de soutenir activement les pays alliés, afin d'éviter qu'ils ne basculent à leur tour d'une manière ou d'une autre dans le giron soviétique. Il fallait donc en premier lieu consolider les démocraties libérales, fragilisées par la guerre et des conditions économiques déplorables[48], en stimulant la reconstruction et le développement de leurs économies respectives. L'aide directe qu'apporta le gouvernement américain à ses alliés européens puis asiatiques ne pouvant cependant suffire, ni perdurer indéfiniment, il était donc nécessaire d'encourager ceux-ci à développer leurs exportations

[46] Edward L. Warner III, "The Defense Policy of the Soviet Union", in Douglas J. Murray & Paul R. Viotti, *The Defense Policies of Nations : A Comparative Study*, John Hopkins University Press, Baltimore, 1982, p. 83-83.

[47] La réalité géopolitique insulaire des Etats-Unis, ainsi que la guerre d'indépendance créant une rupture historique avec le vieux continent (caractérisé par les guerres, les révolutions et les souffrances), encouragea, dès l'origine, un profond réflexe isolationniste qui a caractérisé l'histoire de ce pays. Même pendant l'entre-deux guerres, et malgré la diplomatie wilsonienne, l'Amérique se replia à nouveau sur elle-même ; c'est d'ailleurs ce qui explique son entrée tardive dans le conflit mondial contre les puissances de l'axe (1942) ; nous reviendrons plus loin sur ces questions.

[48] En 1946-47, la production agricole de l'Europe de l'Ouest ne représentait que 75 % de son niveau en 1938 ; la production industrielle de la France, de la Belgique et des Pays-Bas en 1947 était 30 % à 40 % inférieure à 1939; sans compter les insuffisances énergétiques, le déficit commercial avec les Etats-Unis… Sur l'impulsion américaine, cf. entre autres Mike Artis, Frederick Nixson, *The Economics of the European Union*, Oxford University Press, 2001, p. 7-9.

en stimulant l'ouverture économique et les échanges, seul moyen d'alimenter la croissance indispensable à ces pays sur le long terme[49]. Ce contexte favorable permit à l'Europe de l'Ouest d'engager, sous l'impulsion de Jean Monnet, une dynamique de coopération et d'intégration commerciale – pour la première fois après des siècles de guerres et de divisions continentales – qui devait, s'amplifiant, contribuer significativement à rétablir sa richesse et sa puissance économique. Il faut aussi rappeler que tout cela se fit dans un contexte monétaire fondé sur la stabilité et la convertibilité des devises (système de taux de change fixe encore appelé système de Bretton Woods), contexte qui ne pouvait qu'être extrêmement favorable au développement des échanges entre les pays participant au système.

Fermement décidés à soutenir la reconstruction et le développement économique de leurs alliés, les Etats-Unis allèrent jusqu'à encourager, ou pour le moins tolérer, le développement d'excédents commerciaux à leurs dépens, afin que les pays puissent réinvestir ces excédents dans la reconstruction et le développement de leur économie, consolidant ainsi les régimes d'Europe occidentale (puis d'Asie périphérique : Japon, Corée du Sud et Taï wan notamment) hostiles à l'expansion communiste. L'excédent commercial américain passa alors de $ 10 milliards en 1947 à $ 2,6 milliards en 1952 ; et entre 1946 et 1953, les Etats-Unis ont transféré (principalement à l'Europe et l'Asie périphérique) $ 33 milliards en marchandises et équipements militaires, soit l'équivalent d'un quart des exportations américaines ; ils assumèrent par ailleurs l'essentiel des coûts en matière de défense (qui représentèrent 15 % du PNB des Etats-Unis entre 1950 et 1960 contre 2,8 % en Allemagne et 6,4 % en Grande-Bretagne)… Il résulta de tout ceci une croissance industrielle pour les pays de l'Organisation pour la Coopération Economique Européenne (l'ancêtre de l'OCDE) de 60 % entre 1952 et 1960[50].

---

[49] C'était déjà le sens du discours de secrétaire d'Etat Marshall lorsqu'il annonça le plan du même nom et l'aide directe qui devait en résulter ($13 milliards alloués à l'Europe occidentale entre 1947 et 1951) : Robert Solomon, *The International Monetary System, 1945-1976*, Harper & Row Publishers, NY, 1977, p. 14-15.
[50] *Ibid.*, p. 18-21.

Le développement des échanges encourage croissance et stabilité :

Développement des échanges → croissance économique → stabilité sociale et politique

… toutefois, la « bonne » gouvernance est une condition nécessaire[51]

Ainsi, pour des raisons éminemment stratégiques, se constituait un «axe économique trilatéral» (Etats-Unis, Europe occidentale, Asie périphérique[52]) fondé sur le développement des échanges et des investissements. La division du travail renforça l'intégration des économies participant à cette dynamique, encourageant ainsi la production. Progressivement, celles-ci se spécialisèrent vers les activités à plus forte valeur ajoutée (haute technologie, services), et conséquemment s'enrichirent. Cependant, de nombreuses économies ne purent malheureusement, à cette époque, se joindre à ce processus, ce pour de multiples raisons : manque d'intérêt stratégique du fait de la situation géopolitique du pays, oppositions idéologiques forçant le rejet total ou partiel du marché, indépendances tardives empêchant de s'intégrer plus en amont à cette dynamique d'échange, instabilité politique et sociale, conflits… De toute évidence l'affirmation trop facilement répandue selon laquelle les difficultés des pays pauvres viennent principalement de l'exploitation capitalistique ou « néo-coloniale » des puissances est quelque peu surannée ; non pas que les régimes coloniaux aient encouragé un développement suffisant des infrastructures dans les territoires dont ils avaient la charge, ni qu'ils n'exploitèrent jamais les richesses qui s'y trouvaient du temps de leur règne (le principe même de l'étape coloniale consistait à alimenter la révolution industrielle en matières premières stratégiques !), mais il est fallacieux d'affirmer qu'elle en est la seule cause. Comment alors expliquer la croissance spectaculaire engagée un peu plus tardivement par d'autres économies asiatiques ? Etaient-elles moins « exploi-

[51] La question de la gouvernance sera détaillée dans la deuxième partie (p. 163 et suivantes).

[52] Japon, Corée, Taiwan principalement, du fait de leur importance stratégique en tant que verrou de l'océan Pacifique, ultime frontière des Etats-Unis, face à l'expansion communiste.

tées » ? Le fait est que celles-ci furent, à un moment donné, à même de rejoindre la dynamique d'échange, s'intégrant ainsi favorablement dans le marché mondial et la division du travail pour générer des surplus qu'ils réinvestirent dans le développement de leur appareil de production. Pour de multiples raisons, essentiellement d'ordre politique, d'autres ne le purent.

L'accès à l'indépendance a mis les nouveaux gouvernants devant de lourdes responsabilités, et leur tâche ne fut certainement pas aisée compte tenu de l'inexpérience politique et de la nature même de la mission qui leur incombait : construire ou reconstruire la nation et l'engager dans la voie du développement. L'on admettra aisément dans ces conditions que certaines erreurs fussent commises, retardant du même coup l'engagement vers une croissance saine et soutenue de leur économie. Certains pays, cependant, tombèrent dans des pièges qui, non contents de retarder la croissance et le développement, les entraînèrent dans une spirale infernale. Ces derniers furent généralement victimes d'idéologies politiques « visionnaires » et doctrinaires, ou succombèrent encore aux prismes ségrégationnistes, nationalistes, claniques ou tout simplement revanchards que masquaient trop souvent les idéologies officielles. Ils s'engagèrent ainsi vers des stratégies caractérisées sur le plan extérieur par des tendances plus ou moins isolationnistes leur interdisant d'espérer bénéficier du développement de la dynamique d'échange dont profitaient pourtant d'autres économies, et sur le plan intérieur, stigmatisées par un souci d'épuration idéologique, ethnique ou socio-économique générant le cahot plutôt que le paradis annoncé. Ces pays doivent moins leur retard aux excès du colonialisme ou de l'exploitation « néo-coloniale » qu'aux périlleux chemins dans lesquels leurs dirigeants les ont embourbés. La Chine et le « grand bond en avant » qui devait porter l'industrialisation à la chinoise et qui se solda par une gigantesque famine ; la Chine, toujours, et le « mouvement des cent fleurs » puis la « grande révolution culturelle prolétarienne », qui ne firent qu'appauvrir économiquement et culturellement le pays (le rebond, qui fit suite grâce aux réformes engagées par Deng Xiaoping, démontre fort heureusement qu'une économie peut toujours corriger les erreurs commises, aussi graves soient-elles, et rattraper son retard). La Corée du Nord, l'Ethiopie, le Mozambique, Cuba, le Vietnam, mais aussi l'Algérie, la Somalie ou la Tanzanie… sont autant d'exemples de mauvaises gouvernances qui ont précipité ces économies plus bas qu'elles n'étaient au jour de leur indépendance.

Quels que furent les erreurs et les abus des régimes coloniaux, ils ne suffisent pas à expliquer le bilan à la fois sanglant et économiquement désastreux de beaucoup de gouvernements souvent auto-proclamés 'socialistes'. Et que dire des pays latino américains qui, pour beaucoup, s'appauvrirent dans les décennies qui suivirent l'après-guerre du fait de politiques protectionnistes mises en avant par des gouvernements populistes et nationalistes qui instaurèrent un système autoritaire et bureaucratique où les subventions et les impulsions politiques remplaçaient le marché, décourageant alors des industries (protégées par une forte politique tarifaire) à investir pour défendre leur compétitivité ?[53] Que penser, enfin, de pays comme l'Ethiopie ou le Libéria, Haï ti ou l'Iran ou l'Afghanistan… qui n'ont pas été à proprement parler victimes d'une appropriation coloniale ? Dans tous ces cas de figure, il est pour le moins excessif de prétendre que le colonialisme ou la mondialisation furent les moteurs des difficultés rencontrées. Il semblerait plus juste, au contraire, d'affirmer que ces économies se sont appauvries parce qu'elles n'ont alors pas su ou voulu intégrer le processus de mondialisation suffisamment tôt et profiter pleinement de la dynamique d'échange.

Ainsi se forma la dramatique fracture qui meurtrit encore notre planète, non du fait d'un pillage systématique organisé par les plus puissants aux dépens des plus faibles dans le cadre de je ne sais quelle volonté machiavélique, mais par suite d'une conjonction de facteurs géopolitiques, idéologiques, politiques et historiques aux origines exogènes comme endogènes. Quoi qu'il en soit, force est de constater cependant que les disparités économiques et sociales n'ont pas disparu. En fait, il est évident qu'aujourd'hui tous ne profitent pas également de la mondialisation, que certains s'enrichissent et d'autres non. Comme le

---

[53] David Collier, *The New Authoritarianism in Latin America*, Princeton University Press, 1979 ; voir notamment dans ce livre l'analyse de Robert Kaufman : « Industrial Change and Authoritarian Rule », p. 165 à 253.

rappelait James D. Wolfensohn, Président de la Banque Mondiale, un milliard de personnes contrôlent 80 % du produit intérieur brut mondial alors qu'un autre milliard lutte pour survivre avec moins d'un dollar par jour[54]. La chose est en soi suffisamment importante pour constituer l'une des principales sources d'instabilités internationales potentielles en nourrissant les rancœurs et frustrations de ceux qui se sentent laissés pour compte. Pourtant, au-delà de toute polémique autour de ce dramatique constat, il faut regarder les choses en face et nuancer notre jugement. Il faut surtout éviter de succomber à une logique accusatrice facile, inévitablement réductionniste et aprioriste, dont la seule perspective serait d'attiser tensions et conflits inutiles autant que contre-productifs ; les conséquences sont ici potentiellement redoutables.

La vérité est ailleurs ! La vérité, c'est que les images d'Epinal sont souvent trompeuses. La vérité, c'est que les erreurs et fausses leçons qui en découlent ne produisent rien de bon et ne servent finalement qu'à masquer les vrais problèmes et, pire, les vraies solutions ! La situation dans laquelle se retrouvent aujourd'hui les économies les plus faibles ne provient pas tant de l'exploitation volontaire et ignominieuse d'un « capitalisme vampirique », que de leurs propres difficultés à intégrer le marché mondial pour s'inscrire dans la division internationale du travail, et investir par la suite dans le développement de leur économie. L'idée d'un « fossé Nord-Sud » séparant la planète en deux groupes clairement et surtout irrémédiablement distincts ne correspondant d'ailleurs aucunement à la réalité ; il suffit pour s'en convaincre de considérer les économies du « Sud » à forte croissance qui, au passage, rattrapent progressivement les économies du « Nord ». Mais l'essentiel est de prendre garde à ce que de telles analyses indubitablement biaisées, ne puissent contribuer à encourager l'exclusion du marché mondial des plus fragiles, ce qui serait désastreux pour eux. En d'autres termes, ceux-là mêmes qui prétendent défendre les intérêts des plus pauvres ne font qu'encourager leur perdition en ne cherchant pas à favoriser leur intégration au marché mondial, voire en confortant

[54] *Une plus grande ouverture du commerce international renforce-t-elle la pauvreté mondiale ?*, (Nouvelle/ Média), Banque Mondiale, Washington DC, www.banquemondiale.org/EXT/french.nfs/DocByUnid

leur marginalisation.

Lutter contre le système commercial multilatéral est en réalité proprement irresponsable. En effet, comme le soulignait fort justement Rubens Ricupero, Secrétaire général de la Commission des Nations-Unies pour le Commerce et le Développement (CNUCED), aux lendemains de l'échec de la conférence de l'Organisation Mondiale du Commerce à Cancun : « Il n'y a pas d'autre choix que le système commercial multilatéral. [...] Les pays en développement en ont besoin car il offre le meilleur rempart contre l'arbitraire, et la meilleure garantie d'équité dans leurs relations commerciales. Ils en ont également besoin parce que le commerce devient un moteur de plus en plus important de leur croissance économique et de leur développement et détermine leur capacité – ou leur incapacité – d'échapper au piège de la pauvreté »[55].

INTEGRATION AU MARCHE MONDIAL ET CROISSANCE

Si certains pays pauvres sont aujourd'hui exclus du cycle vertueux qui mène à la croissance économique et au développement social, force est au moins de reconnaître que ce n'est pas le cas pour tous ; et bien au contraire ! Comment expliquer sinon que certains, alors qu'ils connaissaient les mêmes conditions de pauvreté économique, parvinrent à un moment donné de leur histoire moderne à s'engager dans la voie du développement, et pas d'autres ? Cette interrogation est d'ailleurs en soi porteuse d'espoirs, car elle démontre que les solutions existent et que les plus fragiles aujourd'hui ne sont pas nécessairement condamnés à l'exclusion et au dénuement. Bien au contraire ! Les exemples de succès, importants ou encore modestes, sont légion : Taïwan et la Corée du Sud, suivis peu après par d'autres économies « du Sud » dans la voie de la croissance et du développement, tous mus par la même volonté de s'ouvrir au marché mondial et d'en bénéficier. Ainsi peut-on citer la Malaisie, la Thaïlande, la Répu-

---

[55] Selon le Secrétaire général de la CNUCED, *il n'y a pas d'autre solution que le système commercial multilatéral*, (Communiqué de presse), CNUCED, NY, 8 octobre 2003, UNCTAD/PRESS/PR/2003/101.

blique populaire de Chine, le Mexique, puis l'Inde, le Vietnam ou la Tunisie… .

Dans un rapport publié en 2002, la Banque Mondiale démontra très précisément le **lien entre l'intégration au marché mondial et la croissance.** Il ressort clairement de cette étude que les économies définies comme « nouvellement mondialisées » (New Globalizers), c'est-à-dire celles qui ont engagé depuis peu l'intégration de leur économie en s'appuyant sur des politiques d'ouverture, comme la Chine, le Vietnam ou le Bengladesh, ainsi que les « Nouveaux Pays Industrialisés », partis quant à eux un peu plus tôt, se sont significativement démarqués des pays qui, pour des raisons d'instabilité, de forte corruption ou de conflit… n'ont pas suivi les mêmes stratégies[56]. Ces « nouveaux mondialisés » (ce groupe représentant une population d'environ 3 milliards d'habitants) ont ainsi connu durant les années 1990 une croissance annuelle moyenne en répartition par habitant de 5 % contre 2 % pour les pays riches, tandis que les pays jusqu'ici trop insuffisamment intégrés au marché mondial (qui représentent une population d'environ 2 milliards d'habitants) se retrouvent marginalisés avec une très faible création de richesse, lorsqu'ils ne se paupérisent pas. Il faut donc réviser nos schémas ; le «Sud» ne constitue pas aujourd'hui une réalité cohérente et monolithique. Il se subdivise au contraire en deux pôles distincts : celui des « nouveaux mondialisés », dont certains se rapprochent à pas forcés des vieux pays industrialisés, et celui des économies marginalisées. Or, comme nous l'avons déjà dit, cette marginalisation résulte principalement de fautes de gouvernance. La situation semble parfois inextricable et désespérée du fait de conflits intercommunautaires, de guerres civiles ou de guerres d'agression, qui faussent le fonctionnement des institutions et gangrènent la société dans son ensemble ; prétendre qu'il n'existerait aucune solution serait irresponsable et erroné.

Deux économistes de Harvard avaient mis en relief la relation entre l'intégration et la croissance dans une étude portant sur une période s'étalant de 1970 à 1989. Leurs calculs démontraient que les pays en développement à économie ouverte ont

[56] *Globalization, Growth and Prosperity : Building an inclusive World Economy*, Banque Mondiale, Oxford UP, Washington DC, NY, 2002 : econ.worldbank.org/prr/globalization/txt-2857.

connu une croissance annuelle moyenne de 4.49 % au cours de ces vingt années, contre 0,69 % pour les pays en développement fermés ; de leur côté, les pays industrialisés ouverts ont eu une croissance annuelle moyenne de 2,29 % contre 0,74 % pour les pays industrialisés fermés (essentiellement les pays de l'Est)[57].

L'ouverture économique et l'intégration au marché mondial apparaissent donc clairement comme les éléments essentiels d'une stratégie de croissance, et prêcher le contraire sous prétexte de défendre les intérêts des plus fragiles relève au mieux de l'inconscience sinon de l'irresponsabilité. Certains prétendront, cependant, que ces stratégies, quelles que soient leurs qualités, ne parviennent pas à réduire la pauvreté, et pire encore, qu'elles contribuent à accélérer le « processus de paupérisation ». La preuve du lien pernicieux entre la mondialisation et les disparités socio-économiques, entre la mondialisation et la pauvreté, serait alors chose faite ? Ce thème se retrouve dans toute propagande anti-systémique, chez tous ceux qui voulurent à une époque ou à une autre rejeter le capitalisme, la démocratie, et l'ordre mondial ; il s'inscrit dans la continuité des arguments développés par Vladimir Ilitch Oulianov Lénine, puis il fut repris par les théoriciens de la dépendance et maintenant par les anti-mondialistes, c'est celui, cher à Samir Amin, du « développement inégal ». Dans cette perspective, le capitalisme ne peut qu'accroître la division injuste du monde fondée sur l'exploitation des plus pauvres au profit des plus riches[58]. Mais, cette approche ne tient pas car l'exploitation « impériale », qu'elle ait eu lieu ou pas, ne suffit pas à expliquer les difficultés des plus pauvres. En fait, contrairement aux idées véhiculées par ces prêches apocryphes, la mondialisation ne crée pas la pauvreté ; mieux, elle contribue à la combattre ! En s'intégrant au sein de la division internationale du travail, les économies vont non seulement s'efforcer de tirer profit de leurs avantages comparatifs, mais elles vont par le fait même s'inscrire dans une synergie mondiale qui maximisera potentiellement leurs bénéfices. C'est le principe des vases communicants : les pays riches vont non seulement acheter aux moins riches ce qu'ils ne peuvent plus produire à des coûts raisonnables,

[57]Jeffrey Sachs, Andrew Warner, « Economic Reform and the Process of Global Integration », *Brookings Papers on Economic Activity* 1995-1, Brookings Institution, Washington DC, 1995.
[58] Samir Amin, *L'impérialisme et le développement inégal*, éditions de Minuit, Paris, 1976.

mais ils vont rapidement investir pour délocaliser une partie de leur production dans les secteurs où ils perdent en compétitivité. Enfin, dans une étape suivante, ils investiront pour bénéficier de l'ouverture de ces nouveaux marchés enrichis par l'accélération de la production et de plus en plus demandeurs de biens et services sophistiqués, et dans la production desquels les économies avancées se sont reconverties. La liberté économique profite ainsi à tous !

Pour autant, bénéficier du libre échange exige plus qu'un attentisme passif. L'ouverture économique est une condition nécessaire au développement, mais non suffisante : il faut aussi maintenir la compétitivité et l'attractivité par le biais de politiques incitatives et d'investissements constants pour perfectionner l'outil de production et améliorer la compétitivité ; nous développerons plus amplement ce thème ultérieurement.

L'image d'un enrichissement unicentrique, ne bénéficiant qu'aux plus favorisés, est évidemment réductionniste et donc erronée ; malheureusement elle a la vie dure, comme s'il était impossible à certains de concevoir que, dans une communauté quelle qu'elle soit, l'enrichissement des uns puisse bénéficier aux autres. Ceux-là considèrent en fait l'échange comme un principe intrinsèquement vicié, ils lui préfèrent naturellement la répartition autoritaire, réfutant in fine le marché (sans toutefois nécessairement l'avouer clairement). Pourtant, n'ayons pas peur de le rappeler : de l'échange naît la richesse, et la meilleure méthode pour le stimuler est bien de préserver le libre arbitre de chacun. Même les régimes les plus autoritaires l'ont compris, s'ils sont assez clairvoyants pour réaliser que la croissance est à la clef et que celle-ci est une option nécessaire. Qui aurait pu imaginer, au plus fort de la révolution culturelle que la Chine s'affirmerait au début du XXIe siècle comme une puissance économique mondiale, à même de rivaliser un jour prochain avec l'économie américaine ? Voudrait-on encore nous faire croire que la croissance économique spectaculaire de ce pays ne signifie pas une réduction de la pauvreté relative et conséquemment l'amélioration générale des conditions de vie ? Et si la chose est vraie pour la Chine, pourquoi ne le serait-elle pas pour l'Inde, le Vietnam… et pour toutes ces économies caractérisées depuis ces dernières années par une forte croissance ? Les données de la Banque Mondiale révèlent une réduction sensible de l'extrême pauvreté (moins de un dollar par jour), malgré l'accroissement démographique. Le fait que l'Asie orientale soit la plus touchée par ce phénomène est révélateur de la relation entre intégration, croissance, et réduction de la pauvreté !

Population disposant de moins de 1 dollar par jour dans les pays en développement (1990 et 1998) [59]

	Nombre de personnes disposant de moins de 1 dollar par jour (en millions)		Taux de pauvreté (%)	
	1990	**2000 (estimations)**	**1990**	**2000 (estimations)**
Asie de l'Est	470	261	29,4	14,5
à l'exception de la Chine	110	57	24,1	10,6
Asie du Sud	466	432	41,5	31,9
Afrique sub-saharienne	241	323	47,4	49,0
Amérique latine	48	56	11,0	10,8
Moyen Orient/Afrique du N.	5	8	2,1	2,8
Europe et Asie centrale	6	24	1,4	4,2
Total	**1237**	**1100**	**28,3**	**21,6**

Source : Banque mondiale (2003), *Perspectives économiques mondiales pour 2004.*

DES ECARTS DE RICHESSE

Tous les arguments avancés jusqu'ici ne suffisent cependant pas à convaincre les adeptes de la doctrine « altermondialiste ». Au débat sur la mondialisation et la pauvreté se substitue alors celui sur les écarts de richesse, laissant entendre qu'il serait erroné de s'appuyer sur des données brutes qui ne reflètent pas la répartition des biens à l'intérieur de chaque économie. Autrement dit, si la création de richesse dans les pays

59 *Une plus grande ouverture du commerce international renforce-t-elle la pauvreté mondiale ?* (Nouvelle/ Média), Banque Mondiale, Washington DC : www.banquemondiale.org/EXT/french.nfs/DocByUnid.

en développement est une réalité qu'il devient difficile de nier, celle-ci masquerait et amplifierait les inégalités, la richesse créée ne bénéficiant, selon ce raisonnement, qu'à une infime minorité. Par cette formidable pirouette intellectuelle les anti-mondialistes veulent retomber sur leurs pieds, l'odieuse réalité que constitue pour eux l'enrichissement effectif des économies nouvellement mondialisées ne leur laissant plus que cet argument. Pourtant, comme l'expliquait le professeur et Prix Nobel (1970), Paul Samuelson : «l'affirmation selon laquelle 'les riches deviendront plus riches et les pauvres encore plus pauvres' ne tient pas devant une scrupuleuse recherche historique et statistique. En Europe et en Amérique, il y eut de toute évidence une longue et régulière amélioration des conditions minimum de vie, quels que soient les indicateurs auxquels on se réfère : nourriture, vêtements, habitat ou espérance de vie »[60].

Il n'est certes pas improbable que la création de richesse dans un pays pauvre puisse, dans un premier temps, accroître les disparités, pour autant cela ne signifie pas nécessairement que les bénéfices ne profiteront exclusivement qu'à une élite aux dépens des infortunés. Dans une économie très faible amorçant un processus de croissance, la masse de la richesse créée est en effet parfois encore insuffisante pour être répartie directement sur l'ensemble de la population, même par un processus de redistribution autoritaire répondant à une politique égalitariste ; le ratio entre la richesse créée et le nombre d'habitants donnant un résultat trop faible, ce processus n'aurait aucun ou très peu d'impact sur la consommation, rendant la manœ uvre improduc tive, et même contre-productive. En effet, la masse de richesse créée, aussi faible soit-elle, ne sera profitable que si elle est réinvestie stratégiquement dans le développement de l'appareil productif ; ce qui présuppose une nécessaire concentration du capital aux dépens d'une plus stricte équité. L'Etat doit ainsi impérativement encourager l'investissement dans le circuit économique et la modernisation de l'outil pour stimuler sa compétitivité.

Deux options restent alors possibles : la concentration de

[60] Paul A. Samuelson, *Economics* (10e édition), McGraw-Hill Kogakusha, Tokyo, 1976, p. 80. (traduction de l'auteur)

capital sous contrôle de l'autorité publique (appropriation collective), ou la création d'un environnement favorable aux investissements en garantissant les droits de propriété et la liberté d'action économique et financière. Si la première solution répond aux aspirations des ennemis du capitalisme et de l'économie de marché, elle génère immanquablement dérapages et insuffisances : l'Etat collectiviste a largement montré au cours du XXe siècle ses limites et incompétences. La logique inhérente au secteur public est contraire au marché et à tout principe de rentabilité, le résultat est alors partout le même : lourds impacts sur les comptes publics, l'Etat étant contraint de venir perpétuellement au secours d'industries déficitaires, peu ou contre-productives. Le bilan économique de telles stratégies est lourd et pénalise le développement, ce qui explique que partout dans le monde, en Chine populaire comme en France, la tendance pour tout gouvernement cherchant à stimuler la compétitivité de son économie est de réduire le secteur public en privatisant, parfois même en liquidant l'entreprise aux dépens d'employés qui se croyaient pourtant prémunis de tout risque de licenciement du fait de leur statut, cela pourtant contre toute logique économique. Mais il est un autre piège que la première option, le modèle public, encourage fatalement, surtout au sein d'économies pauvres : la corruption des élites et des cadres. Le principe est tellement simple qu'il est quasiment inévitable ; comment espérer qu'une personne vivant dans des conditions de pauvreté générale ne soit pas tentée de tirer profit du peu de pouvoir dont elle dispose… lorsque la corruption n'est pas quasiment institutionnalisée ? Dans pareil régime et semblable situation, l'élite a naturellement tendance à s'accaparer les rouages et les bienfaits du pouvoir, fermant l'ascenseur social et encourageant les privilèges ; d'ailleurs, comment mieux se protéger de ses propres exactions et contrôler un «camarade» qu'en l'incitant à de semblables exactions ? Le corporatisme d'Etat va ainsi à l'encontre de l'intérêt général, au risque cette fois d'encourager à terme la fracture sociale. J'étais personnellement à Pékin lors des soulèvements du printemps 1989, et je me souviens fort bien que les manifestants d'alors dénonçaient en fait la corruption qui se développait significativement depuis les réformes mises de l'avant par Deng Xiaoping ; ces réformes avaient certes permis un enrichissement mais encore trop faible pour bénéficier à tous. Je me rappelle les slogans et l'explication que m'avaient livrée quelques ouvriers chinois dans le cortège rejoignant les étudiants le 19 mai : ce qu'ils dénonçaient, tout comme la jeunesse massée place Tienanmen, c'était la corruption et ses symboles (Mercedes, appartements luxueux…) plus encore que les carences démocratiques[61]. Non pas que la masse des pauvres fût plus pauvre qu'auparavant, mais simplement qu'elle prenait conscience de son état devant ces signes d'enrichissement évidents. Parce qu'ils contrôlent l'allocation des ressources, les systèmes dirigistes encouragent naturellement les risques de corruption et, tout bonnement, l'affirmation des privilèges.

Le développement, comme tout processus d'évolution, affecte les sociétés en imposant une transformation de l'organisation sur laquelle elle repose, générant ainsi obligatoirement des frustrations malgré les perspectives souvent réelles d'amélioration des conditions générales d'existence. La question est d'éviter de magnifier ces ressentiments en luttant contre les dysfonctionnements du système politique et institutionnel. La démocratie et l'Etat de Droit ont ici, comme nous le verrons plus loin, des vertus considérables. Il est aussi une réalité simple, qui veut qu'il n'y ait point de croissance possible sans investissements productifs ; afin d'éviter le piège de l'étatisation, l'on doit nécessairement créer les conditions permettant d'encourager les investisseurs privés, locaux et étrangers. Pour ce faire, il faut en premier lieu, on l'a dit, garantir les droits de propriété, est-il besoin de rappeler qu'en l'absence de telles garanties, seuls les puissants bénéficieraient du soutien de l'autorité, les plus petits étant alors pénalisés et concrètement dans l'incapacité de s'emparer des ressources[62]. Il faut aussi valoriser l'initiative, renforcer la dynamique du marché, rétablir la confiance par la formulation d'un cadre juridique adapté et prendre toutes les mesures qui permettront de rassurer et d'attirer les investisseurs étrangers. L'on n'attire pas les investissements à coup de décrets ou grandes déclarations, et soyons-en enfin convaincus : sans

[61] Bruno Munier, *Voyage au printemps de Pékin*, Méridien, Montréal, 1989, p. 20-31.
[62] Johan Norberg, *Plaidoyer pour la mondialisation*, Plon, Paris, 2003, p. 73-81.

investissements substantiels et adéquats, pas d'accélération de la production, et donc pas d'amélioration possible sur le front de l'emploi et des conditions de vie !

Le capitalisme et la liberté du marché constituent ainsi, contrairement aux propos péremptoires de certains soi-disant défenseurs du Tiers-Monde, la seule option permettant d'espérer non seulement une croissance, mais une croissance plus juste, du moins à terme. Mais si une croissance forte et mal gérée attise une montée rapide des inégalités, elle engendrera indubitablement de brusques et profondes frustrations qui aboutiront, selon toute probabilité, à l'émergence d'une contestation pour exiger une plus équitable redistribution, alors même un régime autoritaire, s'il est relativement éclairé, comprendra l'intérêt d'évoluer sur la question s'il ne veut pas casser la dynamique ; l'exemple chinois est ici encore pertinent. La redistribution des richesses constitue donc, dans cette perspective, un enjeu essentiel et souvent extrêmement délicat pour les gouvernements des économies à forte croissance ; et cette question est d'autant plus périlleuse que la solution ne saurait reposer sur une politique autoritaire inadaptée et susceptible d'effaroucher les investisseurs et de menacer ainsi la croissance.

La tâche est encore plus ardue si l'on considère que les stratégies de développement économique sont souvent orientées sur les secteurs industriels et les services (ce qui est parfaitement compréhensible, ces secteurs ayant une plus forte valeur ajoutée) contribuant à polariser la croissance et ses bénéfices sur les centres urbains, au risque de générer ou d'accroître de graves disparités avec les zones rurales. Si le cas de la Chine populaire est une fois encore parfaitement révélateur, les mégapoles que l'on retrouve dans plusieurs pays en développement traduisent, elles aussi, la difficulté d'un certain nombre de gouvernements à éviter ces déséquilibres démographiques justifiés par l'attrait économique des centres urbains et industriels[63]. Toutefois, il ne faut pas oublier que l'urbanisation fait corps avec la révolution industrielle, que ce soit en Europe au XIXe siècle ou ailleurs aujourd'hui. Le problème est de chercher à maîtriser le rythme

[63] En 1950, une seule mégapole (à l'époque, plus de 5 millions d'habitants) se situait dans le Tiers-Monde : Shanghai. Aujourd'hui, 33 sur les 41 villes de cette taille ou plus se situent dans les pays en développement.

d'assimilation de la cité et de s'efforcer de contrôler l'exode rural et ses conséquences économiques et surtout sociales, en prévenant notamment l'accumulation de populations désœuvrées et coupées de leurs racines. Pour ce faire, les gouvernements doivent chercher à équilibrer leur stratégie de développement pour tenter de mieux répartir la croissance, évitant notamment de négliger le secteur primaire et s'efforçant d'engager un développement plus harmonieux des infrastructures, notamment en terme de logements. Les solutions existent, mais la réalité est malheureusement souvent plus complexe.

AMELIORATION GENERALE DES CONDITIONS DE VIE

Parler d'amélioration générale des conditions de vie sur notre planète provoque inévitablement et naturellement une pensée pour les plus pauvres et les plus démunis ; cette image peut parfois suffire à détruire les arguments précédents, car l'extrême pauvreté existe toujours, et le contraste est plus révélateur que jamais. Pourtant, les indicateurs démontrent clairement que le développement technologique et scientifique, combiné à la dynamisation des échanges économiques et sociaux, a permis une élévation générale des conditions sanitaires, engendrant une augmentation significative de l'espérance de vie (moyenne de 65 ans pour les pays en développement, 63 ans hors Chine, contre 76 ans pour les pays développés)[64].

Espérance de vie dans les pays en développement[65]

Période	Hommes	Femmes	Moyenne
1960-1965	47.00	48.40	47.70
1965-1970	51.60	53.00	52.30
1970-1975	54.00	55.50	54.70
1975-1980	55.80	57.70	56.80
1980-1985	57.30	59.80	58.50
1985-1990	59.00	61.60	60.30
1990-1995	60.10	63.10	61.50
1995-2000	60.90	64.30	62.50
2000-2005	61.70	65.10	63.40

[64] *Fiche de données sur la population mondiale, 2003*, Population Reference Bureau, www.prb.org
[65] *World Population Prospects : The 2002 Revision Population Database*, United Nations Population Division, (ONU), NY, 2002 : http://esa.un.org/unpp/p2k0data.asp

L'augmentation de l'espérance de vie dans les pays en développement témoigne de la fantastique évolution que connaît l'humanité depuis ces dernières décennies. Parce qu'aucune société, ou presque, ne vit en réelle autarcie, de nouvelles connaissances et techniques médicales et sanitaires mises au point dans les pays industrialisés ont été disséminées sur la planète, contribuant à améliorer les soins et la diffusion de remèdes dans les pays pauvres. Les programmes d'aide mis en place par les pays riches ainsi que l'action fédératrice et mobilisatrice des organisations intergouvernementales ont accéléré ce transfert au seul bénéfice de l'humanité toute entière. Aussi serait-il faux de prétendre que la situation serait plus dramatique que jamais, ou encore que les pays développés se seraient exclusivement nourris sur le dos des plus défavorisés en les pillant systématiquement. Que les méthodes pour soutenir les populations défavorisées n'aient pas toujours été à la hauteur, c'est un autre débat, beaucoup plus honnête et réaliste celui-là, et surtout potentiellement productif. La solution passera probablement par une reconceptualisation ainsi qu'une redéfinition de l'aide et de ses modalités, avec comme unique objectif l'efficacité.

La diffusion des méthodes contraceptives et le planning familial (malgré certains excès politiques comme en Inde à l'époque d'Indira Gandhi), le développement médical et pharmacologique à disposition de ces pays (en dépit des critiques que l'on peut entendre à l'endroit des grands groupes de l'industrie pharmaceutique et sur lesquelles nous reviendrons plus loin), l'amélioration des conditions d'hygiène (quoique le développement des infrastructures soit généralement encore très insuffisant)… sont autant d'éléments favorables correspondant à une réalité objective qu'il est injuste de nier. Globalement, les conditions sanitaires se sont effectivement clairement améliorées dans les pays en développement, même s'il est par ailleurs exact que d'un pays à l'autre, d'une région à l'autre, ou entre villes et campagnes la situation soit souvent très différente.

Le phénomène le plus révélateur de l'évolution des conditions de vie, outre l'augmentation de l'espérance de vie, est peut être la baisse significative du taux de fertilité, comme en témoignent les données des Nations-Unies reproduites ci-après.

Cette diminution du taux de natalité traduit à la fois l'amélioration des conditions socio-économiques, notamment dans les zones urbanisées proportionnellement de plus en plus importantes dans les pays en développement, et la progression réelle des politiques en matière de santé et de planning familial. Bien évidemment, la baisse du taux de fertilité n'est une fois encore pas semblable en tous lieux : ce sont les économies en développement les mieux « intégrées » qui ont atteint le stade de « transition démographique » ; mais rappelons-nous que celles-ci constituent le groupe démographiquement le plus important (3 milliards d'habitants contre 2 milliards pour les économies pauvres peu mondialisées)[66].

Taux de fertilité dans les pays en développement
(nombre d'enfants par femme) [67]

Période	Taux de fertilité
1960-1965	6,03
1965-1970	6,01
1970-1975	5,42
1975-1980	4,63
1980-1985	4,13
1985-1990	3,83
1990-1995	3,40
1995-2000	3,11
2000-2005	2,92

Il n'est point ici question de se satisfaire des résultats obtenus ; nous devons au contraire être conscients des difficultés extrêmes auxquelles il faut encore faire face, et redoubler d'efforts. Cependant, **il faut aussi savoir reconnaître les faits, et ceux-ci démentent les allégations selon lesquelles la mondialisation aurait un impact négatif sur l'humanité et ses segments les plus défavorisés. Bien au contraire ! elle constitue en fait une opportunité incroyable pour ces derniers. De l'échange naît le progrès, non seulement économique**

[66] Cela ne présuppose cependant pas un fléchissement immédiat de la croissance démographique mondiale, car les femmes en âge de procréer dans les pays en développement mondialisés sont encore proportionnellement très nombreuses, même si elles font désormais peu d'enfants ; cf. Philippe Jurgensen, *L'erreur de l'Occident*, Odile Jacob, Paris, 2004, p. 20.
[67] *World Population Prospects : The 2002 Revision Population Database*, United Nations Population Division, (ONU), NY, 2002 : http://esa.un.org/unpp/p2k0data.asp

mais aussi social ! Ainsi, parce que l'éducation se généralise, la condition des femmes (lesquelles constituent souvent le maillon le plus fragile parmi les plus pauvres) s'améliore progressivement, non seulement sanitairement mais aussi matériellement, intellectuellement, et surtout socialement.

La diffusion des connaissances est un bien extrêmement précieux qui contribue plus efficacement que toute autre chose à libérer les hommes de leurs entraves matérielles, idéologiques et culturelles. L'éducation est non seulement un droit essentiel, mais c'est aussi un atout nécessaire au développement : l'instruction stimule la productivité, même au sein du secteur primaire ou de l'artisanat. Il n'est donc pas faux de considérer que les pays ayant un faible taux de scolarisation sont gravement pénalisés ; d'où la nécessité de responsabiliser les autorités concernées pour qu'elles érigent l'enseignement au titre de priorité nationale et y consacrent toute l'énergie disponible, ne se contentant plus de déclarations inutiles. L'éducation a un coût : formation des enseignants, matériel pédagogique, infrastructures scolaires… qui exige un effort soutenu et la mobilisation de toute une société sous l'impulsion de la volonté gouvernementale ; bien que nécessaire, l'aide internationale ne peut ici suffire. L'exemple des Philippines démontre par ailleurs qu'un fort taux de scolarisation ne suffit pas ; les études doivent non seulement être accessibles à tous, mais aussi correspondre aux exigences du développement, contrairement à ce que l'on retrouve dans certains pays pauvres où l'éducation sert à inculquer les valeurs traditionnelles et donc à promouvoir une certaine immuabilité sociale en contradiction avec les besoins d'adaptation et d'ouverture ; la solution est cependant entre les mains des politiques et des gouvernements. Il est toutefois clair que « le lien entre le taux de la scolarisation et le développement économique est maintenant largement reconnu. Les Etats-Unis puis la Suède ont été les premiers pays largement scolarisés, et bénéficient encore de cette avance aujourd'hui. A l'opposé (par exemple au Mali), la scolarisation est faible et récente, et le sous-développement est patent » [68].

[68] Yves Montenay, *Le mythe du fossé Nord-Sud*, Les Belles Lettres, Paris, 2003, p. 112-114.

Taux Brut de Scolarisation[69]

Pays	Angola	Burundi	Tchad	Ethio-pie	Mada-gascar	Mozam-bique	Afrique du Sud	Bangla-desh
Scolarisation primaire et secondaire	41	38	42*	44	52*	49	101	70
Tous niveaux sauf primaire	29	31	33*	34	41*	37	79	54
Pays	**Cam-bodge**	**Chine**	**Malai-sie**	**Philip-pines**	**Thaï - lande**	**Viet-nam**	**Argen-tine**	**Colom-bie**
Scolarisation primaire et secondaire	65	89	84	99	88	84	109	90
Tous niveaux sauf primaire	55	67	72	80	72	64	89*	71

La mondialisation, c'est aussi, grâce aux nouvelles technologies comme l'Internet, permettre à de plus en plus de communautés et populations isolées non seulement de communiquer et rompre avec leur solitude mais aussi d'en tirer profit, économiquement et culturellement. Ainsi se propagent de nouvelles idées et valeurs porteuses d'espoir et de liberté, au bénéfice des droits de l'homme et des conditions de vie des plus faibles d'entre nous. Jamais la démocratie ou les principes qu'elle véhicule ne furent si largement répandus qu'en ce début de XXIe siècle. Sans doute est-elle abusivement proclamée en de nombreux endroits, ou encore seulement partiellement mise en œuvre ailleurs ; mais la réalité reste cependant que jamais autant d'êtres humains n'ont bénéficié autant de ses vertus, même partiellement. L'implosion du bloc soviétique, la prolifération des économies de marché et l'affirmation des libertés économiques ont largement contribué à cet état de fait.

[69] Données pour 2000-2001 (sauf astérisque: 1999-2000) : *Indicateurs de l'éducation dans le monde*, Institut de Statistiques de l'UNESCO, Montréal, Ca. : http://stats.uis.unesco.org/fra/TableViewer/wdsview/print.asp

L'INSOLUBLE QUESTION DES PMA[70] ?

Le progrès social et les mutations qu'il impose peuvent évidemment être considérés par certains comme un « viol » des traditions et coutumes ancestrales ; mais comment s'en plaindre lorsqu'il s'agit de contribuer au mieux-être de l'humanité ? Seules les forces réactionnaires ou obscures, plus attachées aux traditions et coutumes ancestrales qu'au bien-être général, peuvent s'en offusquer. En réalité, ce qui a surtout changé, c'est la connaissance que peuvent avoir les populations démunies de l'existence de bien meilleures conditions de vie dans d'autres espaces (connaissance aujourd'hui facilitée par la dispersion médiatique) ; voire, pire encore, à proximité, dans les grandes agglomérations par exemple, ce qui rend d'autant plus difficilement acceptable cette situation. Et comment expliquer à ceux qui se sentent exclus que les choses évoluent globalement pour le bien de l'humanité ? Les pessimistes diront, avec raison, que cela constitue un facteur d'instabilité dangereux, cette connaissance nouvelle d'une réalité extérieure meilleure pouvant engendrer frustrations, jalousies, incompréhensions et haines. Mais l'on peut aussi y voir une source d'émulation, pour les uns, et pour les autres un stimulant permettant de favoriser les initiatives pour une meilleure dissémination du développement et ainsi mieux lutter contre la marginalisation d'une partie de l'humanité.

Les défis sont réels ! « Près de 630 millions de personnes peuplent les 49 PMA (Pays les Moins Avancés). 43 % d'entre elles n'ont pas accès à l'eau potable, et 50 % sont analphabètes. L'espérance de vie moyenne est de 51 ans dans les PMA »[71]. Le problème a d'autant plus d'acuité que c'est dans les régions les plus pauvres que la croissance démographique sera la plus forte au cours des prochaines décennies. Ainsi l'ONU prévoit-elle au cours des cinquante prochaines années un triplement de la population dans les PMA – ceux-ci ayant le taux de fécondité le plus élevé –, ce qui ne peut que compliquer la diffusion du progrès sanitaire et social dans ces pays[72]. Il n'y a donc pas de temps

[70] PMA : Pays les Moins Avancés.

[71] *La Troisième Conférence de l'ONU sur les PMA s'attaquera à la pauvreté des 49 pays les plus démunis de la planète*, United Nations Press Release, ONU, NY, 11 mai 2001, p. 2.

[72] *Rapport annuel 2002 du Fonds des Nations-Unies pour la Population*, UNFPA, ONU, NY, 2002 :

à perdre. Pour autant, il ne faudrait pas non plus céder à la facilité et considérer que la solution puisse se résumer à des remèdes d'apothicaires, comme par exemple, se borner à exiger une augmentation quantitative de l'aide et la suppression de la dette.

Problématique de l'aide au développement

La question de la dette des PMA constitue un enjeu très sensible et d'une réelle complexité, exigeant de ce fait des réponses nuancées. Le problème est à la fois économique (parce qu'il limite considérablement la capacité des pays qui en sont victime à « décoller »), éthique (car nul ne peut acquiescer à l'idée de laisser ainsi les PMA sur le bas-côté, le devoir de solidarité s'imposant tout naturellement), et aussi largement politique et stratégique (personne n'a intérêt à laisser se développer des foyers de frustration susceptible de constituer une menace pour la paix mondiale). La dimension éthique du problème est d'autant plus réelle que souvent les dettes ont été contractées par des dirigeants peu responsables et encore moins scrupuleux, cela uniquement pour satisfaire des projets dont les populations ne purent jamais bénéficier (achat d'armements, réalisations pharaoniques et mégalomaniaques…).

La Dette des pays pauvres[73]

L'aide au développement, toute origine confondue, s'élevait en 2002 à $57 milliards. Comparativement, les revenus des travailleurs émigrés atteignaient $80 milliards, les investissements directs à l'étranger représentaient $115 milliards, et le commerce extérieur des pays en développement dépassait $2000 milliards. Enfin, les ressources gaspillées par la corruption pourraient fournir d'autres milliards de dollars additionnels utiles au développement durable.

Lors de la troisième Conférence des Nations-Unies sur les PMA, en 2001, les dirigeants politiques du monde entier se sont accordés pour faire de la réduction de la dette de ces pays la clef de voûte des objectifs pour le développement du millénaire. Se déclarant préoccupés par le surendettement extérieur qui frappe les PMA, ils affirmèrent leur volonté de «progresser vers l'annulation totale de la dette publique bilatérale». La Conférence sur le financement du développement de Monterrey

www.unfpa.org/about/report/2002/fre.

[73] *Global Development Finance 2002 : Financing the Poorest Countries*, Banque Mondiale, Washington, 2002, p. 121 : www.worldbank.org/prospects/gdf2002/ch1.htm ; Kim R. Holmes, *Promoting Economic Freedom at the United Nations*, Département d'Etat, Washington DC, 2004, p. 3 : www.state.gov/p/io/rls/rm/2004/29549.htm.

(Mexique) et le Sommet de Johannesbourg en 2002 ont permis de dégager un consensus par lequel il ressortait que le plus sûr moyen de soutenir la croissance et le développement était la bonne gouvernance, la libéralisation du commerce et la mobilisation des ressources à l'intérieur ainsi qu'à l'extérieur de ces économies ; mais il fut aussi précisé que, si les donateurs avaient un grand rôle à jouer, **les pays en développement sont les premiers responsables de leur croissance**.

Parmi les économies à faible revenu sévèrement endettées, l'on retrouve principalement des pays d'Afrique sub-saharienne : Angola, Bénin, Burundi, Cameroun, Afrique centrale, Tchad, Comores, R.D. Congo, Côte d'Ivoire, Ethiopie, Guinée, Guinée-Bissau, Indonésie, Kirghizstan, Laos, Libéria, Madagascar, Malawi, Mauritanie, Myanmar, Nicaragua, Niger, Nigeria, Pakistan, Rwanda, Sao-Tomé, Sierra-Leone, Somalie, Soudan, Tadjikistan, Tanzanie, Zambie.

Ceci nous amène tout naturellement à formuler ici une réserve fondamentale concernant l'aide et ses conditions d'attribution : il convient en effet en tout état de cause de faire en sorte que l'aide accordée ne contribue pas à enfoncer plus encore un pays fragile en permettant de soutenir indéfiniment un régime coupable ne se souciant aucunement du développement de l'économie et de la Nation. L'aide ne doit en effet en aucun cas servir au maintien de régimes qui nuisent à la croissance et au bien-être des populations, en renforçant de surcroît l'endettement national pour mieux pénaliser toute chance de démarrage. L'action internationale est alors coupablement contre-productive et ne parvient qu'à se décrédibiliser, d'où l'urgence d'établir des critères de gouvernance auxquels les récipiendaires de l'aide devront s'engager fermement préalablement. Ce principe de conditionnalité de l'aide ne répond qu'au seul souci de son efficacité, pour le plus grand intérêt des populations les plus pauvres. L'aide ne doit en aucun cas être une béquille sur laquelle s'appuie la bonne conscience des payeurs et des conseilleurs. Et dans ce cas, elle porte alors bien mal son nom et est surtout exempte de toute moralité.

Il n'est pas inutile de rappeler que l'aide au développement doit, par principe, reposer sur la finalité et non sur la méthode. Et, si comme nous l'avons vu le meilleur (sinon le seul) moyen d'encourager la croissance reste le développement des échanges, l'aide proprement financière ne pourra au mieux que constituer un palliatif, éventuellement utile pour stimuler le démarrage économique si elle est attribuée et utilisée dans des conditions adéquates, sinon elle peut être potentiellement contre-productive. L'aide véritable, quelles que soient ses formes ou modalités, doit en définitive encourager les pays pauvres à élaborer les stratégies qui leur permettront d'engager économie et société dans un véritable processus de développement. Cela, on le sait, passe nécessairement par une meilleure intégration au marché mondial. C'est donc là, et nulle part ailleurs, que doivent se porter tous nos efforts.

Il est à ce propos intéressant de croiser les indicateurs en vue de chercher à confirmer une possible relation de cause à effet (malgré les précautions dans les conclusions que l'on peut tirer). Ainsi, l'on constate une corrélation entre l'espérance de vie et le degré d'intégration dans l'économie mondiale[74]. La logique est d'ailleurs évidente :

intégration → croissance → amélioration des conditions de vie → hausse de l'espérance de vie

Libertés économiques

Le rapport annuel sur la liberté économique dans le monde de l'Institut Fraser (Vancouver, Canada) met de son côté en évidence le « haut degré de corrélation existant entre la liberté économique et le revenu par habitant, la croissance économique, et l'espérance de vie », précisant qu'« une plus grande liberté économique n'accroît pas les inégalités économiques. [...] Le revenu actuel des pauvres croît à mesure que la nation gagne en libertés économiques du fait des richesses supplémentaires générées par la liberté économique »[75].

---

[74] Quelques exemples d'économies en développement mondialisées : Tunisie : 73 ans ; Chili : 76 ; Malaisie : 73 ; Thaïlande : 71 ; Chine : 71 ; Taïwan : 76 ; Corée du Sud : 76 ; en comparaison d'économies moins intégrées : Corée du Nord : 63 (?) ; Laos : 54 ; Myanmar : 57 ; Guinée Bissau : 45 ; Sierra Leone : 40. Il ne faut pas cependant négliger d'autres facteurs, comme le taux de population contaminée par le HIV (SIDA), le taux d'urbanisation... qui peuvent bien évidemment interférer sur la corrélation (Source : *Ibid*).

[75] James D. Gwartney, Robert Lawson, *Economic Freedom of the World, 2003 Annual Report*, Fraser Institute, Vancouver : www.fraserinstitute.ca/admin/books/chapterfiles/Complete%20publications-4EFW2003all.pdf# , p. 3.

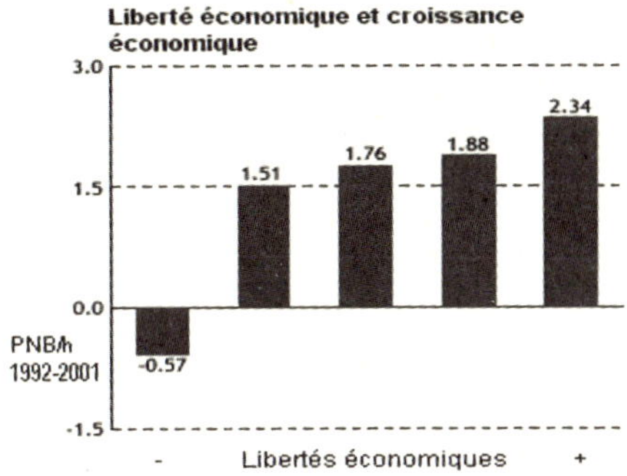

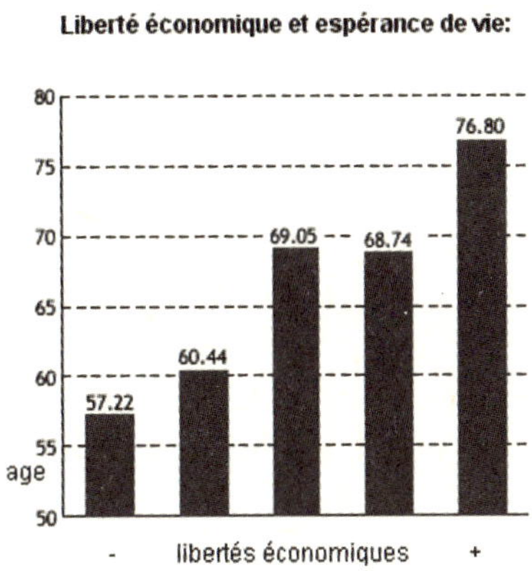

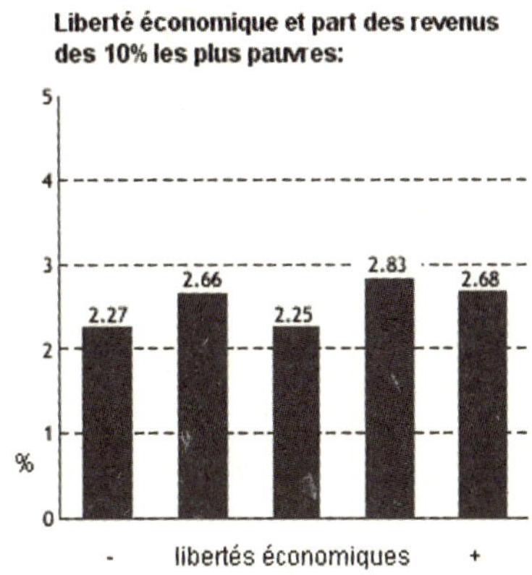

[76]

Parce qu'elle stimule l'initiative (et donc l'innovation et le progrès), la liberté économique est un atout indispensable au développement économique et social. Cela, même des régimes dictatoriaux qui refusent la liberté politique, comme la Chine populaire, l'ont compris ; à tel point que dans l'esprit des dirigeants chinois qui initièrent les réformes économiques, celles-ci n'avaient probablement pas d'autre qualité que de créer les conditions économiques favorables permettant de conforter la paix sociale et le développement de la puissance nationale, pour in fine renforcer la légitimité et la pérennité du régime ainsi que de ses institutions[77]. Il peut sembler à priori paradoxal de voir un

[76] *Ibid*, p. 21.

[77] Dans un discours prononcé le 30 mars 1979, Deng Xiaoping exprima clairement la ligne à suivre : réformes et modernisation économiques dans le cadre des « quatre modernisations » (passant par l'ouverture et la libéralisation économique progressive), et maintien des fonde-

régime autoritaire, adepte du « centralisme démocratique », encourager l'ouverture et la libéralisation économiques, alors que la doctrine officielle se réfère encore au marxisme léninisme et à la pensée de Mao Zedong. Tout repose en fait sur un pragmatisme faisant fi de toute considération inutile et reconnaissant sans complexe les vertus de l'économie libérale, lié à la détermination de conforter les fondements du régime, cela dans l'intérêt bien compris de la caste au pouvoir. Mais la liberté forme un tout, et les réformes économiques devront tôt ou tard s'appuyer sur une avancée plus significative en matière de libertés politiques, sous peine de gripper, voire de casser la machine, et ce quel que soit le potentiel de la République populaire à résister à toute réelle démocratisation.

Développer les infrastructures

Le déficit des PMA en matière d'infrastructures constitue un autre défi aux enjeux considérables. Si le développement s'appuie sur l'éducation, la santé, la faculté à communiquer et à échanger, cela présuppose un minimum de réalisations infrastructurelles : écoles et universités, équipées de manière fonctionnelle et dotées d'enseignants qualifiés ; hôpitaux, dispensaires et services de soin compétents ; routes, autoroutes et voies ferrées en bon état, ports et aéroports de capacité suffisante pour répondre aux besoins d'une économie qui s'ouvre sur une réelle dynamique d'échange ; réseau de télécommunication assurant une couverture efficace ; et enfin, système bancaire et financier efficient et crédible. Malheureusement, beaucoup de pays parmi les plus pauvres ne bénéficient pas ici de conditions vraiment suffisantes, ce qui ne peut que freiner leur marche vers le développement économique et social. La faute à l'exploitation coloniale et néo-coloniale, diront certains ? La faute aux conditions climatiques, culturelles ou autres, soutiendront d'autres ? Bien souvent, en réalité, la faute vient surtout de gouvernements trop peu scrupuleux qui ne se soucient aucunement de l'intérêt géné-

ments idéologiques et politiques du régime autour des « quatre principes cardinaux » ; Deng Xiaoping, « maintenir les quatre principes fondamentaux », *Textes choisis, 1975-1982*, Editions en langues étrangères, Beijing, 1985, p. 169-195.

ral, ainsi que de systèmes bureaucratiques et administratifs dysfonctionnels, vérolés par la corruption et éloignés des préoccupations du commun. Combien, parmi les pays les plus pauvres, possèdent toutefois des atouts réels qui auraient dû et devraient encore permettre d'amorcer un processus de croissance suffisant pour financer au minimum la création ou la modernisation de leurs infrastructures économiquement stratégiques ? Que dire des Etats pétroliers comme le Nigeria ou l'Iran des ayatollahs qui, malgré des richesses très importantes, n'ont pas été en mesure de gérer celles-ci au profit de la Nation en diversifiant l'outil de production ou en investissant dans le potentiel national ? Que penser de Nauru, Etat insulaire certes microscopique comparé aux précédents exemples : la seule ressource dont bénéficiait la petite république – les mines de phosphates – en a fait un temps un paradis d'opulence, malheureusement cette richesse fut gaspillée vite et sans discernement au point de pousser l'économie à la faillite car aucune stratégie de reconversion ni adaptation du tissu économique et social[78] n'avait été mise en place. Et la liste des Etats coupables d'aussi graves imprévoyances pourrait étrangement encore s'allonger.

Plusieurs leçons peuvent déjà être tirées, notamment que les difficultés d'un certain nombre d'économies ne se résument pas à l'image un peu facile de l'exploitation des pays pauvres par les riches. Mais la leçon essentielle est sans doute que, contrairement à ce que pensent certains, l'argent ou la richesse ne sont pas suffisants pour engager une économie vers le développement. Cela devrait d'ailleurs faire réfléchir ceux pour qui la solution des problèmes des PMA passe par l'augmentation significative de l'aide internationale. A l'évidence, la solution n'est pas là. **La clef du problème, c'est la gouvernance !** Comment créer ou attirer des capitaux mais aussi comment les utiliser ? C'est là que réside l'explication permettant de comprendre les difficultés face auxquelles se trouvent ces économies ; et surtout, c'est là que se trouvent les clefs du développement tant espéré des économies les plus fragiles. Sans l'implication résolue et éclairée

[78] Ce petit Etat du Pacifique avait un temps le plus haut revenu par habitant du Tiers-Monde grâce à l'exploitation des mines de phosphate, dont la production décline malheureusement dramatiquement. Presque toutes les ressources sont importées, y compris l'eau potable qui est acheminée d'Australie.

de l'Etat, point de salut. Ce qui ne veut pas dire que celui-ci doit agir seul, surtout alors même que ses moyens sont extrêmement limités. Les capitaux étrangers peuvent aussi (doivent !) participer à la tâche car trop souvent ces économies connaissent de grandes difficultés financières qui limitent leur propre potentiel d'investissement. Mais pour ce faire, le gouvernement doit, c'est un minimum, créer les conditions réglementaires (garantissant le droit de propriété et les investissements), économiques et politiques (lutter contre l'instabilité politique ou les affrontements inter-communautaires) permettant d'offrir les garanties suffisantes pour sécuriser les investisseurs. Dès lors, il n'est pas impensable que les entreprises transnationales contribuent à la réalisation d'infrastructures essentielles, et chacun y trouvera son compte : l'Etat, qui verra ainsi l'achèvement de projets d'intérêt public qu'il ne pourrait ou saurait réaliser, la population qui bénéficiera des services ainsi créés, et les entreprises parce que leur activité et leur implantation en seront facilitées. Loin d'être absurde, l'idée est au contraire extrêmement pratique car, sans vouloir la critiquer injustement, l'aide publique internationale, même gérée avec rigueur et discernement, ne pourra jamais répondre à l'immensité de la tâche. Ce principe visant à impliquer et responsabiliser les entreprises face au développement des économies fragiles fut d'ailleurs repris et mis en l'avant par le Secrétaire général des Nations-Unies, monsieur Kofi Annan, dans le cadre du « Pacte global » qu'il présenta devant un parterre composé des principaux dirigeants économiques de la planète au Forum économique de Davos[79].

Clôturant la troisième Conférence des Nations-Unies sur les pays les moins avancés en mai 2001, la Déclaration de Bruxelles proclamait ainsi avec beaucoup de justesse et de clairvoyance : «La bonne gouvernance aux niveaux national et international, la primauté du Droit, le respect de tous les droits de l'homme reconnus au niveau international – y compris le droit au développement –, la promotion de la démocratie, la sécurité

---

[79] Nous développerons plus loin ; l'idée générale est d'associer l'entreprise transnationale au développement des pays pauvres en cherchant à les responsabiliser ; cf. *Le pacte mondial*, ONU, NY, 2001 : www.globalcompact.org

grâce à la diplomatie préventive et au règlement pacifique des conflits armés, l'égalité entre les sexes, la réalisation d'investissements dans la santé, l'éducation et l'infrastructure sociale, ainsi que le renforcement des capacités de production et des institutions sont autant de conditions indispensables à la mise en valeur des abondantes ressources humaines et économiques encore inexploitées des PMA (pays les moins avancés). Nous reconnaissons que les PMA sont avant tout eux-mêmes responsables de leur développement, mais que les efforts doivent être concrètement et fortement appuyés au niveau international par les gouvernements et par les organisations internationales dans un esprit de coresponsabilité, par le biais de véritables partenariats, notamment avec la société civile et le secteur privé »[80].

AUJOURD'HUI, CE SONT LES ECONOMIES EN DEVELOPPEMENT QUI TIRENT LA CROISSANCE

Bien que les conditions économiques, sociales ou politiques soient profondément différentes si l'on compare les trois catégories d'économie (industrialisées ou post-industrialisées, en développement rapide, PMA marginalisés), et bien que les difficultés rencontrées ne soient évidemment pas comparables, rien n'implique pour autant un quelconque déterminisme qui interdirait aux plus défavorisés tout espoir de croissance et de développement. Il est en réalité inopportun, pour ne pas dire dangereux, de proclamer que le problème des économies les plus pauvres résiderait dans un système international qu'elles n'ont de toute façon pas les moyens de combattre, et dont elles devraient au contraire s'efforcer de tirer parti en améliorant leur intégration à la dynamique d'échange. C'est alors non seulement contreproductif, mais aussi tout simplement décourageant, parce que ne laissant alors aucune issue envisageable. En réalité pourtant, les options existent, à l'image d'un certain nombre de pays pauvres engagés sur la voie de la croissance. Mais les seules

[80] *Déclaration de Bruxelles* (Troisième Conférence des Nations-Unies sur les pays les moins avancés, 14-20 mai 2001), Assemblée Générale des Nations-Unies, NY, A/CONF.191/12 2 juillet 2001, p. 2.

solutions qui soient rationnellement envisageables aujourd'hui présupposent, on l'a compris, le rejet de toute forme d'autarcie ou autre stratégie reposant sur l'objectif d'une autosuffisance trompeuse pour, au contraire, mieux se raccrocher au marché mondial. Les arguments inverses ne peuvent conduire qu'à enliser plus encore ceux qui ont pourtant le plus besoin de s'accrocher à la croissance mondiale !

La problématique du développement des pays pauvres doit, en premier lieu, s'inspirer des exemples de réussite (parfois spectaculaires) pour définitivement chasser toute idée de situation de non-retour. Dans ce monde changeant, rien n'est irrémédiable, ni le développement, ni le non-développement. C'est en Asie orientale et du Sud que l'on trouve la croissance la plus spectaculaire, à tel point d'ailleurs que l'on peut véritablement parler dans un certain nombre de cas de processus de rattrapage par rapport à ce qu'il convient d'appeler les vieilles économies industrielles. Tout le monde est forcé de le reconnaître : cette région du monde connaît un développement économique extraordinaire ; mais combien se souviennent de la situation de ces mêmes pays dans les années 1950-1960 ? A dire vrai, la situation était à tout point de vue proprement catastrophique. Sur le plan international tout d'abord : la Guerre-« froide » eut des répercussions très « chaudes » dans cette région : non seulement la guerre entre les deux Corées suivie d'un état de conflit latent, les tensions très animées entre la Chine et Taïwan, les guerres d'Indochine (1946-54 ; 1965-75) suivies du différend khméro-vietnamien, puis par l'occupation du Cambodge par le Vietnam (de noël 1979 à 1988), les insurrections communistes et les répressions parfois sanglantes en Malaisie, aux Philippines ou en Indonésie…, mais aussi des conflits frontaliers, comme entre la Chine et l'Inde (1962), la Chine et l'URSS (1967) … La fracture géopolitique du continent limitait quant à elle très sérieusement toute possibilité de voir se développer les échanges régionaux, sauf entre les économies de l'Asie périphérique. Sur le plan économique, enfin, l'Asie se caractérisait globalement par un état d'extrême pauvreté au début des années 1960, sa situation étant dans certains cas plus précaire que celle du continent africain nouvellement indépendant, c'était le résultat de ces conflits et des aberrations de politiques économiques comme « le grand bon en avant » en Chine[81]. La situation générale était globalement catastrophique, au point que le prix Nobel d'économie Karl Gunnar Myrdall déclarait alors qu'à la lumière des résultats économiques et de sa situation politique l'Asie était un continent offrant peu de perspectives d'espoir. Pourquoi, dans ces conditions, l'Afrique serait-elle condamnée alors que l'Asie orientale put sortir de l'ornière ? Les solutions existent, et elles reposent en premier lieu sur l'amélioration significative des conditions de gouvernance.

Nous devons regarder la réalité avec objectivité ; **désormais, ce sont les pays en développement qui « tirent la croissance »**. Les mieux intégrés d'entre eux au marché mondial sont ainsi passés d'un taux moyen de croissance de 1 % dans les années 1960 à 5 % dans les années 1990, alors que le taux moyen des économies avancées était d'environ 2 %[82]. Et la tendance s'est poursuivie durant la crise de la « nouvelle économie » (2001-2003) et ne cesse de s'affirmer[83]. Il n'est donc pas inapproprié de parler de rattrapage. D'ailleurs, certains ont déjà rejoint le groupe de tête, celui des vieilles économies industrielles et post-industrielles : comment considérer autrement un pays comme la République de Corée ou Taïwan ? D'autres s'en rapprochent de plus en plus, comme la Thaïlande ou la Malaisie.

Enfin, que penser des géants démographiques, qui se transforment en géants économiques ; tout particulièrement la Chine ?! Est-il vraiment chimérique d'imaginer qu'elle rivalise un jour très proche avec les économies les plus avancées alors que, on l'oublie trop souvent, de par son produit national brut (PNB) elle est déjà la seconde économie mondiale, devançant le Japon[84]? En réalité, la Chine est bien, déjà, une grande puissance écono-

[81] Pour une compréhension plus exhaustive de la situation géopolitique, politique et économique de l'Asie orientale pendant la guerre-froide, voir notamment François Joyaux, *La nouvelle question d'Extrême-Orient*, Payot, Paris, T.1 (1985) : chapitre IX ; T. 2 (1988) : chapitres II, VI, VII, IX, XII.

[82] *Globalization, Growth, and Poverty*, Banque Mondiale, Oxford UP, 2002, p. 5.

[83] Selon le FMI, la croissance mondiale égalait 3 % en 2002 et les perspectives dégagées pour 2004 dans le rapport de 2003 sont de 4,1 % ; les économies avancées obtiennent pour les mêmes années les chiffres suivant : 1,8 %, 2,9 %, et les pays en développement, tous confondus : 4,6 % et 5,6 % ; *World Economic Outlook 2003*, Fonds Monétaire International, Washington DC, septembre 2003, chapitre I, p. 2 : www.imf.org/external/pubs/ft/weo/2003/02

[84] Calculé en parité du pouvoir d'achat, le PNB chinois (intégrant Hong-Kong) équivalait en 2003 (estimations) à $6,449 trillons (PNB/h en parité du pouvoir d'achat = $5000), contre $3,567 trillons pour leJapon : *The World Factbook*, CIA, Washington DC, 2004 : www.cia.gov/cia/publications/factbook

mique mondiale, parfaitement intégrée au marché planétaire ! Même si elle reste encore parmi le groupe des pays pauvres au regard des indicateurs par répartition individuelle (bien que son produit national brut nominal – PNB/habitant – calculé en parité du pouvoir d'achat connaît une élévation significative depuis ces dernières années pour atteindre en 2003 $5000), la Chine est aujourd'hui non seulement la deuxième économie mondiale en volume mais, surtout, elle surpasse toutes les autres par sa croissance (9 %).

Principales économies mondiales [85]
Classement selon la part du Produit Mondial Brut
2002

Etats-Unis	21,1%
Chine	12,7%
Japon	7,1%
Inde	4,8%
Allemagne	4,4%
France	3,2%

Si la Chine parvient à maîtriser les risques engendrés par une surchauffe économique, il est probable que le rythme de sa croissance se maintienne dans les prochaines années[86] , son gigantesque réservoir de main-d'œ uvre lui garantissant la possibilité de bénéficier à long terme d'avantages comparatifs sur les coûts de production, et le dynamisme de son marché renforçant son attractivité auprès des investisseurs, comme en témoigne sa position de première destination pour les investissements directs étrangers (IDE) en 2002[87]. Sa récente adhésion à l'Organisation Mondiale du Commerce (décembre 2002), par les garanties et facilités qu'elle confère, renforce encore les positions de l'économie chinoise en facilitant le développement de ses exportations et

[85] *World Economic Outlook 2003*, Fonds Monétaire International, Washington DC, septembre 2003, chapitre I, p.2 : www.imf.org/external/pubs/ft/weo/2003/02 ; statistical appendix.
[86] La croissance chinoise se stabilise autour de 7,5 %, après une moyenne annuelle de 8,8 % pour les années 1990 et de 8,2 % depuis un quart de siècle de réformes et de libéralisation économique ; *Ibid.*
[87] Il faut toutefois noter que la crise de la nouvelle économie s'est traduite par une baisse des IDE principalement concentrée sur les Etats-Unis et le Royaume-Uni, affectant ainsi les données : *Rapport sur l'investissement dans le monde, 2003*, Conférence des Nations-Unies pour le Commerce et le Développement (CNUCED), ONU, NY, 2003, p. 11 : www.unctad.org/fr/docs/wir2003overview_fr.pdf

en renforçant encore son attractivité économique[88]. « A ce rythme, la production double tous les huit ou neuf ans. Si elle se maintenait d'ici 2030, [la croissance chinoise] serait donc multipliée par huit, ce qui égalerait le niveau de vie réel des Chinois à celui des pays les plus riches. En tout cas, le maintien d'une telle progression lui garantirait d'être, en valeur absolue, la première puissance mondiale, avant les Etats-Unis, en une génération »[89].

Et que penser de l'Inde qui, bien que partie plus tardivement, connaît depuis le début des années 1990 – grâce (enfin ! pourrait-on dire) à son intégration dans l'économie mondiale – une croissance soutenue l'engageant, si aucun gouvernement ne vient contrecarrer cette tendance, sur la voie du développement et du rattrapage[90]. Comme le souligne fort justement Subhash Narula, professeur associé à l'Université d'Addis Abeba (Ethiopie), l'exemple indien peut (doit) servir aux économies en difficulté, notamment celle d'Afrique sub-saharienne, en démontrant qu'**il n'y a pas de fatalité en matière de sous-développement** : « La mondialisation de l'économie indienne a aussi un impact favorable sur le taux de croissance global de l'économie. En 1991-92, la première année du programme de réformes du gouvernement Rao, la croissance économique ne fut que de 0,9 % seulement. Cependant, [...] la croissance atteint 5,3 % en 1992-1993 ; 6,2 % en 1993-1994 ; 7,8 % en 1994-1995 et 7,2 % en 1995-1996. [...] Les réformes mises en place jusqu'ici ont permis à l'Inde d'atteindre 6 % et plus par an de croissance. [...] Cette forte croissance actuelle de l'économie indienne a démenti la croyance selon laquelle l'Inde était prisonnière d'une nonchalante 'croissance indoue' de 3,5 % par an, et cela quoi que l'on fasse »[91]. Forte d'une main-d'œuvre qualifiée, l'Inde possède des atouts réels qui lui permettent d'attirer les capitaux des entreprises occidentales, notamment dans le secteur des services (télé-

[88] Yuefen Li, « China's Accession to WTO : Exaggerated Fears », *United Nations Conference on Trade and Development Papers*, N° 165, *CNUCED*, ONU, NY, novembre 2002.
[89] Philippe Jurgensen, *L'erreur de l'Occident*, Odile Jacob, Paris, 2004, p. 238.
[90] Les élections générales indiennes ont donné la victoire aux partis de gauche, le Congrès en tête, suscitant de nouvelles interrogations quant à la pérennité des politiques de réformes.
[91] Shubhash Narula, *Globalization : India's Experience for the African Continent*, Occasional Paper N° 7, Development Policy Management Forum, Addis Abeba (Ethiopie), 2003, p. 6 : www.dpmf.org/Occasionalpapers/occasional-papers-no-7.html (traduction de l'auteur)

traitements, centre d'appels à distance...) mais aussi des nouvelles technologies (logiciels, pharmacologie...)[92].

Rien n'est éternel : la fin du règne de l'Occident ?

La croissance économique parfois véritablement spectaculaire et le développement social, culturel et technologique de pays jadis qualifiés comme appartenant à ce gigantesque no man's land du « Sud » (Taïwan, Corée du Sud, mais aussi Thaïlande, Malaisie, Mexique et Chili ou encore Vietnam ou Bangladesh... pour ne pas parler de Singapour ou Hong Kong, ni des géants chinois, indien ou encore brésilien...) prouve, à qui veut entendre, que le monde change, et vite. Outre l'intérêt intellectuel, la considération que l'on doit avoir des pays en développement, ou les leçons à tirer pour les économies les plus fragiles, cette réalité doit nous conduire à une autre réflexion : s'il est exact que le monde change, s'il est vrai que rien n'est éternel, si l'immuabilité ou la fatalité ne constituent pas une vérité absolue, alors, les fondements sur lesquels reposent notre compréhension de ce monde doivent évoluer, pour anticiper les bouleversements à venir.

Il est souvent difficile pour un occidental d'imaginer que l'Occident puisse un jour être « périphérisé », comme le furent les pays en développement ou comme le sont les PMA. Cela résulte d'un tropisme culturel que notre passé colonial a conforté et qui repose sur une réalité effective : la mondialisation a trouvé ses racines dans la supériorité technologique et scientifique de ce même Occident. C'est sur ce principe que s'est fondée cette longue marche vers la globalisation du monde, ou devrions-nous dire l'unification progressive de la planète. Nous avons ainsi prouvé l'efficacité de nos connaissances et de nos outils, l'intérêt des valeurs que nous avons longuement élaborées, et tout simplement notre puissance, qui nous a offert depuis Magellan et Vasco de Gama de « dominer » un temps le monde. L'idée est particulièrement difficile à concevoir pour les Européens, issus du ber-

[92] Les investissements directs sont passés de moins de $100 millions dans les années 1980 à $3,5Milliards en 1997-98 : *Ibid.*

ceau multiséculaire du progrès et du développement, au point d'apparaître saugrenue. L'européocentrisme (ou le tropisme culturel occidental) est plus fondamentalement intégré dans les mentalités qu'il n'y paraît, ou qu'on veuille bien l'admettre. Même les «tiers-mondistes» et autres faux prêcheurs de charité font, inconsciemment, la leçon aux « victimes », pour leur imposer leurs visions et conceptions.

Ne faisons pas abstraction des leçons du XXe siècle : ce dernier marqua en effet l'apogée mais aussi le déclin de l'Europe. Guerres mondiales et décolonisation ont vu ainsi le continent s'appauvrir et reculer quant à ses positions géopolitiques et économiques globales jusqu'alors dominantes. La manifestation la plus éloquente de l'effondrement de sa puissance apparut après la seconde guerre mondiale, aux débuts de la guerre-froide, alors que l'Europe était contrainte de se jeter dans les bras des nouvelles super-puissances parce qu'incapable d'assurer elle-même sa propre sécurité[93]. La puissance – politique, mais aussi financière, commerciale, technologique et scientifique, et conséquemment culturelle ! – s'est ainsi transportée outre-atlantique, dans une sorte de basculement géopolitique et géoéconomique planétaire allant des rives orientales (l'Europe) aux rives occidentales de l'Océan Atlantique[94]. Mais cette dynamique ne s'est pas arrêtée là : à l'intérieur des Etats-Unis déjà, la longue marche vers l'Ouest contribuait peu à peu à renforcer démographiquement et économiquement l'occident américain et la côte Pacifique.

Aujourd'hui, «l'extrême-Occident» – si je puis m'exprimer ainsi pour illustrer cette dynamique des forces économiques et politiques se transposant toujours plus à l'ouest – c'est l'Océan Pacifique, des côtes américaines à l'Extrême-Orient ! La terre est une sphère, animée de mutations, et l'Est devient l'Ouest. C'est en effet là que se trouve aujourd'hui le dynamisme économique et social le plus vif. C'est là, et non plus en Europe, que se trouve la puissance démographique. C'est là que se créent les marchés et les économies connaissant les plus fortes croissances, et les plus pérennes. Ce continent asiatique – longtemps colonisé et en perte

---

[93] Nous reviendrons plus loin sur les détails concernant cette affirmation.
[94] Nous développerons plus loin le concept d' « hyperpuissance » appliqué à l'Amérique contemporaine.

de vitesse (pour ne pas dire en totale déconfiture comme l'illustra le déclin de l'empire de Chine : « l'homme malade de l'Asie »), puis caractérisé par l'instabilité politique et les conflits les plus durs –, ce continent asiatique, dans sa moitié orientale est aujourd'hui en phase de stabilisation politique réelle et accélérée, malgré les traumatismes du passé. L'intégration régionale longtemps chimérique du fait des clivages géopolitiques est aujourd'hui une réalité, certes inachevée, mais dont la réalisation ne cesse de s'accélérer. Et cela, que ce soit dans un cadre institutionnel comme en Asie du Sud-Est avec le développement de la zone de libre échange de l'Association des Nations d'Asie du Sud-Est (ASEAN), ou dans le cadre plus informel – mais ô combien réel ! – de la « Grande Chine », ce gigantesque marché qui unit la Chine aux Chinois d'outre-mer (minorités ethniques, mais qui contrôlent de larges pans des économies de l'Asie du Sud-Est), et de Taïwan, le tout formant ce qu'il est convenu de nommer un « chinese commonwealth » ; sans oublier la puissance des investissements japonais dans l'ensemble de la région. Que dire, enfin, des perspectives qu'offre l'intégration à l'échelle interrégionale trans-Pacifique (Pacific Rim), liant les économies d'Asie orientale, notamment Chine et Japon bien sûr, aux économies américaines et australasiennes dans le cadre de la coopération économique Asie-Pacifique (APEC) ayant pour objectif la facilitation des échanges, et peut-être, au-delà, le développement d'une véritable « communauté du Pacifique »[95] ? Que dire, si ce n'est que le Pacifique semble bien appelé à supplanter rapidement l'Atlantique comme axe principal de la dynamique d'échange, de croissance, et donc inévitablement en terme stratégique et de puissance, si ce n'est déjà fait ?

Commerce de marchandises transatlantique/transpacifique 2002 en milliards de dollars[96]

Amérique du Nord vers l'Europe	:	17
Europe vers l'Amérique du Nord	:	28
Commerce Transatlantique	:	**46**
Amérique du Nord vers l'Asie	:	20
Asie vers l'Amérique du Nord	:	39
Commerce Transpacifique	:	**59**

[95] Timothy W. Luke, « Localized Spaces, Globalized Spaces », in Berger & Borer, *The Rise of East Asia: critical visions of the pacific century*, Routledge, NY & Londres, 1997, p. 257.
[96] Chiffres tirés de : *Le commerce mondial en 2002*, Organisation Mondiale du Commerce, Genève, 2003, tableau III.3 : www.wto.org/french/res_f/statis_f/its2003_f/its2003_f.pdf.
NB : Europe = Europe Occidentale, Centrale, Orientale, CEI.

A l'évidence, l'équilibre géoéconomique mondial est en mutation. Dans un monde caractérisé par un phénomène de déplacement des pôles de développement (et pas simplement de croissance), l'Europe doit s'interroger sur son positionnement géoéconomique, sur son devenir et, tout simplement, sur l'éventualité d'un risque de périphérisation du vieux continent. Cette idée peut certainement paraître exagérée, pour ne pas dire saugrenue, surtout à l'heure de l'Union élargie et l'intégration de l'Europe centrale et orientale ; mais qu'en est-il vraiment ? Cette hypothèse est-elle vraiment inconcevable ? En fait, il semble que, moins que jamais, l'Europe ne puisse se reposer sur les lauriers de son passé. Ses dirigeants doivent regarder au-delà de l'intégration institutionnelle formulée dans le cadre de l'Union et assumer leurs responsabilités pour maintenir et développer à tout prix la compétitivité économique du continent et sa pleine intégration au marché mondial. Souvent, les Européens se targuent de ce que l'Union soit la première puissance commerciale mondiale ; tous les discours et sources officielles font référence à cette glorieuse réalité. Mais la situation est peut-être plus nuancée, notamment si l'on tient compte du fait que le volume d'échange total en valeur de l'APEC dépasse aujourd'hui celui de l'Union Européenne[97]. Il faut se rendre à l'évidence : nous entrons de plain-pied dans **le « siècle du Pacifique »** et cela présuppose pour l'Europe, comme pour toutes les autres économies, de mieux se placer face à l'Asie afin de sécuriser ses positions vis-à-vis et dans les marchés les plus dynamiques. C'est ce que tentèrent de faire les Etats-Unis avec l'APEC, cet accord ayant pour finalité, outre de renforcer la coopération transpacifique, la mise en place progressive d'un processus de libéralisation des échanges, ceci en parfaite cohérence avec le souci de chercher à limiter le déficit commercial américain (qui trouve sa principale origine justement dans les échanges avec les économies asiatiques).

[97] *Ibid*, tableau I.9 ; notons que ces données tiennent compte de l'Union Européenne avant l'élargissement à 25 membres.

L'APEC[98]

(Coopération Economique de l'Asie-Pacifique)

Quelques chiffres :
- 2,6 milliards d'habitants (ce qui en fait, sur le plan démographique, le plus important accord inter-gouvernemental non-global).
- 60 % du Produit Mondial Brut.
- 47 % environ du commerce mondial total.
- Au cours de ses dix premières années d'existence, la région couverte a généré environ 70 % de la croissance économique mondiale, ce qui en fait la zone la plus dynamique de la planète.

L'APEC fut créée en 1989, lors du sommet de Canberra. En 1995, le sommet de Bogor (Indonésie) a permis de définir les objectifs suivants : réalisation d'une zone de libre échange pour le commerce et les investissements à l'horizon 2010 pour les économies industrialisées, et 2020 pour les économies en développement. Même si l'objectif apparaît ambitieux, il constitue un élément d'intégration essentiel permettant de fluidifier les échanges.

Les 21 membres de l'APEC : Australie, Brunei, Canada, Chili, Chine, Etats-Unis, Hong Kong (Chine), Indonésie, Japon, Corée du Sud, Malaisie, Mexique, Nouvelle-Zélande, Papouasie-Nouvelle-Guinée, Pérou, Philippines, Russie, Singapour, Taiwan, Thailande, Vietnam.

Cette idée, tirée de constatations objectives, selon laquelle nous entrons de plain-pied dans l'ère du Pacifique ne doit cependant pas générer de sentiments pessimistes dans les autres régions du monde. Bien au contraire, dans un univers de plus en plus intégré, nous devons simplement faire le maximum pour se rattacher à ce pôle de croissance. La leçon est bien entendu valable pour tous, même dans les régions aujourd'hui les plus défavorisées. Par ailleurs, ne peut-on pas logiquement considérer cette dynamique planétaire, qui fait progressivement se mouvoir d'Est en Ouest le pôle de croissance, comme une note d'espoir supplémentaire pour les « oubliés » du continent africain ? Pourquoi, en effet, cette « révolution » (au sens étymologique du terme) ne se rapprocherait-elle pas des 360 degrés, rejoignant ainsi l'Afrique dans un avenir prochain ? Ce continent est d'ailleurs au cœur de toutes les pensées, et l'accélération de l'intégration mondiale devrait permettre d'évoluer peut-être plus rapidement qu'on ne le pense… à condition cependant que les pays concernés sachent sacrifier aux incontournables et nécessaires préceptes, notamment en ce qui concerne la gouvernance.

[98] Cf. *About APEC*, www.apecsec.org.sg/apec/about_apec.html

Il n'est donc pas vraiment inconcevable de penser que chaque région du globe, chaque économie puisse rejoindre la croissance. En fait, malgré les énormes difficultés rencontrées par de nombreux pays, et contrairement aux thèses propagées par les anti-mondialistes, **jamais au cours de l'histoire de l'humanité la perspective d'une amélioration générale des conditions de vie ne fut aussi sérieuse**. Bien sûr, la chose ne peut se faire que progressivement, mais l'accélération de la dynamique mondiale, soutenue par le développement des technologies, de l'information et des communications, ainsi que l'intégration croissante des économies nationales au marché mondial, apportent, ici encore, une note d'optimisme raisonnable.

A l'instar de Robert Gilpin, professeur émérite à l'université Princeton, nous pouvons donc ici conclure que : « L'idée selon laquelle la mondialisation est responsable de la plupart des problèmes économiques, politiques et autres de par le monde est soit manifestement fausse ou gravement exagérée. En fait, d'autres facteurs comme les développements technologiques et des politiques nationales imprudentes ont bien plus de responsabilité dans beaucoup sinon dans la plupart des problèmes dont la mondialisation est tenue pour responsable »[99].

[99] Robert Gilpin, *Global Political Economy*, Princeton University Press, 2001. (traduction de l'auteur)

Chapitre 3

GOUVERNANCE ET DEVELOPPEMENT

> *« L'économie politique, considérée comme une branche des connaissances du législateur et de l'homme d'Etat, se propose deux objets distincts : le premier, de procurer au peuple un revenu ou une subsistance abondante, ou, pour mieux dire, de le mettre en état de se procurer lui-même ce revenu, ou cette subsistance abondante ; le second, de fournir à l'Etat ou à la communauté un revenu suffisant pour le service public ; elle se propose d'enrichir à la fois le peuple et le souverain »*[100].

Contrairement à ce que prétendent parfois de nombreux et cependant respectables universitaires, l'économie n'est pas une réalité en soi ! Elle résulte des orientations et des décisions prises par une communauté au cours de son histoire, ancienne et contemporaine. Il ne suffit pas, en effet, de posséder des richesses potentielles, quelles qu'elles soient, pour en bénéficier et les voir fructifier ; c'est l'action de l'homme, par le biais des fonctions de production et de négoce, qui crée la richesse. Si, comme l'affirmait Aristote, toute société est politique, du fait de l'existence nécessaire d'une forme d'organisation hiérarchique encadrant la prise de décision, l'économie est implicitement le fruit des orientations qui ont été déterminées par la collectivité dans un passé plus ou moins récent. L'économie ne peut se comprendre sans le politique qui la façonne, d'où l'on peut affirmer en toute logique que le développement tient, pour une très large part, à la capacité d'une société à formuler les stratégies adéquates. Cela présuppose l'existence d'un régime politique stable, ouvert sur l'extérieur comme sur les forces qui composent la société, condition sine qua non à la formulation d'une véritable politique de développement, celle-ci reposant nécessairement sur l'échange ainsi que sur l'implication positive de l'ensemble des agents de production.

Transition probable entre deux humanités plus que simple évolution, la mondialisation engendre, on l'a dit, de profondes et

---

[100] Adam Smith, *Recherches sur la nature et les causes de la richesse des Nations, vol. II, (Livre IV)*, Flammarion, Paris, 1991, p. 13.

soudaines mutations qui affectent nos sociétés et érodent leurs dispositifs et leurs stratégies traditionnels. Rien n'est plus blâmable, dans ces conditions, que la passivité et l'inertie, surtout lorsqu'elles se camouflent derrière des gesticulations improductives ou contre-productives destinées à masquer ce qui relève finalement de l'incompétence ou de l'irresponsabilité. Il en va des intellectuels, qui doivent contribuer à parfaire la compréhension de notre univers au-delà des polémiques académiques et idéologiques, comme des politiques, chargés quant à eux d'apporter les réponses ou propositions adéquates aux défis du moment et de les mettre en place. Ne pas respecter ces préceptes conduit à l'impasse et à une inévitable régression, source d'instabilité et potentiellement de chaos, rendant alors les édiles coupables envers la Nation qu'ils dirigent : « gouverner, c'est prévoir ». Mais encore faut-il se soucier de l'intérêt général et ne pas tomber dans le piège carriériste, trop souvent institutionnalisé au bénéfice de véritables apparatchiks, intellectuels et politiques. Pour faire face aux enjeux d'un monde en mouvement, il faut être avant tout réceptif, réactif et même proactif, ce qui est contraire à la rigidité de systèmes gérontocratiques, oligarchiques ou ploutocratiques, qui engendrent la paralysie mentale et rongent toute capacité d'adaptation. La responsabilité, fondée sur le principe de liberté d'action et d'initiative, est une vertu essentielle des démocraties, et doit s'ériger en principe sociétal, ce qui est malheureusement trop souvent contraire aux traditions de certaines sociétés – fussent-elles occidentales et prétendument démocratiques – voulant maintenir consciemment ou non l'assujettissement de ceux que l'on proclame pourtant citoyens. La capacité d'évolution et d'adaptation est effectivement déterminante pour assurer l'avenir d'une société, du moins dans les circonstances actuelles caractérisées par une puissante accélération de la dynamique de changement. C'est ici que se situe probablement la limite entre « jeunes » et « vieux » pays, entre « jeunes » et « vieilles » Nations ; entre celles ayant un passé et celles voulant aussi un avenir.

Convergences politiques ou idiosyncrasie ?

Toute société est responsable de son devenir par les réponses qu'elle apportera aux enjeux du moment. Mais la spécificité inhérente à chacune d'entre elles, ainsi que les contraintes occasionnelles auxquelles il faut faire face ici ou là, pourraient à première vue interdire toute possibilité d'envisager un quelconque modèle transposable de part et d'autre. En effet, s'il est un point sur lequel tout le monde peut s'accorder, c'est le fait que toutes les sociétés et économies n'ont pas connu les mêmes réalités, ni affronté les mêmes contraintes endogènes et exogènes. Celles-ci sont le produit de l'histoire locale et internationale, récente et ancestrale ; elles caractérisent une communauté, non seulement par ses enjeux mais dans sa réalité intrinsèque. Cela laisse donc supposer que chaque communauté est nécessairement distincte des autres. Comment imaginer alors un modèle de croissance uniforme, sachant les différences profondes qui les opposent ?

Pourtant, les objectifs restent les mêmes, quelles que soient les particularités intrinsèques ou conjoncturelles : parvenir à développer l'efficacité du processus de décision et du système politique et social, afin de stimuler la compétitivité économique (et sociale !), ainsi que mieux protéger les intérêts de la communauté nationale. Qui plus est, l'interdépendance croissante résultant du processus de mondialisation tend, en confortant les synergies, à renforcer les proximités, objectifs et stratégies, légitimant de la sorte la formulation de politiques parfois étrangement analogues quant à leurs finalités et même quant à leurs procédures. La convergence des politiques économiques est aujourd'hui une caractéristique générale et s'observe pour tout type ou catégorie d'économie. Une étude de l'évolution des politiques économiques au cours des dernières décennies le démontrerait aisément. Ainsi, dans une analyse comparée des politiques économiques des pays membres de l'OCDE, entre 1965 à 1990, Carles Boix, professeur à l'université de l'Ohio, démontrait que les gouvernements sociaux-démocrates et libéraux ont de manière générale tous suivi la même tendance, caractérisée par une diminution substantielle du ratio des investissements publics par rapport au PNB – cela, indépendamment de leurs discours et orientations idéologiques parfois divergents[101]. Cette évolution traduit nettement un repositionnement de l'Etat moderne qui, pour défendre la compétitivité de l'économie nationale dans un environnement toujours plus concurrentiel, est contraint à redéfinir son rôle, et sa place au sein de l'économie et de la société[102].

La convergence des politiques économiques pourrait aussi être illustrée par l'attitude des gouvernements envers les investisseurs étrangers, notamment dans les pays en développement ; et cela à tel point que, si dans les années post-coloniales le risque de nationalisation constituait une probabilité objective, le problème a depuis sérieusement évolué. Les risques auxquels sont aujourd'hui confrontées les entreprises dans leurs stratégies d'internationalisation sont effectivement très sensiblement différents de ce qu'ils furent un temps, pas si lointain pourtant. Certes, tous les gouvernements ne suivent pas les mêmes directions mais, comme nous le verrons plus loin, les résultats sont à la clef. Les investissements vont là où ils sont accueillis et protégés : au cours des dernières années et décennies, les flux financiers se sont ainsi redéployés plus équitablement entre pays en développement « ouverts » et pays industrialisés, l'écart se creusant aux dépens des destinations peu attractives et protégées[103]. Les performances économiques nationales sont quant à elles en partie fonction du poids d'un secteur public généralement insuffisamment productif et des réponses que l'on a su apporter à ce problème. La Chine est ici le meilleur exemple car, malgré l'idéologie officielle, elle a su, au milieu des années 1990 mettre de l'ordre (en partie du moins) face à des entreprises d'Etat surdimensionnées et dramatiquement contre-productives qui grevaient le budget de l'Etat, engageant alors un vaste processus de privatisation voire, lorsque les entreprises publiques en question étaient par trop inattractives parce qu'insuffisamment productives, de

---

101 Carles Boix, *Political Parties, Growth and Inequality ; Conservative and Social Democratic Economic Strategies in the World Economy*, Cambridge University Press, 1998, p. 64.

102 La question du rôle de l'Etat moderne est analysée plus en profondeur un peu plus loin.

103 « Dans les pays en développement, le stock d'IED [investissements étrangers directs] entrant a représenté près d'un tiers du PIB en 2001, contre 13 % en 1980 », *Rapport sur l'investissement dans le monde, 2003*, CNUCED, op.cit., p. 19. Le rapport souligne aussi, en même page, que « le stock d'IED sortant détenu par les pays en développement a augmenté de manière encore plus spectaculaire, passant de 3 % de leur PIB en 1980 à 13 % en 2002 », illustrant ainsi l'intégration des « bons élèves » à l'économie mondiale.

fermeture. Cet assainissement de l'économie, permit aussi, outre une plus grande rationalité budgétaire, d'attirer les investisseurs étrangers, satisfaisant ainsi à l'énorme besoin de capitaux qu'exige le développement de ce vaste pays. De telles stratégies ont été mises en place sur tous les continents et dans tout type d'économie.

Autre sujet de convergence : les politiques tarifaires, généralement caractérisées par une nette évolution à la baisse depuis ces dernières années. Le phénomène est d'autant plus évident dans les pays en développement longtemps caractérisés par des taux élevés. Cette tendance, qui s'inscrit très clairement dans la logique du processus de mondialisation économique, traduit la volonté de renforcer l'intégration des économies concernées et ne peut que contribuer à conforter l'attractivité de ces marchés. Il faut toutefois remarquer que les niveaux de protection restent encore très différents selon les pays et catégories de produit. Par ailleurs, il est intéressant de souligner que «la valeur en dollars des droits de douane perçus par les pays en développement [...] équivaut à plus de 60 pour cent des droits d'importation perçus à l'échelle mondiale. Une libéralisation plus poussée pourrait stimuler les importations et les exportations des pays en développement [...] et soutenir l'essor de leur production... »[104].

Les pays en développement ont très sensiblement abaissé leurs droits d'importation entre 1985 et 2000

(Ratio droits perçus/importations)

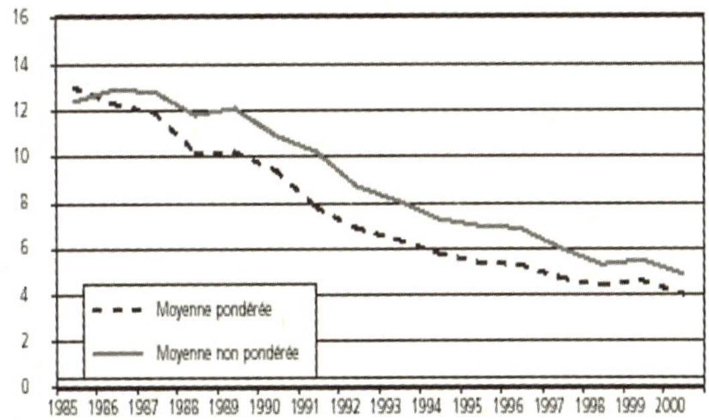

105

[104] *Rapport sur le commerce mondial, 2003*, Organisation Mondiale du Commerce, Genève, 2003, p. 25 : www.wto.org/french/news_f/press03_f/pr348_f.htm
[105] *Ibid.*, p. 26.

Cela ne signifie cependant pas la fin de tout particularisme et l'adoption d'une «recette» unique et transcendante qui s'imposerait à chacun pour offrir le miracle de la croissance et du développement. Les spécificités propres à chaque situation et la réalité des contraintes économiques, politiques et culturelles exigent une certaine idiosyncrasie hors de laquelle toute tentative réformiste est inévitablement vouée à l'échec. Il est à ce propos intéressant de constater que, résultat immédiat des pressions qui semblent vouloir uniformiser la planète et ses cultures, l'affirmation des particularismes et l'attachement aux valeurs communautaires n'ont certainement jamais été aussi forts ! Le bon sens lui-même force à rejeter toute standardisation abusive dans quelque domaine que ce soit, surtout en ce qui a trait à la conduite des affaires des Nations qui, par définition du moins, sont (ou veulent être) toutes uniques, singulières, et donc différentes les unes des autres.

Nul ne peut cependant contester qu'en multipliant les liens et interdépendances, la mondialisation impose une convergence certaine des sociétés, de leurs aspirations et bien sûr des principes gouvernant leurs actions, véritable transmutation par osmose et praxis fondatrice d'une réelle communauté mondiale. Traduit politiquement, cela exige de l'Etat la capacité à réaliser la synthèse des forces communautaristes et trans-sociétales[106], qualité essentielle d'une bonne gouvernance dont la dialectique tient compte des réalités locales et globales. Le particularisme ne disparaît donc pas, mais il ne doit plus être antinomique avec l'intégration mondiale. Il peut même, alors, constituer une réponse positive face aux pressions mutagènes en permettant de préserver les repères sociétaux et, ainsi, de mieux s'inscrire dans la dynamique globale ; c'est aussi le rôle de l'Etat d'y aider. Loin d'être nécessairement antinomiques, le global et local font ainsi partie d'une même réalité ; intelligemment combinées, ces forces

[106] J.N. Pieterse, «Globalization as Hybridization», in M. Featherstone, S. Lash, R. Robertson : *Global Modernities*, Sage Publications, London, 1996 développe et met en relation les concepts de pluralisme culturel, société multiculturelle, et relations interculturelles pour caractériser les sociétés contemporaines ainsi que les liens qui les unissent. Il distingue deux approches radicalement différentes du concept de culture : l'une, statique et essentiellement territoriale, naturellement réfractaire aux influences exogènes et nécessairement mutagènes, l'autre, évolutionniste, impliquant le principe de diffusion et donc d'échange. Les deux approches coexistent en fait dans chaque société, compliquant ainsi la tâche du décideur, lui-même parfois sujet à cette double et contradictoire influence.

peuvent allier favorablement leurs qualités et contribuer ainsi à une évolution plus harmonieuse et stable.

Cette alchimie de forces apparemment opposées constitue le socle indispensable à toute stabilité sociale et politique (la stabilité n'étant bien entendu en rien antinomique avec l'évolution !), laquelle est une condition incontournable pour la formulation et l'exécution de tout véritable programme et stratégie politiques.

Du bon gouvernement

Le pluralisme : socle du dynamisme d'une nation

L'une des caractéristiques essentielles à toute démocratie véritable est, comme nous l'avons vu dans un chapitre précédent, l'affirmation du pluralisme, non seulement politique, mais encore économique et social. Comme le faisait remarquer Milton Friedman, l'économique et le politique sont presque inséparables, au point qu'il puisse être difficile d'imaginer la liberté politique sans liberté économique[107]. C'est justement là que réside l'intérêt du modèle démocratique et libéral, en ce qu'il permet de libérer les énergies des multiples composantes de la société. C'est aussi pourquoi la démocratie peut apparaître sur le plan théorique comme le système le mieux adapté pour engager une économie vers la croissance.

Le pluralisme politique s'exprime par l'organisation régulière d'une compétition électorale ouverte à tous et encadrée par la loi, et exige bien entendu le respect absolu des résultats du scrutin par l'ensemble des forces et institutions politiques. La compétition doit être acceptée par tous, ainsi que les règles établies qui devront garantir l'équité pour chacune des parties (durant la campagne et lors des élections) et la transparence du scrutin. Les élus bénéficient alors, pour la durée de leur mandat, de la légitimité que leur accorde le vote populaire, qu'ils appartiennent ou non à la majorité : le respect des droits de l'oppo-

---

[107] Milton Friedman, *Capitalism and Freedom*, University of Chicago Press, 2002.

sition, elle-même élue par une fraction du peuple, constitue aussi, en effet, une donnée fondamentale de toute véritable démocratie, et contribue à garantir l'effectivité du pluralisme de même que la viabilité de l'alternance démocratique. Enfin, fort de la victoire électorale sur laquelle il pourra s'appuyer et de la majorité dont il peut disposer, le pouvoir politique pourra gouverner «librement », l'espace d'un mandat, et se donner les moyens de réaliser les objectifs qu'il s'était fixés, sans que l'on puisse contester valablement sa légitimité. Cela permet d'asseoir la constance des institutions et de préserver la stabilité politique de la Nation puisqu'en cas d'insatisfaction les électeurs pourront réviser leurs faveurs aux élections suivantes. C'est pourquoi, malgré ses faiblesses et limites souvent dénoncées, la démocratie est un système plus solide que n'importe quelle dictature.

Sur le plan économique, le pluralisme implique l'existence de plusieurs agents de production ainsi que la protection des droits de propriété privée, dont se porte garant l'autorité publique (l'Etat ne cherche alors aucunement à accaparer les moyens de production). Cette pluralité des agents économiques, fondée sur le principe de la liberté d'entreprise qui laisse à chacun la possibilité d'initiative, encourage aussi la compétition, garantissant en retour une plus grande liberté pour le consommateur dès lors à même de choisir parmi les offres qui se proposent à lui. La concurrence que se livrent les entreprises va en effet les contraindre à améliorer leur production et leurs produits, stimulant ainsi l'innovation et le progrès, ou encore les forcer à baisser leurs prix pour rester compétitifs ; tout cela au bénéfice évident de leurs clients. C'est d'ailleurs pour préserver la concurrence que les économies libérales modernes se sont progressivement dotées de règles très strictes (aux Etats-Unis tout d'abord, suite aux lois anti-trust – Sherman Act de 1890, Clayton Act de 1914 et Robinson-Putman adopté sous F. D. Roosevelt –, puis en Europe[108]), protégeant ainsi le marché et les consommateurs de situations abusives (comme la constitution de monopoles), et nécessairement néfastes.

---

[108] La politique de concurrence, fondée sur les articles 81 et 82 (anciennement 85 et 86) du Traité de l'Union (Maastricht) et sur le règlement 4064/89 de 1989 (sur le contrôle des fusions et acquisitions), constitue l'un des piliers essentiels du Marché Unique et de l'Union Européenne, interdisant notamment « l'abus de position dominante ».

Quant au pluralisme social, il repose sur l'acceptation de la diversité culturelle ou religieuse, scellée dans la loi, et l'existence de groupes «intermédiaires» reconnus et participant à la dynamique collective[109]. La mondialisation, par le biais des migrations ou tout simplement par imprégnation médiatique influençant modes et styles de vie, contribue largement à développer la mixité culturelle et sociale, renforçant une certaine pluralité d'expressions souvent rejetée et dénoncée par les partisans de l'uniformité et tous les avocats de pratiques ségrégationnistes. Le pluralisme social, s'il n'est pas rejeté mais canalisé, peut devenir source de richesse et constituer un atout permettant de faciliter une meilleure adaptation à un environnement extérieur avec lequel toute société est aujourd'hui contrainte d'évoluer et de collaborer. L'habile gouvernement saura utiliser ce capital que constitue pour une Nation, pour une économie, la pluralité socioculturelle.

A l'évidence, le pluralisme, dans toutes ses dimensions, est donc source d'immenses richesses, et son expression au sein de la communauté suscite ouverture et compétition, d'où naissent l'émulation et le progrès. Tout régime politique qui, sous couvert de fausses excuses culturelles, historiques ou politiques, contraint trop fortement la pluralité d'expression et d'existence se prive alors d'un solide capital.

L'Etat de Droit : une vertu inconditionnelle

Le pluralisme présuppose l'expression du choix, en conséquence de quoi, celle-ci exige l'organisation de la compétition (politique, économique et sociale) encadrée par des règles s'imposant à tous. Les libertés individuelles ne sont en effet garanties que par l'existence d'un système qui assure l'expression des pluralismes et détermine les règles de fonctionnement. Celles-ci doivent s'imposer à chacun de manière équitable, quel que soit son rang ou son statut : l'Etat de Droit ne souffre pas l'arbitraire, d'où l'existence nécessaire d'une loi fondamentale (la constitution) s'imposant à l'ensemble des citoyens ainsi bien

[109] Yves Mény, *Government and Politics in Western Europe*, Oxford University Press, 1990, p. 2-10.

qu'aux autorités publiques, toute autre règle lui étant subordonnée – qu'elle soit de nature législative ou réglementaire. L'Etat de Droit est ainsi fondé sur le respect de la primauté constitutionnelle et sur la hiérarchie des lois, mais aussi sur la séparation effective des pouvoirs législatif, exécutif et judiciaire, qui impliquent équilibre et contrôle en limitant le pouvoir d'une institution par celui d'une autre[110].

L'Etat de Droit exige (c'est une nécessité absolue) l'organisation d'un contrôle de la constitutionnalité des lois, lequel permet d'imposer le respect des principes fondamentaux fixés par la constitution (texte ou convention) à l'ensemble des lois ordinaires. La chose étant, le « principe de légalité », inhérent à l'Etat de Droit, implique aussi, bien évidemment, une stricte organisation hiérarchique entre les actes juridiques (lois, décrets, arrêtés…) imposant la subordination des actes inférieurs (actes gouvernementaux et administratifs) à la loi, elle-même cadrée par la constitution. Alors, et seulement alors, le citoyen (individu ou entreprise) est protégé de l'arbitraire, voire de la tyrannie, et ainsi libéré de contraintes injustes autant que sclérosantes. Il pourra alors s'exprimer et agir librement, dans le respect de la loi, contribuant ainsi à enrichir la collectivité au sein de laquelle il évolue. L'arbitraire, au contraire, ne peut bénéficier qu'à une minorité bien informée et aux solides accointances avec les tenants du pouvoir, ce qui ne peut avoir pour effet que de limiter l'initiative privée, pénalisant ainsi la croissance et le développement.

Loin d'être un luxe, l'Etat de Droit s'impose donc comme une absolue nécessité, non seulement pour garantir les libertés, mais aussi pour instaurer un environnement juridique et politique à la fois stable, cohérent et prévisible, conditions nécessaires pour sécuriser les investisseurs, tant autochtones qu'étrangers. Il constitue la première étape incontournable dans la marche vers le développement. Malheureusement, aujourd'hui encore, plusieurs pays parmi les plus fragiles doivent faire de substantiels progrès pour construire ou consolider cet Etat de Droit. C'est ici que réside le cancer qui ronge les économies plus

---

[110] Maurice Duverger, *Institutions politiques et Droit constitutionnel*, Presses Universitaires de France, Paris, 1973, p. 68.

pauvres, et c'est là que doit se situer la première bataille pour aider ces dernières à sortir enfin de l'inacceptable situation dans laquelle elles se trouvent.

Mais l'Etat de Droit, c'est aussi, on l'a dit, la séparation effective des pouvoirs ainsi que le contrôle mutuel des institutions afin d'interdire l'abus de pouvoir par l'une d'entre elles. S'inspirant des idées de John Locke (« Traité sur le gouvernement civil », 1690) et de Montesquieu (« L'esprit des lois » 1748) les pères fondateurs de la démocratie américaine furent les premiers à inscrire dans le texte constitutionnel les éléments permettant d'instaurer le contrôle nécessaire à la limitation des pouvoirs (Check & Balance) : veto présidentiel et nomination des membres de la Cour Suprême pour l'exécutif, « impeachment » ou droit d'investigation pour le Congrès, contrôle de la constitutionalité des lois et des actes pour la Cour Suprême…[111]

L'équilibre institutionnel. L'équilibre inter-institutionnel, pourtant nécessaire à une séparation effective et équitable des pouvoirs, n'est cependant pas forcément chose facile à obtenir, comme en témoigne l'histoire des vieilles démocraties. Le Royaume-Uni a su très tôt trouver une solution d'équilibre entre les différents pouvoirs, malgré un long processus d'évolution constitutionnelle. L'équilibre institutionnel est ici le résultat d'un cheminement continu, progressif, étalé dans le temps : dès 1628[112], avec le « Petition of Right » qui limita les pouvoirs exécutifs en imposant notamment l'accord parlementaire pour toute levée d'impôt, puis surtout grâce au « Bill of Rights » de 1689 qui enleva au monarque toute possibilité de surseoir à l'exécution des lois votées par les chambres, le Parlement s'éleva progressivement contre la toute puissance de la Couronne. Aussi, depuis le début du XVIIIe siècle, celle-ci ne s'opposa jamais plus aux décisions du Parlement. Le « Parliament Act » de 1911 consacra

[111] La Convention de Philadelphie, qui donna naissance à l'actuelle constitution des Etats-Unis, s'accorda autour de trois points essentiels destinés à limiter le pouvoir de l'Etat : la séparation des pouvoirs, l'organisation fédérale de l'Etat, et le contrôle par chaque branche du pouvoir sur les autres (Checks & Ballance) pour interdire tout risque de tyrannie ; cf. Theodore Lowi, Benjamin Ginsberg, *American Government, Freedom and Power*, N.W. Norton & Co., NY, 2002, p. 16-32.

[112] En 1215, déjà, la *Magna Carta* limitait pour la première fois le régime absolu en contenant les pouvoirs du Monarque face à l'aristocratie.

enfin la primauté de la Chambre Basse (les Communes), démocratiquement élue, sur la Chambre Haute (Chambre des Lords). Enfin, malgré la concentration effective de pouvoirs entre les mains du chef du gouvernement, celui-ci est tenu par la confiance des députés sans laquelle il ne saurait se maintenir, le Premier-ministre ayant besoin du soutien de la majorité aux Communes pour rester en place. L'histoire de la construction de la démocratie britannique est ainsi caractérisée par un processus à la fois long, souple et surtout continu, effaçant tranquillement au passage les pouvoirs des institutions héréditaires et aristocratiques que sont la Couronne et la Chambre des Lords[113].

Il en va différemment de la France dont l'histoire constitutionnelle fut marquée d'une profonde instabilité traduisant la recherche d'un difficile équilibre entre les pouvoirs exécutif et législatif[114]. Depuis la révolution de 1789, la longue liste de constitutions qui se succédèrent révèle une oscillation permanente entre la volonté de donner la préséance au pouvoir législatif (par peur des dérives autoritaires d'un exécutif trop puissant, ce qui souvent a caractérisé l'histoire de ce pays, à commencer par l'ancien régime) ou au contraire à l'exécutif (en réaction à l'impotence des «régimes d'assemblée»). Ainsi, entre 1789 et 1875 la France eut 13 constitutions écrites ; les régimes qui se succédèrent se caractérisèrent, pour les uns, par la dispersion de l'autorité publique (à l'exemple de la constitution de 1795 – le Directoire – créant un gouvernement éclaté entre 5 directeurs et système législatif bicaméral), pour les autres par la puissance d'une assemblée ingouvernable (constitution de 1793 : la « Convention») menant logiquement à la dictature jacobine pour combler le vide du pouvoir. Les régimes qui suivirent réagirent souvent par un renforcement violent de l'exécutif, suite aux défaillances des précédents systèmes, pour aboutir à l'autoritarisme ou à la dictature (constitutions de l'an VIII – Consulat –, de l'an X, de l'an XII – premier Empire…). Plus près de nous,

[113] Patricia Kinder-Gest, *Les institutions britanniques*, PUF, Paris, 1999 ; voir aussi : www.historylearningsite.co.uk/british_constitution.htm en utilisant le moteur de recherche. L'originalité du modèle britannique tient aussi en ce que la constitution ne se réduit pas en un texte unique mais est faite de quelques documents historiques et de traditions non-écrites, d'où le qualificatif de constitution coutumière.
[114] Mark Kesselman, Joel Krieger, *European Politics in Transition*, D.C. Heath and Co., Lexington (Massachusetts), 1987, p. 166.

après le régime inconstitutionnel et dictatorial de Vichy, la quatrième République fut marquée par l'extrême faiblesse de l'exécutif devant une Assemblée Nationale inconstante, créant une situation d'extrême instabilité gouvernementale, situation à laquelle les pères de la Ve République tentèrent de répondre.

De la Corée du Nord à l'Iran, de Cuba à la Chine, du Zimbabwe de Robert Mugabe au Myanmar (ex-Birmanie), les régimes dictatoriaux se caractérisent tous, certes de manière plus ou moins inavouée, par une extrême concentration des pouvoirs au bénéfice de l'exécutif (parfois confondu avec le parti). Pour autant, tous ne sombrent pas dans l'instabilité et tous ne s'abandonnent pas à une forme excessive d'arbitraire, du moins en ce qui concerne les droits économiques, commerciaux et financiers. Ils sont alors à même d'offrir les garanties exigées par tout investisseur et peuvent aisément s'ancrer à l'économie mondiale avec l'appui de politiques économiques ouvertes et éclairées. Cependant, le principe de l'Etat de Droit est antinomique avec une définition partielle et limitée (fût-ce à l'économie), car celle-ci reviendrait à une amputation de son sens ; « the Rule of Law » (l'Etat de Droit) signifie littéralement : l'autorité de la loi, ce qui implique la soumission de l'Etat au Droit, et non le contraire. Ce principe est essentiel, car il constitue le seul et unique moyen d'assurer la souveraineté populaire et de protéger l'ensemble des citoyens, même les plus faibles, dans tous leurs droits ; outre les considérations humanistes évidentes, il constitue aussi la meilleure solution pour stimuler l'initiative et, tout simplement, pour libérer des énergies tellement utiles pour engager une économie vers la croissance et le développement. En garantissant les libertés individuelles et en éliminant l'arbitraire, l'Etat de Droit est le plus sûr allié non seulement de la croissance économique, mais encore du développement d'une Nation.

Stabilité et démocratie

Pour reprendre les termes de John Stuart Mill, le bon gouvernement, (la bonne gouvernance dirions-nous aujourd'hui), doit assurer la prospérité de la Nation. Pour ce faire, il lui faut s'appuyer sur deux qualités essentielles : la permanence des institutions et du système politique et social, ou stabilité (de nombreux auteurs français utilisent un autre concept, corrélatif mais plus restrictif : l'ordre) ; et le progrès, ou évolution[115].

La stabilité institutionnelle ne constitue fort heureusement pas nécessairement une fin en soi, mais plutôt une condition nécessaire à l'évolution et au progrès, parce qu'elle est synonyme de paix sociale, de fin de la violence privée, d'ordre (non pas au sens rigide et restrictif mais plutôt compris comme un nécessaire « liant » social) ; parce que, comme nous l'avons dit précédemment, elle constitue le fondement indispensable à toute véritable gouvernance. La stabilité s'appuie sur l'adhésion d'une population (le contrat social), ce qu'autrefois, sous d'autres régimes, l'on nommait obéissance, et qui dans une démocratie moderne, c'est-à-dire représentative, repose plutôt sur la participation, l'engagement et la responsabilité du peuple s'exprimant dans sa pluralité. Pour ce faire, et quels que soient son organisation et son mode de fonctionnement, l'Etat doit gouverner pour l'intérêt général, et non pour celui d'une minorité (qu'elle soit fondée sur des critères socio-économiques, ethnoculturels, ou idéologiques). Seule cette acceptation permettra de recueillir l'assentiment général, nécessaire à l'affirmation de la légitimité politique du gouvernement. Autrement, la force oppressive de l'un et la faiblesse de l'autre pourraient effectivement préserver une apparente stabilité, cependant dénuée de tout réel engagement populaire et donc privée de dynamisme.

Pour autant, l'intérêt général ne présuppose pas d'agir hors considération de l'intérêt particulier, contrairement à la pensée rousseauiste. A la « dictature de la Nation » telle qu'érigée

---

[115] John Stuart Mill, *Considerations on Representative Government*, (1861), Prometheus Books, 1991, chapitre II : « Tout ce qui, dans un gouvernement, encourage l'industrie, l'intégrité, la justice, et la prudence, conduit pareillement à la permanence et au progrès ; on a encore plus besoin de ces qualités pour faire une société résolument progressive que pour en maintenir la permanence ». (traduction de l'auteur)

sous la révolution française – système où la promotion de l'intérêt individuel devenait nécessairement contradictoire avec celle de l'intérêt général, reposant sur le principe électoral –, il faut opposer une autre perspective : celle où l'expression des intérêts particuliers (se constituant alors en groupes d'influence) contribue à dynamiser et à responsabiliser la société civile et l'ensemble des acteurs qui la composent (associations de quelque nature que ce soit, entreprises…), renforçant ainsi l'expression et le processus démocratique[116]. La démocratie représentative sera alors à l'évidence le système le mieux adapté pour se transformer en lieu d'expressions multiples mais coordonnées, fondées non plus simplement sur une structure hautement hiérarchique, nécessairement centralisée et fortement bureaucratique au sein de laquelle le peuple ne s'exprime que par le biais occasionnel bien que régulier de l'élection, mais au contraire sur le principe d'une démocratie participative où le peuple, dans sa diversité, est invité à porter plus haut sa contribution.

Parce que la société civile ne se borne plus simplement à s'exprimer par le biais de la consultation électorale, mais participe activement et régulièrement au bon fonctionnement du système politique, la démocratie représentative s'enrichit. L'intérêt d'un tel système est certainement de responsabiliser et mettre à contribution l'ensemble des forces économiques et sociales qui constituent la Nation, pour mieux rentabiliser leurs expertises et compétences spécifiques. Ainsi, loin d'écraser les particularités dans un moule trop étroit, la société tire profit de chaque individualité en valorisant plus encore l'initiative. Le pluralisme, source de richesse et de dynamisme est ainsi conforté et rehaussé. L'Etat, la Nation, l'économie y gagnent en puissance et en efficacité. Mais pour ce faire, il faut évidemment adapter le pro-

[116] En France, le droit d'association fut longtemps rejeté parce que considéré comme étant antinomique de l'intérêt général et des fondements de la révolution : la loi Chapelier des 14-17 juin 1791 interdisait ainsi formellement les corporations et toute autre forme d'association ou de groupes intermédiaires, et le code pénal de 1810 alla même jusqu'à créer un « délit d'association ». il fallut attendre la loi Waldeck-Rousseau du 21 mars 1884 puis (surtout) la loi 1901 pour légaliser les groupement professionnels et l'expression associative, mais l'action des groupes de pression et le lobbying resteront longtemps contraires à l'esprit des traditions républicaines. Aux Etats-Unis, à l'inverse, le premier amendement de la constitution, adopté en 1792, garantit la liberté d'expression et d'association, la conséquence étant que, dès l'origine, l'on considéra l'expression des groupes d'influence (associations ou entreprises) comme participant au bon fonctionnement de la démocratie. Voir notamment Olivier Le Picard, Jean Christophe Adler, Nicolas Bouvier, *Lobbying : les règles du jeu*, Editions d'Organisation, Paris, 2001, p. 17-20.

cessus décisionnel afin de permettre et tenir compte de l'expression régulière de la société civile, dès lors considérée par le gouvernement non plus comme sujet mais bien comme acteur majeur de la société politique.

Pour être pleinement efficace, la démocratie participative présuppose implicitement que le gouvernement se rapproche du citoyen et rejette toute forme de dirigisme qui pourrait contribuer à scléroser l'économie et la société. Toutefois dynamiser l'interactivité entre les deux parties ne doit en aucun cas signifier une dilution du processus décisionnel par un amenuisement de l'autorité gouvernementale (au risque, alors, d'aggraver la confusion et d'affaiblir la démocratie). La question est alors de savoir comment préserver la responsabilité et la nécessaire puissance de l'Etat tout en s'efforçant de rapprocher la décision du citoyen ? La solution réside dans l'application du principe de subsidiarité, principe organisationnel fondé sur la répartition des tâches à différents échelons selon les compétences, le niveau supérieur n'agissant avec l'autorité qu'en cas de nécessité ou de compétence exclusive : « A l'intérieur de la sphère publique, la subsidiarité consiste à placer la décision le plus près possible des personnes concernées, aussi longtemps qu'il n'est pas nécessaire de passer à l'échelon supérieur. C'est là un principe [...] porteur en lui-même d'une logique du recul du pouvoir politique sur la société civile » [117].

Par le fait même, l'idée impose une certaine décentralisation fonctionnelle et organisationnelle du système politique. La chose est cependant bien évidemment contraire à certaines traditions fondées, comme en France, sur une logique historique liée à la construction de l'Etat autour d'un principe unitaire et centralisateur, principe organisationnel et fonctionnel qu'aucun régime ne remit – jusque récemment – en question (l'ancien régime, les premières républiques et l'empire... allèrent sur ce point,

[117] Alain Madelin, *Le droit du plus faible*, Robert Laffont, Paris, 1999, p. 37. Introduit par le Traité de l'Union Européenne en 1992, le concept est défini comme suit dans ses principes et application : « le principe de subsidiarité vise à assurer une prise de décision la plus proche possible du citoyen en vérifiant constamment que l'action à entreprendre au niveau communautaire est justifiée par apport aux possibilités qu'offre l'échelon national, régional ou local. Concrètement, c'est un principe selon lequel l'Union n'agit – sauf pour les domaines de sa compétence exclusive – que lorsque son action est plus efficace qu'une action entreprise au niveau national, régional ou local », in *Europa.eu.int* (glossaire).

tous dans le même sens : ce qui justifie, au niveau national, l'idée selon laquelle la vraie « révolution » ne soit ni de gauche ni de droite, mais libérale !). Mais, soyons-en certain, loin d'affaiblir l'Etat ou le bon fonctionnement démocratique, la décentralisation (quelles qu'en soient les modalités ou la forme) les renforcent en vitalisant l'engagement et l'expression populaires et la démocratie, confortant par là même la légitimité sur laquelle repose le système politique. Alexis de Tocqueville, déjà, soulignait en son temps le lien intrinsèque entre démocratie et proximité : « C'est pourtant dans la commune que réside la force des peuples libres. Les institutions communales sont à la liberté ce que les écoles primaires sont à la science ; elles la mettent à la portée du peuple ; elles lui en font goûter l'usage paisible et l'habituent à s'en servir »[118].

Toutes les démocraties ne sont évidemment pas organisées sur le même modèle constitutionnel et fonctionnel, mais toutes ont à gagner à inciter, plutôt que décourager, la participation active, volontaire et solidaire du plus grand nombre, tirant profit plus que ne subissant les diversités. Comme le soulignait fort justement Friedrich von Hayek : « **la compétition assure le progrès, et celle-ci ne peut exister que dans une société libre, ouverte et décentralisée** »[119]. En se portant garant des libertés et en stimulant l'innovation, l'Etat maximise ainsi les chances d'accroître la prospérité et donc la stabilité de la Nation, renforçant ainsi sa légitimité.

Pourtant, la réalité nous montre que certains régimes autoritaires, mais éclairés, parviennent aussi à engager leur économie dans une forte dynamique de croissance : l'Etat « libéral » se limiterait alors au versant strictement économique pour rester dictatorial sur le plan politique (ce qui est bien sûr contraire au principe et à la philosophie libérale, qui n'acceptent pas, on l'a déjà dit, d'être tronçonnés ; le libéralisme strictement économique n'existe pas !). Dans ce cas, cependant, le gouvernement, tout en rejetant toute possible compétition politique, encourage (et co-ordonne) l'initiative des acteurs économiques et veut stimuler leur compétitivité en créant un environnement juridique et infra-

[118] Alexis de Tocqueville, *De la démocratie en Amérique (T.1)* (1835), Flammarion, Paris, 1981, p. 123.
[119] Voir notamment Friedrich A. Hayek, *The Constitution of Liberty*, University of Chicago Press, 1977 (première partie).

structurel favorable, fondé sur l'ouverture, le respect de la propriété et des droits économiques, et la stabilité, créant une situation se rapprochant, sur ces points du moins, de l'Etat de Droit. De nombreux exemples de démocraties autoritaires, comme Singapour, ou de dictatures, comme la Chine, prouvent que la chose est possible... mais seulement tant que la population – trop longtemps assoiffée de progrès, de paix et de sécurité – se satisfait de l'amélioration de ses seules conditions matérielles de vie ; et, surtout, tant qu'elle reste convaincue que cette dernière dépend, par-dessus tout, de la stabilité politique du régime, quels que soient ses défauts par ailleurs. Dans ces cas d'espèce, la population craint effectivement que toute tentative d'évolution quant à la nature politique du régime ne puisse aboutir qu'à l'instabilité et au désordre, pour finalement risquer de remettre en cause une croissance chèrement acquise ; cet esprit freine bien évidemment le processus de démocratisation et conforte la pérennité du régime. Mais, pour préserver l'adhésion et le soutien du peuple, pour sauver le fragile consensus, celui-ci est alors condamné au succès, c'est-à-dire à maintenir une croissance solide et suffisante (et d'en faire partager les bénéfices), sous peine de graves instabilités et au risque de désagréables dérapages. La démocratie a donc sur ces régimes bien des atouts. Quels que soient leur légitimité et le soutien dont ils bénéficient, rien ne saurait de toute façon, justifier ni absoudre des régimes qui refusent la pleine démocratie dans le seul véritable but de préserver leur survie et les intérêts d'une caste.

Permanence et non immuabilité

Comme le faisait justement remarquer John Stuart Mill voici un siècle et demi, il serait absurde de penser que les peuples n'ont pas de capacité d'adaptation suffisante, ou qu'ils refusent le changement s'il leur est évident que celui-ci puisse produire des effets positifs. Mais quelles doivent être alors les priorités ? Quelles réformes doivent être préalablement engagées ? Universitaires et philosophes s'interrogent souvent sur la primauté du politique ou de l'économique, débat (malheureusement) généralement victime d'un cloisonnement stérile des disciplines et surtout trop théorique. La réalité est manifestement complexe et exige que l'on tienne compte de la spécificité de chaque situation. Cependant, l'histoire a maintes fois démontré que pour les populations dans le besoin, souvent victimes des conflits ou de l'incurie d'une élite incompétente, la stabilité, la paix et l'ordre constituaient des préalables absolument nécessaires, parce que seule leur satisfaction permettra d'engager un processus ayant alors pour finalité l'amélioration générale des conditions de vie. C'est donc à l'évidence ici que réside l'objectif premier, avant même que l'on soit en mesure de formuler quelque stratégie de développement possible.

La paix et la stabilité intérieure constituent en effet un incontournable pré-requis pour envisager l'évolution favorable et le développement d'une société, quelle qu'elle soit. Elles présupposent la construction ou l'existence d'institutions fonctionnelles et pérennes. C'est pourquoi l'on peut affirmer que **la première étape vers le développement consiste à doter l'Etat d'un cadre institutionnel cohérent, stable et efficace et d'un gouvernement déterminé à consacrer ses énergies au profit et au service de la Nation et de son économie**.

Une population acceptera même parfois de sacrifier certaines libertés si elle considère que c'est le prix à payer, taisant un temps une soif qui mûrira inévitablement. Depuis toujours et en tous lieux, le processus d'industrialisation a exigé de pénibles efforts quant aux conditions et rythmes de vie, au changement d'habitudes et à la perte possible de repères dans une société en mutation. Quels qu'ils soient, les hommes et les femmes acceptent de bonne grâce ces difficultés, à l'exemple du Japon des années 1950 à 1980, s'ils croient en l'intérêt de la chose, et sont con-vaincus qu'il y va de leur avenir et de celui de la Nation. C'est ici que se pose la question de la redistribution des richesses créées ; le prix du sacrifice possible, c'est l'espoir, et là, toute trahison peut, à terme, coûter très cher.

Reprenant les mots de John Stuart Mill, l'on comprendra alors que si les choses marchent ici, et non là, ce n'est pas du fait des qualités particulières d'un peuple face à un autre, mais simplement parce que les conditions, ici et là, ne sont pas les mêmes.

L'explication de messieurs Lee Kwan Yew et Mahatir, respectivement anciens premiers Ministres de Singapour et de Malaisie, selon laquelle les succès de l'Asie orientale reposeraient sur les spécificités et valeurs asiatiques (justifiant aussi, au passage, les abus commis en matière de Droits de l'Homme)[120] n'ont pas plus d'intérêt que les thèses un temps développées sur la supériorité de l'homme blanc. Comment d'ailleurs tolérer des propos qui, trop souvent encore (et pas seulement en Occident) trouvent, dans la dimension ethnique ou culturelle, les explications des difficultés rencontrées par certains peuples, ou au contraire veulent expliquer leurs succès ? Il n'y a pas de déterminisme en la matière ! C'est la responsabilité politique et l'action conséquemment engagée par les gouvernements passés et présents qui, seules, constituent la clef permettant d'expliquer les succès ou les échecs d'une Nation. En fait tout dépendra de la faculté de l'Etat à répondre aux enjeux auxquels il doit faire face, de sa capacité et de sa volonté à réagir et à anticiper de manière adéquate. Bref, de son potentiel et de son dynamisme, de son aptitude réactive et proactive (cela est vrai, quelle que soit la situation économique du pays, qu'il soit pauvre ou riche !).

Si bonne gouvernance signifie bonne gestion des affaires de l'Etat, de la Nation, de la société et de son économie en garantissant la sécurité et en assurant la prospérité, elle présuppose nécessairement une capacité à appréhender les défis du moment et à concevoir les réponses qu'il faut y apporter. Face à une situation rapidement évolutive ou changeante comme nous en vivons aujourd'hui, cela implique logiquement une forte réactivité et une réelle capacité d'adaptation, tant en ce qui a trait aux moyens de perception qu'en ce qui concerne l'action (définition des stratégies et outils appropriés). Le principe est donc contraire à l'immuabilité ou, plus exactement, à l'intangibilité (synonyme non pas de stagnation, mais de régression) : il repose sur l'évolution et le progrès et exige que l'on conçoive ce dernier non comme option, mais comme absolue priorité. Les efforts et investissements que l'on saura y consacrer seront gages de prospérité à venir. Le rôle du gouvernement est donc tout bonnement

[120] Voir notamment : Jason Gottlieb, *Asian Values : The Asian Abuse Excuse*, Suite 101.com, 8 août 1997 : www.suite.101.com/article.cfm/politics_east_asia/2727

(mais ô combien déterminant) de chercher à créer et organiser les conditions favorables qui permettront à la société (aux forces sociales et économiques qui la composent, dans leur pluralité et leur diversité) de conforter sa compétitivité. A l'heure où l'interdépendance croissante magnifie la concurrence pour en faire la clef de la prospérité, la responsabilité de l'Etat est plus que jamais essentielle ; mais attention, responsabilité ne signifie pas dirigisme ni interventionnisme inutile, comme on l'a déjà dit, mais impose que l'on accompagne et stimule les forces sociales et économiques.

POLITIQUES D'OUVERTURE ET CROISSANCE

Assurer la richesse d'une nation, d'une économie, repose non seulement sur l'augmentation de la production (croissance), mais aussi, et nécessairement, sur le perfectionnement de l'appareil productif ainsi que des produits et services (progrès), faute de quoi l'économie perdrait en compétitivité, menaçant à terme la prospérité et remettant en cause l'efficacité des politiques mises en place.

La croissance repose sur le développement des échanges, et celui-ci doit donc naturellement constituer l'objectif de tout gouvernement désireux d'engager une Nation sur cette voie. Or la mondialisation, grâce à l'explosion des moyens de communication, crée un environnement théoriquement favorable au développement des échanges. Les gouvernements ont bien évidemment ici une responsabilité majeure afin de faciliter l'insertion de leur économie au sein de la division internationale du travail et rendre leur marché attractif. De fait, il est évident que les économies qui ont su ou pu faire le choix de l'intégration au marché mondial en ont, d'une manière ou d'une autre, largement bénéficié. Comment expliquer en effet que certains pays comme la Chine, la Malaisie ou la Thaï lande, la Corée du Sud ou Taï wan, aient été en mesure de s'engager vers une réelle dynamique de développement ? Peut-on oublier que chacun d'entre eux était, voici quelques décennies, parmi les Nations les plus pauvres, souvent prisonnières de conjonctures politiques instables ou défavorables ?

Entre 1960 et les années 90, la croissance des économies les plus performantes d'Asie fut près de trois fois supérieure à celle de l'Amérique Latine, et cinq fois supérieure à celle de l'Afrique sub-saharienne. Ce résultat n'est pas le fruit du hasard, mais s'explique par les politiques et stratégies de développement qui y furent mises en place. Inspirées du modèle japonais, celles-ci avaient comme objectif d'engager un processus de modernisation économique en s'appuyant sur deux axes : l'accumulation de capital financier, en vue d'être réinvesti dans la modernisation de l'appareil de production, et l'amélioration concomitante du capital humain et infra-structurel. Les pays concernés n'ayant originellement pas ou peu de capitaux financiers propres, c'est sur le développement du commerce extérieur que reposait donc la stratégie : il fallait créer une balance commerciale positive pour générer les gains qui seraient ensuite réinvestis pour moderniser l'économie. Pour ce faire, il fallait jouer sur le seul atout dont disposaient ces pays comparativement aux Nations déjà industrialisées : la faiblesse des coûts de main-d'œuvre – qui leur prodiguait un avantage comparatif non négligeable –, et élever (dans un premier temps du moins) les barrières tarifaires (et non-tarifaires) pour limiter les importations, instaurant ainsi un système « mécaniquement » excédentaire. Mais une balance commerciale positive n'est pas suffisante pour engager un véritable processus de développement. Il faut que la richesse créée soit réinvestie intelligemment selon une stratégie cohérente de croissance et de modernisation de l'appareil de production ; c'est ici, principalement, que la responsabilité du gouvernement est déterminante ! Sans l'implication volontaire et éclairée de l'autorité publique, en concertation avec l'ensemble des agents de production, la chose eût été impossible. En effet, il fallait élaborer une stratégie de développement économique réaliste autant que pragmatique, correspondant aux besoins ainsi qu'aux capacités réels de la société, et reposant sur une évolution par paliers successifs et cohérents. Ainsi faisant, malgré des moyens financiers initialement limités, ces pays furent en mesure de renforcer progressivement leurs avantages comparatifs en se projetant sur une production à plus forte valeur ajoutée.

Dans des sociétés principalement rurales où la productivité agricole demeurait insuffisante, la première étape consistait alors à engager une réforme agraire[121] permettant d'atteindre l'autosuffisance alimentaire (substitution des importations) pour ensuite exporter les surplus. Cette première étape était immédiatement suivie d'une phase d'industrialisation fortement utilisatrice de main-d'œuvre bon marché et abondante, libérée par la « révolution verte ». Il fallut ensuite consolider l'économie par le biais d'une industrialisation plus gourmande en capitaux pour produire des biens toujours plus sophistiqués, à plus forte valeur ajoutée, et renforcer ainsi la compétitivité tout en réduisant la dépendance de l'économie vis-à-vis du secteur primaire. Cette phase achevée, il devenait alors nécessaire (toujours pour conforter la compétitivité) de se tourner vers les hautes technologies très gourmandes de capitaux, en s'appuyant sur l'attractivité suscitée par la croissance (importante et soutenue) et les politiques d'accueil pour attirer les investissements étrangers nécessaires[122].

Cette stratégie exige bien entendu un certain nombre de qualités incontournables parmi lesquelles on trouvera, en premier lieu, la stabilité politique et sociale, permettant à l'Etat d'engager les réformes structurelles et sociétales. Autres qualités nécessaires : la capacité d'adaptation de la main-d'œuvre, impliquant un niveau d'éducation ajusté s'élevant avec les besoins (d'où l'importance des politiques en matière d'éducation et de formation) ; le développement progressif des infrastructures (souvent initialement très fragiles dans ces économies encore peu développées, notamment pour ce qui est des moyens de commu-

---

[121] Redistribution des terres pour libérer un espace suffisant aux producteurs et les encourager à exploiter des richesses dont ils tirent les bénéfices (dé-collectivisation…), achats d'équipements modernes éventuellement par le biais de coopératives encouragées par le gouvernement, fertilisation pour améliorer les récoltes, semences et plantes plus performantes… Voir à ce propos l'étude du cas taïwanais : André Gamblin, *Taïwan, la victoire du dragon*, Sedes, Paris, 1992.

[122] Bien que décrié (sans doute avec excès) suite à la crise financière asiatique de 1997-98, l'étude de la Banque Mondiale sur les économies « les plus performantes » d'Asie, publiée en 1993, reste à ce sujet très intéressante quant à la relation entre les politiques mises en place au Japon, à Taïwan, en Corée du Sud, en Thaïlande, en Malaisie et à Singapour, et les résultats obtenus en terme de croissance et de développement.

Cf. *The East Asian Miracle : Economic Growth & Public Policy*, a World Bank Policy Research Report, Banque Mondiale, Oxford University Press, 1993. Voir notamment les tableaux concernant l'évolution des stratégies de croissance en Malaisie, à Singapour et à Taïwan, p. 150 à 155.

nication et des outils de production) exigeant des investissements considérables et orchestrés de manière à en maximiser la rentabilité ; des coûts de production adaptés… A l'évidence, le rôle ainsi que la responsabilité du gouvernement pour guider et coordonner les initiatives – de concert avec le secteur privé, afin d'assurer sa collaboration comme son engagement, et encourager la confiance des investisseurs – sont ici absolument inévitables et illustrent le lien indéfectible entre gouvernance et développement.

Certes, la crise financière qui a secoué l'Asie orientale en 1997-98 a révélé un certain nombre de faiblesses et déséquilibres, témoignant ainsi de « défauts de gouvernance ». Mais il ne faudrait pas, comme certains, profiter de la chose pour rejeter de but en blanc le modèle de développement ou feindre d'ignorer les réalisations et acquis qui lui sont directement imputables, car la croissance fut et reste bien réelle. Elle s'est soldée dans bien des cas non seulement par un véritable et parfois extraordinaire développement de l'appareil de production, mais aussi de la société (élévation du niveau d'éducation, du niveau sanitaire, des équipements collectifs et ménagers…). Malgré les énormes disparités entre les différentes économies qui la composent, cette Asie n'a plus aujourd'hui le même visage qu'il y a quelques décennies. Comment ignorer la formidable énergie qui la caractérise désormais, Chine en tête[123], faisant de cette région, même après la crise, non seulement la plus dynamique, mais aussi celle dotée de la croissance la plus « soutenue »[124] ?

Il ne s'agit pas pour autant de masquer les faiblesses révélées par cette crise : insuffisance de capitaux propres et donc dépendance face aux marchés et investissements étrangers, carence de diversification de l'appareil de production (stratégies de niche suscitant une spécialisation parfois extrême dans le cadre de la division régionale et internationale du travail) générant une forte dépendance sectorielle, comme l'a révélé la crise de la « nouvelle économie » dès 2001, manque de transparence et

[123] La République Populaire de Chine a suivi une stratégie de développement qui, si l'on y regarde de près, ressemble étrangement au modèle que nous avons sommairement décrit ci-avant.

[124] Certains pourtant, aux lendemains de la crise, considéraient que celle-ci « sonnait le glas de l'industrialisation par les exportations » : Diana Hochraich, *L'Asie du Miracle à la crise*, Editions Complexe, Bruxelles, 1999, p.156.

parfois « collusion » entre les acteurs institutionnels et productifs, défaillance des institutions de surveillance (autorités monétaires et financières)… Mais au vu de la situation actuelle, ces faiblesses, q uoique réelles, ne sauraient remettre en question le modèle ni les stratégies qui s'y réfèrent ; elles témoignent simple-ment d'une réalité : ces économies ont connu une période de fantastique accélération, jamais égalée, mais sur un très court laps de temps (une à deux décennies pour les unes, trois à quatre pour celles qui, les premières ont suivi le modèle japonais : Taïwan, Corée du Sud, et les cités-Etats de Singapour et Hong-Kong, aujourd'hui rattachée à la Chine). Comment être assez crédule pour imaginer que l'évolution d'une société, de ses structures institutionnelles comme de sa réalité psychosociale puisse suivre le rythme d'une telle croissance économique ? La crise d'adolescence, cette évolution parfois dysharmonique, est ici logique et naturelle, surtout si l'on compare le temps qu'il a fallu, en Europe ou en Amérique du Nord, pour réaliser ce qu'il est alors convenu de nommer la « révolution industrielle ». Le développement forme un tout, et chaque partie ne croît pas nécessairement au même rythme : la leçon est fort pertinente, et doit être retenue pour une meilleure gouvernance. Mais le résultat, que nous devons garder à l'esprit, est bien l'incroyable développement d'une région du monde qui, il n'y a encore pas si longtemps, offrait bien peu d'espoirs, et ce, parce que, quelle que fût la situation économique, politique et sociale initiale, ces pays ont fait le choix de l'intégration à l'économie Monde.

Il y a d'ailleurs, il faut bien l'admettre, une corrélation étonnante entre l'antériorité ou non de ces stratégies et les résultats obtenus : en effet, force est de constater que les pays s'étant lancés le plus tôt, et de façon continue, dans cette direction, sont aussi ceux qui sont arrivés le plus loin, non seulement en ce qui concerne le développement de leur économie, ou l'amélioration des conditions sociales, sanitaires et matérielles, mais aussi pour ce qui est de l'évolution politique : le Japon, Taïwan, la Corée du Sud, la Thaïlande, longtemps dirigés par des régimes autoritaires, sont aujourd'hui autant de démocraties. Bien que certaines soient encore très jeunes, elles sont désormais selon toute évidence, stables , fonctionnelles et solides. Preuve encore que l'économie de marché et l'intégration au marché mondial possèdent des vertus trop souvent insoupçonnées, ou volontairement ignorées par ceux-là mêmes qui, pour autant, prétendent vouloir le bien des peuples (se masquant derrière leur hypocrisie doctrinaire et totalitaire).

Le lien entre l'intégration à l'économie mondiale (ou tout simplement à la société mondiale) et le progrès économique et social est évident, et nier ou rejeter cette équation est dangereusement coupable, quelles qu'en soient les motivations. Qu'elles soient aujourd'hui riches ou pauvres, les Nations n'ont d'autre option que d'évoluer, tant il est vrai que c'est la loi de l'humanité que de toujours chercher à améliorer ses conditions d'existence, et cela n'est, à l'évidence, possible qu'en travaillant et en échangeant avec l'autre. Si l'on se dit concerné par le s ort des plus pauvres, ce n'est pas en les poussant vers les démons nationalistes ou les tendances autarciques (qu'elles soient économiques ou culturelles) que nous les aiderons. Bien au contraire, c'est en s'efforçant de les soutenir de manière à ce qu'ils développent leur capacité d'intégration que nous pourrons contribuer efficacement au développement de leur économie comme à l'amélioration générale de leurs conditions de vie. Pour ce faire, il leur faudra bien sûr apprendre à s'adapter aux exigences, besoins et contraintes du marché et de la société extérieurs, et cela sans nécessairement « perdre leur âme ». Comment imaginer que le principe selon lequel l'échange est source d'enrichissement soit valide à l'échelon individuel mais non à celui des peuples ? C'est vrai pour la tribu amazonienne comme pour les économies modernes, quels que soient leurs caractéristiques, taille, niveau de développement ou puissance.

Comme le souligne fort justement Johann Norberg : « il existe une relation non équivoque entre la libéralisation du commerce et la croissance »[125], et tous ceux qui s'adonnent au libre échange en retirent les bénéfices par une croissance supérieure aux économies plus fermées ; cela, indépendamment de leur richesse initiale. Le graphe ci-après illustre parfaitement le lien entre le niveau d'intégration à l'économie mondiale et la

[125] Johan Norberg, *Plaidoyer pour la mondialisation capitaliste*, Plon, Paris, 2003, p. 112.

croissance[126].

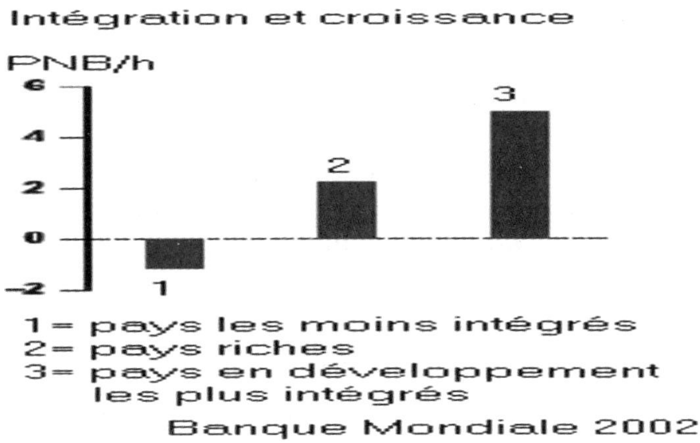

ACCOMPAGNER ET ANTICIPER LES MUTATIONS ECONOMIQUES ET SOCIALES

L'intégration, on l'a compris, requiert de réelles facultés d'adaptation. Il faut d'une part identifier les avantages comparatifs dont on pourrait bénéficier, mais aussi, lorsque l'accumulation de capital le permet, faire évoluer l'appareil productif vers des secteurs plus porteurs, à plus forte valeur ajoutée. Les économies qui se contentent de produire les mêmes biens pour exporter restent dépendantes des aléas du marché et de l'évolution des cours ; surtout s'il s'agit de produits primaires ou peu transformés. La dynamique d'échange encourage une spécialisation de l'activité, et celle-ci doit logiquement s'orienter vers les secteurs les plus porteurs, en tenant compte bien évidemment des capacités et spécificités propres à chaque économie. C'est la demande (en relation avec l'offre) qui crée la valeur d'un bien, et non quelques décisions ou appréciations, aussi rationnelles soient-elles. Or, ces dernières décennies ont largement favorisé les secteurs à haute technologie et les services ; il serait donc

126 *Globalization, Growth and Prosperity : Building an inclusive World Economy*, Banque Mondiale, Oxford University Press, Washington DC, NY, 2002, p. 5 : econ.worldbank.org/prr/globalization/txt-2857

rationnel de chercher à se mieux positionner en s'efforçant de faire évoluer la production vers ces secteurs et réduire ainsi la dépendance vis-à-vis des produits primaires (surtout non-stratégiques). En effet, l'évolution des prix de ces derniers est non seulement caractérisée par une forte volatilité mais encore par une tendance séculaire à la dégradation des termes de l'échange[127] ; une extrême dépendance sur ce type de produit ne peut, dans ces conditions, qu'affaiblir ou interdire toute réelle perspective de croissance[128]. Bien entendu, il ne s'agit pas pour autant d'encourager l'excès inverse en abandonnant les secteurs traditionnels pour se consacrer exclusivement à de nouveaux produits plus sophistiqués, au risque de retomber dans une dépendance hasardeuse.

Certains objecteront que les pays les plus pauvres n'ont pas les moyens de diversifier leur économie et sortir ainsi de leur dépendance excessive envers les matières premières parce qu'ils n'ont ni le capital ni la main-d'œuvre qualifiée suffisante. Et c'est là justement que le rôle du gouvernement est essentiel, à l'image des exemples asiatiques. L'Etat doit être en mesure de prendre les décisions nécessaires et adaptées afin d'identifier les objectifs raisonnables susceptibles de libérer l'économie de ses contraintes extrêmes et les moyens dont il dispose pour atteindre ses objectifs. Il lui faudra avant tout savoir mobiliser les forces productives, et pour cela créer les conditions d'une réelle stabilisation politique. L'hypothèse, selon laquelle cette dernière et le redressement des institutions qu'elle présuppose constituent un incontournable préalable au développement, est ainsi confirmée !

[127] *Rapport sur le commerce mondial, 2003*, Organisation Mondiale du Commerce, op.cit, p. 36-40.

[128] Les économies les plus pauvres sont aussi celles qui dépendent quasi-exclusivement des produits primaires non-stratégiques pour leurs exportation : Zambie, Libéria et Mauritanie = plus de 99 % ; Guinée-Bissau = 97,7 % ; Samoa = 96,8 % ; Tchad = 95 % ; Mali = 94,5 % ; Bénin = 93,7 % ; Ouganda = 90,5 % ; de 90 % à 80 % = Vanuatu, Centrafrique, Malawi, Comores, Burundi, R.D.Congo, Gambie ; de 80 % à 70 % = Burkina Faso, Tanzanie, Niger ; de 70 % à 50 % = Mozambique, Rwanda, Maldives, Guinée, Myanmar, Laos. *Ibid.*, p. 39.

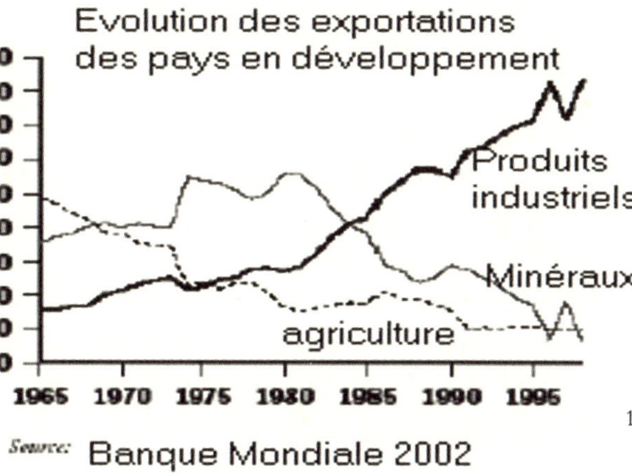

[129]

L'Etat doit mobiliser et guider les énergies vers cette réorganisation de l'économie, en prenant soin de ne pas brûler les étapes et d'avancer en évitant les déséquilibres structurels et sociétaux. Une telle réorganisation touche en effet non seulement les outils et modes de production, mais aussi la société qui doit, on l'a dit, évoluer si possible au même rythme que l'économie : l'enseignement, l'épargne, l'habitat… Ce sont là autant de questions auxquelles l'Etat devra apporter des réponses, de préférence en les anticipant.

L'objectif premier étant de créer un environnement favorable au développement des entreprises (sans quoi la stratégie d'intégration ne pourrait être efficace), il faut conforter les avantages comparatifs et mettre en œuvre une batterie d'initiatives politiques, à la fois complémentaires et harmonisées, permettant de satisfaire les besoins de l'entreprise et répondant aux exigences de l'évolution économique et sociale. Et cela dans un contexte changeant imposé par des phases de mutations structurelles liées au processus d'industrialisation. C'est une véritable mutation de l'économie, comme de la société, que doit accompagner l'Etat. Pour ce faire, il s'appuiera sur les politiques tant sociales et d'éducation (afin de permettre, entre autres, l'adaptation progressive de la main-d'œuvre à l'évolution des besoins), que fiscales, monétaires, urbanistiques, et toute autre politique visant à accompagner les besoins en matière de réalisations infra-

[129] *Globalization, Growth, and Poverty*, Banque Mondiale, op.cit, p. 32.

structurelles (transports et communications notamment),ou permettant d'attirer les IDE (ouverture du code d'investissement, garanties juridiques en matière de propriété intellectuelle...). **Les investissements sont attirés par la croissance, la fiabilité politique et juridique, ainsi que la stabilité économique et sociale. C'est pourquoi le gouvernement devra engager, si ce n'est déjà fait, une véritable stratégie de réformes non seulement économiques mais aussi sociales et juridiques, en concomitance avec l'évolution du marché, de la production et de la société**. La chose ne se fait évidemment pas en un jour, et toute la difficulté vient de la nécessité de ne pas brusquer la machine sans pour autant perdre de temps à adopter les réformes nécessaires. Constance dans le rythme alliée à la sagacité et au pragmatisme sont ici des qualités essentielles. Le processus doit être engagé et mené avec courage et détermination, clairvoyance et surtout équilibre. Les réformes ne doivent en effet en aucun cas se concentrer sur la seule dimension économique, oubliant du même coup le versant institutionnel et social, sous peine d'engendrer de graves dysfonctionnements ; car du déséquilibre des réformes naît la crise, comme l'exemple asiatique l'a très explicitement démontré voici quelques années.

Un exemple typique de stratégie déséquilibrée consisterait à déréglementer des marchés financiers, susceptibles d'attirer un important afflux de capitaux, sans adaptation préalable des institutions politiques et financières, pourtant nécessaire pour garantir la transparence et l'indépendance de celles-ci. Outre le risque de collusion entre les intérêts politiques et financiers alors quasiment inévitable et obscurcissant le jugement du décideur publique, au grand dam de l'économie et de la société, le manque de clairvoyance liée à l'inadaptation institutionnelle ankyloserait à coup sûr toute réactivité. Le cas de la Corée du Sud, où les liens étaient plus qu'étroits entre les politiques, les banquiers et les chaebols (gigantesques complexes industriels), est caractéristique ; et c'est là que réside l'origine des dysfonctionnements qui, malgré les réels succès de sa stratégie économique, entraînèrent le pays dans la crise fin 1997[130].

---

[130] Stephan Haggard, Wonhyuk Lim, Euysung Kim, John Ravenhill, *Economic Crisis and Corporate Restructuring in Korea : Reforming the Chaebol*, Cambridge University Press, Cambridge (GB), 2003.

Mais revenons à la nécessité d'attirer les capitaux pour alimenter le développement de l'appareil de production : point ne suffit d'attirer les investissements étrangers ; il faut chercher à les orienter vers les secteurs productifs, principalement ceux qui ont été identifiés comme stratégiques dans le cadre de la politique de développement, de manière à ce qu'ils y contribuent efficacement. Mais il ne peut bien sûr être ici question de vouloir dicter aux investisseurs le comportement à adopter et les secteurs où investir ; ce serait le plus sûr moyen de les faire fuir pour aller vers des destinations plus accueillantes et attractives. Il est toutefois possible d'éviter certains dérapages et de veiller à ce que les investissements restent productifs et favorables pour l'économie en question. C'est ce que fit la Chine au milieu des années 1990, soucieuse de limiter les investissements spéculatifs tout en restant ouverte et attractive pour les investissements productifs ; certes, la méthode trahissait un autoritarisme propre à la nature du régime, mais la République populaire bénéficiait de l'intérêt suscité par son économie et, globalement, les investisseurs ne s'offusquèrent pas de cette politique. La crise asiatique de 1997-98, au contraire, illustra clairement, si besoin était, la nécessité pour une économie ouverte sur les investissements de s'efforcer à mettre en valeur les secteurs productifs, et faire en sorte que l'investissement contribue le plus efficacement possible à la croissance et non à la formation de bulles spéculatives à terme parfaitement dommageables. L'Etat ne doit être ni contraignant ni passif ; il a la responsabilité d'assurer le développement équilibré de l'économie et, pour ce faire, il doit encourager et respecter l'investisseur, mais dans une perspective éclairée et raisonnable. Comme le souligne la Commission des Nations-Unies pour le Commerce et le Développement : « l'expérience montre qu'une libération passive n'est pas la meilleure façon d'attirer l'IDE et d'en accroître l'effet bénéfique. [...] Il faut non seulement ouvrir le pays aux investisseurs et faciliter leurs activités, mais encore s'employer à drainer les types d'investissements qui peuvent rapporter le plus à l'économie d'accueil »[131]. L'action du gouvernement est donc encore une fois

[131] *Rapport sur l'investissement dans le monde, 2003*, Conférence des Nations-Unies pour le Commerce et le Développement (CNUCED), ONU, NY, 2003, p. 23 : www.unctad.org/fr/docs/wir2003overview_fr.pdf

essentielle, du moins pour faire en sorte que le capital international contribue efficacement au développement de l'économie locale.

Il n'est bien évidemment pas question de faire une quelconque apologie d'un modèle dirigiste, ou s'en rapprochant. Bien au contraire ! L'Etat ne doit ni se poser en agent de production, ni diriger l'économie ! Le marché comme les investisseurs s'accommodent mal de la rigidité et du dirigisme économique, sauf si le dynamisme d'une économie puissante et le pragmatisme avec lequel l'autorité gouverne permettent de soutenir l'attractivité ; et là encore, le gouvernement devra convaincre de sa résolution à engager et poursuivre une véritable politique de réformes pour libérer l'économie. Le rôle et la responsabilité de la chose publique ne sont de toute façon pas de supplanter d'une quelconque manière l'appareil et les forces productives, ni même de fixer quelque orientation en leur nom sans consultation et accord préalable ; les expériences bolcheviques ou maoïstes ont fait la preuve des excès en la matière. Pour autant, bien défini et cadré, le rôle du gouvernement est essentiel, et les économies qui assurent leur prospérité le doivent dans une large mesure à celui-ci.

Pour ce faire, **l'Etat doit donc agir en acteur responsable et engagé, déterminé à soutenir le développement et le progrès <u>aux côtés</u> des entreprises et de la société civile ; non à leur place. Se substituer à ces dernières ne peut que les engager dans une passivité réactive contraire à l'esprit d'initiative requis, tandis que leur expertise risque fort d'être étouffée sous l'incompétence autoritaire de l'Etat et de son appareil bureaucratique. La meilleure manière de procéder est évidemment de laisser à chacun la possibilité d'agir où il excelle, respectant les compétences de tous pour les unir vers un projet commun. Ici se situe le rôle de l'Etat, et il est loin d'être négligeable**.

Encore faut-il que ce dernier accepte lui aussi d'agir où il excelle, et seulement là (tout en cherchant constamment à parfaire ses compétences), instaurant une coopération franche, structurée et résolue avec ses partenaires de droit privé. Par son initiative, du fait de la coordination qu'il apportera à l'action commune ainsi que le soutien qu'il lui accordera par le biais des politiques sociales et économiques, l'Etat favorisera les synergies qui permettront d'engager l'économie et la Nation dans un véritable processus de développement durable. A cette fin, il utilisera tous les outils à sa disposition : législatifs, réglementaires, fiscaux et institutionnels, pour assister les entreprises dans leurs efforts en favorisant par exemple les transferts de technologie ou en facilitant l'accès aux marchés étrangers, instaurant ainsi une synergie fonctionnelle entre les différents « partenaires » autour d'une véritable « intelligence économique »[132]. Le Japon fut à ce propos longtemps montré en exemple, particulièrement en ce qui concerne le MITI (Ministry of International Trade and Industry), véritable catalyseur de l'action de coordination et de soutien aux entreprises japonaises, dont le modèle fut repris en Asie et ailleurs[133]. En d'autres termes, **il faut appliquer à l'Etat le principe de subsidiarité dans sa relation avec l'économique (et avec la société en général), entendant par cela une répartition équilibrée, complémentaire et clairement définie des tâches entre les différents acteurs**.

DEMOCRATIE ET DEVELOPPEMENT

« Bonne gouvernance » ne signifie pas simplement engager l'économie sur la voie de la croissance, car celle-ci peut aussi avoir un impact négatif sur l'environnement et sur la population si l'Etat n'y prend garde, s'il n'y est pas encouragé, s'il n'est pas à l'écoute de la population. C'est le cas de la Chine qui paie aujourd'hui le prix de sa forte croissance ainsi que d'une gouvernance excessivement autoritaire (pour ne pas dire dictatoriale) et centraliste par un lourd coût environnemental : les 2/3 des grandes villes connaissent de graves problèmes d'approvisionnement en eau potable et près de 700 millions de gens boivent une

[132] Définition de l'intelligence économique : « l'ensemble des actions coordonnées de recherche, de traitement et de diffusion (en vue d'exploitation) de l'information utile aux acteurs économiques », *Commissariat général du Plan.*

[133] « Entre décideurs publics et privés, on assiste à une véritable symbiose qui fonctionne pour que 'Japan Inc.' soit aussi prospère que possible », in Gilberte Baux, *La leçon japonaise*, Plon, Paris, 1992, p. 129.

eau contaminée par les déchets humains ou animaux ; les principaux cours d'eau sont pollués, la pollution atmosphérique et les poussières toxiques ont tué près de deux millions de personnes la dernière décennie[134]... La pauvreté n'explique ou ne justifie pas tout ; et surtout pas les choix stratégiques et les grands projets trop longtemps engagés pour la gloire du Parti et l'intérêt du régime, au mépris d e l'intérêt général et de toute expression populaire. Lorsque les citoyens descendent dans la rue manifester leur mécontentement légitime devant ces dégradations aux conséquences sanitaires catastrophiques, les leaders de ces marches contestatrices s'exposent encore à de très dures sanctions de la part d'un Etat plus soucieux de réprimer la contestation que du bien-être général !

Le développement d'une Nation exige plus que la croissance économique ! **Seule la démocratie libérale[135], parce qu'elle suscite dialogue et respect entre les dirigeants et le peuple (dont les premiers sont l'émanation et s'en souviennent !), peut garantir un développement équilibré et harmonieux.** Mais il est vrai qu'elle ne se construit pas en un jour ! Encore faut-il en reconnaître les qualités et vertus.

L'un des tout premiers auteurs « classiques » à placer la méthode d'analyse économique au service de l'étude des phénomènes politiques, Anthony Downs, mit clairement en relief la relation entre démocratie et bonne gouvernance économique. L'hypothèse qu'il développa se fonde sur le principe selon lequel la rationalité des choix politiques s'appuie sur la volonté du gouvernement démocratique à maximiser son assise politique : « Dans les conditions de certitude, la meilleure stratégie que puisse adopter un gouvernement est de faire les choix qui ont la faveur d'une majorité d'électeurs. [...] S'il renonce à défendre le point de vue de la majorité, ses opposants l'adopteront, ils en feront leur cheval de bataille lors des prochaines élections et la défaite des sortants sera assurée »[136]. Certains objecteront que la majorité n'a pas nécessairement raison et qu'elle n'est pas toujours

---

[134] Jasper Becker, «China's growing pains », *National Geographic*, National Geographic Society, Washington DC, mars 2004.

[135] Par opposition aux « démocraties » populaires.

[136] Extraits du livre d'Anthony Downs, *An Economic Theory of Democracy*, (1957), in Jacques Généreux, *L'économie politique, analyse économique des choix publics et de la vie politique*, Larousse-Bordasse, Paris, 1996, p. 229-247.

clairvoyante en matière de stratégies économiques ; cependant, la règle démocratique permet d'éviter les écueils excessifs et, surtout, interdit qu'un gouvernement agisse par trop en contradiction avec la volonté de la Nation. S'il est convaincu du bien-fondé d'une action à engager, en dépit des réticences initiales des citoyens, le gouvernement sait alors qu'il devra s'efforcer de convaincre ces derniers (ses électeurs !) en les informant, sous peine de défaite électorale annoncée. Le principe de transparence est ainsi partie intégrante de la vraie démocratie et du bon gouvernement. Il constitue l'assise de l'Etat de Droit.[137], lequel est seul garant contre les errances de l'arbitraire économique, politique ou juridique. Et l'on sait à quelles aberrations mènent ces dernières et combien elles peuvent être contre-productives, voire destructrices.

Fort heureusement, l'histoire du dernier siècle a favorisé la démocratie : « Freedom House » en recensait en l'an 2000, 119 sur 192 Etats, pour une population de 3,438 milliards d'habitants sur un total de 5,909 milliards ; ce qui signifie que 58,2 % de l'humanité vie aujourd'hui dans une démocratie, contre 31 % en 1950. A ce chiffre, il faut ajouter les démocraties limitées : 16 Etats pour 5 % de la population mondiale ; ces dernières sont caractérisées par un parti dominant contrôlant le pouvoir et les médias, à l'exemple de Singapour[138].

Comme le soulignent les auteurs de cette étude, ces données traduisent le rejet de l'oppression par l'humanité et l'aspiration à plus d'ouverture et de liberté. La décolonisation et l'effondrement du bloc soviétique, en multipliant le nombre de nouveaux Etats souverains, ont certainement joué un rôle important dans ce processus ; toutefois, tous les nouveaux pays indépendants n'ont pas adopté un régime démocratique au sortir de l'ère coloniale. Au contraire, un certain nombre d'eux sombrèrent sous le joug d'intolérables dictatures, parfois encouragés par les grands frères «socialistes» avant d'être vassalisés, tout cela pour obtenir les tristes résultats que l'on sait. En réalité, il ne faut pas négliger l'impact du développement économique, et des

---

[137] Etat régit et agissant selon les procédures juridiques et réglementaires établies démocratiquement sur le principe de l'intérêt collectif.
[138] *Democracy's Century*, Freedom House, NY, 2000 : www.freedomhouse.org/report/century.pdf

politiques d'ouverture mises en place pour y parvenir, sur l'évolution d'un certain nombre de pays vers la démocratie, comme en témoignent les exemples sud-coréen, taï wanais, ou thaï landais. Cela est compréhensible, car au développement des échanges économiques se joint, inévitablement, le développement des échanges culturels, permettant de véhiculer et propager partout à travers le monde les idées de démocratie et de liberté ; et puis, la liberté économique encourage naturellement la liberté de penser qui est indubitablement le préalable des libertés politiques.

Ceci dit, il ne faut pas regarder cette réalité sans nuances, même au risque d'assombrir quelque peu ces notes positives. Il ne faut pas croire en effet que l'existence d'un système démocratique fondé sur la régularité du suffrage universel interdit tout risque de corruption ou d'erreur de gouvernance. Toutes les démocraties ne sont pas semblables, et cela tient à de nombreux facteurs, et, en premier lieu à l'organisation et au dynamisme de la société civile. Ainsi, une population éduquée et bien informée de ses droits et intérêts, l'existence de groupes de pression mobilisés et dynamiques, le fonctionnement des partis politiques et leur relation avec les groupes de citoyens… sont autant de facteurs permettant d'accroître la pression sur le gouvernement, condition nécessaire pour améliorer la gouvernance. La formation des élites constitue elle aussi un critère essentiel… Jamais figée ni certainement pérennisée, la démocratie est un processus qu'il faut sans cesse parfaire, et il n'y a donc rien d'étonnant à ce que les plus jeunes d'entre elles et les moins équipées connaissent quelques défaillances. Le véritable atout de la démocratie est de toujours être perfectible.

La règle vaut aussi pour les anciennes démocraties que l'enlisement guette parfois aux dépens de la bonne gouvernance. Parce que l'économie mondiale se transforme, évolue sans cesse et toujours plus vite, la vertu première du gouvernement moderne est l'adaptation. Mais cela n'est pas toujours facile pour de vieilles institutions menées par des politiques routiniers préférant le réflexe électoraliste et populiste au changement déstabilisant. Cette nécessaire adaptation présuppose, on l'a dit, la faculté de distinguer risques et enjeux dans un environnement toujours plus complexe et la capacité d'identifier les secteurs porteurs pour s'y projeter. Pour ce faire, l'Etat doit collaborer plus étroitement avec les forces économiques et sociales et, au besoin, repenser sa gouvernance, son organisation et son fonctionnement. Il doit être en mesure de prendre des décisions en anticipant sur l'avenir et non simplement en se souciant du présent immédiat. Dans cette logique, il serait paradoxal de miser sur des secteurs en déclin, au risque de perdre en compétitivité. Pourtant, il est souvent plus facile pour nos dirigeants de protéger un secteur d'activité « traditionnel », pour ne pas dire ancien et parfois clairement contre-productif, afin de maintenir les emplois qui en dépendent et s'assurer ainsi le soutien des électeurs, mais c'est piloter à courte vue ! Un secteur vieillissant ou en perte de compétitivité globale demandera des injections toujours plus importantes sans espoirs réels d'amélioration. Lorsque l'effort est placé dans cette direction, les investissements vers les secteurs novateurs et compétitifs en pâtissent. C'est un peu ce que firent de nombreux pays d'Europe occidentale lors de crise des années 1990, se portant au secours des vieilles industries, alors que les Etats-Unis augmentaient quant à eux leur avance dans les nouvelles technologies. La bonne gouvernance exige des autorités à la fois clairvoyance et anticipation, ainsi que la détermination à agir pour le bien et l'intérêt général, considérant que la conduite des affaires de la Nation mérite (et exige !) plus que des stratégies finalement déterminées par les considérations électoralistes. Dans le cas contraire, quelles que soient les justifications conjoncturelles, l'attitude est plus coupable, pour ne pas dire criminelle.

La solution pour un gouvernement convaincu de devoir engager une politique qu'il sait contraire aux volontés du peuple réside dans le dialogue et la pédagogie pour expliquer les motivations de sa démarche et chercher à convaincre. Parce que le peuple est souverain et que son engagement est nécessaire à tout point de vue, il ne peut en aucun cas être question d'agir en force ; mais, le gouvernement convaincu de la justesse de ses analyses ne doit pas non plus rejeter ses politiques sans préalablement tenter de convaincre, car sacrifier sans coup férir ce qu'il considère aller dans le sens de l'intérêt général pour d'évidentes visées électoralistes relèverait de la plus abjecte démagogie et serait trahir son mandat, comme ses engagements. Peut-être faudrait-il avant tout « rééduquer » (ou éduquer ?) les hommes (et les femmes) politiques ? Quoi qu'il en soit, même les vieilles démocraties doivent se perfectionner pour être en mesure de répondre adéquatement aux nombreux défis posés par un monde en permanente évolution, un monde dans lequel rien, ni aucune vérité, n'est jamais définitivement acquis.

***

Force est de le reconnaître : la mondialisation n'est pas néfaste pour tous ! Elle apparaît même au contraire favorable, pour ne pas dire très favorable, aux « bons élèves », aux économies qui, bien qu'initialement fragiles, font le choix du pragmatisme, pour associer la croissance à l'intégration au marché mondial. Mais pour cela, il faut être en mesure d'élaborer les politiques adéquates. Ce qui présuppose une bonne gouvernance.

Il ne suffit pas de se borner à augmenter le commerce extérieur pour engager une économie sur la voie de la croissance, on l'a dit ! Il faut mettre en œuvre les moyens permettant d'accroître la production nationale et d'intégrer le marché mondial et la division du travail. Pour produire il faut vendre, et pour vendre il faut un acheteur intéressé par le produit proposé. Il faut savoir attirer (intéresser !) les capitaux nécessaires et les orienter de manière productive. Mais au préalable, il faut créer les conditions d'une véritable stabilité politique et sociale sans laquelle rien n'est possible. Loin d'être une mécanique exacte, l'économie est avant tout une science humaine ; la confiance en est un facteur déterminant sans quoi l'engagement des acteurs économiques et sociaux (et donc le marché) ne saurait fonctionner ni être attractif pour les investisseurs. **C'est ici que réside la clef de la bonne gouvernance ! Si l'Etat doit garantir la liberté et les droits des acteurs, encourager et coordonner leurs initiatives, favoriser les conditions dans lesquelles ils s'exprimeront et agiront, son rôle, bien que subsidiaire, est cependant déterminant.**

La croissance ne suffit pas : elle doit être le moteur du développement, c'est-à-dire de l'amélioration générale des conditions de vie ; et ici encore, ici surtout, la relation qui lie l'Etat à la société est d'une importance primordiale. En effet, en raison des prérogatives régaliennes, nul, hors l'Etat, ne peut assumer les fonctions qui découlent de la souveraineté[139], notamment en matière de politique fiscale et tarifaire, ou monétaire, en ce qui concerne le code d'investissements, la politique en matière de développement infra-structurel, d'éducation... Cependant, (et la chose est essentielle), **l'Etat ne doit ni ne peut se substituer aux autres acteurs, ni agir indépendamment ou sans concertation, car le développement harmonieux d'une société est chose trop complexe pour ne pas reposer sur l'implication et l'engagement de toutes les forces qui la composent. Le pluralisme enrichit la Nation et son expression la plus active et la plus engagée possible ne peut que contribuer à l'enrichir.**

---

[139] Nous traiterons plus en profondeur la question de la souveraineté et la manière dont elle est affectée par la mondialisation dans les chapitres suivants.

Chapitre 4

SECURITE MONDIALE, ETHIQUE ET RESPONSABILITE

DEVOIR D'INGERENCE ET PROSELYTISME DEMOCRATIQUE

Si la gouvernance est une clef essentielle du devenir des peuples et des Nations, ainsi que de l'avenir de la planète, elle repose dans une très large mesure sur la responsabilité de l'autorité investie. Mais où doit s'arrêter l'engagement de l'Etat ? A la stricte gestion des affaires de la Nation et à la défense de ses intérêts immédiats, que ce soit bien évidemment sur le plan intérieur ou extérieur ? Cette interrogation nous amène inévitablement au problème de l'ingérence : celle-ci constitue-t-elle une violation des principes et du Droit international public, ou au contraire un Devoir ? La chose n'est a priori pas facile, et pour y répondre, i l nous faut l'aborder autrement, en posant une autre question apparemment beaucoup plus simple cette fois : « la mondialisation est-elle compatible avec l'indifférence (même poliment masquée) ? ». Le désintérêt ou la désinvolture avec lesquels nos gouvernements traitent les questions qui ne les concernent pas au premier chef ne correspondent-ils pas finalement à une forme d'irresponsabilité, tant il semble évident que dans un monde globalisé toutes les parties sont intrinsèquement liées et interdépendantes.

Plutôt que de mauvais débats teintés d'hypocrisie pour masquer l'indifférence des uns et l'insouciance des autres et n'aboutir qu'à des déclarations de principes faussement généreux, ne vaudrait-il pas mieux agir avec plus de détermination et d'engagement pour construire ce monde futur ? Faut-il encore poser les questions essentielles : quel monde voulons-nous ? Que faire pour y parvenir ? Devons-nous craindre de répondre à ces questions, préférant nous réfugier dans une confortable et trompeuse indolence ?

Devons-nous hésiter à affirmer que la meilleure solution, que dis-je, la seule qui soit convenable, est d'encourager et de chercher à renforcer la démocratie partout dans le monde, sachant qu'il y va aussi de notre avenir comme de celui de la planète ? La démocratie est la principale arme de la bonne gouvernance et donc du développement, mais aussi (avouons-le !) elle constitue clairement et, sans aucun doute, le seul système acceptable pour l'humanité… toute entière ! Philosophiquement, politiquement, et économiquement, la liberté, l'Etat de droit, et le pluralisme sont des notions essentielles pour la construction de notre avenir commun. Toute incertitude à ce sujet est coupable ! Mais en accepter le principe ne suffit pas ; à la différence de l'autoritarisme, la démocratie s'accommode mal de la passivité. Il faut en défendre partout ardemment le principe, et la promouvoir énergiquement ! La démocratie souffre aisément le prosélytisme, sans complexes ni difficultés, parce qu'elle ne fait que contribuer au mieux-être des peuples.

Le Droit international public, par le biais de l'article 2 de la Charte des Nations-Unies, interdit explicitement toute intervention « dans les affaires qui relèvent essentiellement de la compétence nationale d'un Etat », scellant ainsi le principe de souveraineté, éventuellement aux dépens de toute éthique[140]. Toute intervention visant à instaurer ou restaurer la démocratie dans un Etat souverain, même si sa situation intérieure relève de l'abominable et de l'inacceptable (au risque de menacer à terme la stabilité et l'équilibre national voire international) est donc rejetée par une codification qui ne mérite que d'évoluer tant elle apparaît, à bien y regarder, désuète et moralement insoutenable. Mais qui accepterait aujourd'hui que l'on tolère un génocide tel que celui commis par les Khmers rouges, au nom du respect d'un Droit international qui se voudrait définitif et figé ? Le monde change, nous l'avons certainement trop souvent répété ; il nous faut cependant bien comprendre que cette réalité s'impose non seulement à chaque société, mais aussi à la communauté interna-

[140] Article 2 alinéas 4 et 7 : « Les membres de l'Organisation s'abstiennent, dans leurs relations internationales, de recourir à la menace ou à l'emploi de la force, soit contre l'intégrité territoriale ou l'indépendance politique de tout Etat… », « Aucune disposition de la présente charte n'autorise les Nations-Unies à intervenir dans les affaires qui relèvent essentiellement de la compétence nationale d'un Etat… ».

tionale dans sa globalité ! Certes, l'ingérence instaurée en principe ne manquera pas de poser de nombreuses et délicates difficultés, et la codification devra être élaborée avec prudence pour éviter une situation qui pourrait sinon se rapprocher du non droit ou du droit du plus fort. Mais à l'heure du « village planétaire », alors que circule l'information et que les enjeux sont de plus en plus partagés, peut-il en être autrement ? L'actualité de ces dernières années a déjà démontré une évolution significative en la matière, notamment lors de l'intervention alliée au Kosovo (territoire autonome mais non souverain, appartenant à l'Etat souverain de Yougoslavie).

Comment justifier, même sous des prétextes faussement tiers-mondistes ou humanistes, qu'il faille négocier avec des régimes qui représentent une menace constante pour les populations qu'ils gouvernent comme pour la communauté internationale et l'équilibre mondial ? Au-delà même du strict principe de l'ingérence, doit-on rester inactif devant des gouvernements qui menacent ostensiblement la paix et la sécurité internationale, n'hésitant pas quant à eux à mépriser le Droit international et les obligations qui leur incombent ? Il faut apprendre à regarder en face la réalité nouvelle et en devenir, en comprendre les enjeux et adapter nos réponses sans autre forme de complexes ni coupables hésitations. Les dogmes d'hier ne sont plus forcément valides et peuvent s'avérer aujourd'hui dangereux pour la sécurité comme pour la démocratie. Ainsi, certaines voix, à Washington notamment, soutiennent-elles l'idée selon laquelle la défense de la démocratie ne peut en aucun cas reposer sur une attitude passive et faussement respectueuse de régimes non seulement totalitaires mais encore haineux et résolument hostiles aux principes démocratiques. Bien évidemment, cette position est vivement décriée dans le «vieux » continent, instinctivement hostile à « l'impérialisme » américain au point d'en oublier ses actions passées et la communauté d'intérêts qui pourtant le lie avec les Etats-Unis[141]. Mais alors, comment défendre l'ordre et la stabilité internationale sans défendre la démocratie dans le monde ? Et comment défen-

[141] Paul Wolfowitz, sous-secrétaire à la Défense, l'intellectuel Richard Perle, l'universitaire Bernard Lewis, sont autant d'exemples de ce courant de pensée auquel s'est joint le président George W. Bush Jr., qui déclarait en février 2003, peu avant l'intervention américaine en Irak : « le monde a un intérêt évident dans la diffusion des valeurs démocratiques ».

dre celle-ci sans la promouvoir ? Comment défendre la sécurité mondiale sans lutter contre les forces et principes anti-systémiques qui n'ont d'autres objectifs que de briser l'équilibre et l'Ordre international ?

Nombreux sont ceux qui considèrent, sous de f allacieux prétextes, que la démocratie ne doit ou ne peut s'exporter sauf résultat d'une adhésion volontaire et spontanée. Cela présuppose donc qu'on laisse les populations subir le joug de régimes odieux sous prétexte qu'il faille respecter leurs cultures, sans doute parce que l'on croit que celles-ci seraient intrinsèquement contraires aux valeurs démocratiques et aux principes humanistes, l'immixtion de valeurs et préceptes exogènes constituant alors un viol coupable des traditions et coutumes ? La démocratie et les droits fondamentaux reconnus par la Charte des Nations-Unies seraient-ils donc incompatibles avec certaines cultures au point qu'il soit inacceptable ou impensable de les promouvoir ? Que faire alors du principe de l'universalité des Droits de l'Homme, si l'application reste aléatoire et sujette aux contraintes spécifiques d'une culture, d'une histoire ou d'une géographie, ou de quelque autre prétexte facile ? Peut-on véritablement se proclamer démocrate et rejeter l'idée d'un **devoir de promotion active de la démocratie**, s'abritant derrière le droit des peuples à disposer d'eux-mêmes ? La privation des libertés serait-elle plus acceptable parce que fondée sur une logique endogène ?

Quant aux arguments mettant en évidence les difficultés inhérentes à la démarche, s'ils participent d'un débat nécessaire sur les formes d'intervention, les moyens à utiliser, ou la difficile problématique de la gouvernance dans une période de transition suivant l'effondrement d'un régime dictatorial, ils ne doivent pas pour autant justifier son abandon. Les obstacles rencontrées par la puissance américaine pour implanter la démocratie en Afghanistan ou en Irak après l'intervention militaire démontrent, s'il était besoin, toute la complexité de la tâche ; les solutions et options possibles sont multiples, et nul ne peut affirmer avec certitude laquelle serait préférable, même si l'évidence peut démontrer celles qui devraient être rejetées[142] ; rien ne peut

[142] S'inspirant des écrits de Mill et Tocqueville, Stanley Kurtz, après avoir anticipé sur les difficultés à instaurer un régime démocratique dans une société orientale sans tradition ni réelle expérience démocratique, prône une approche résolument pragmatique, fondée sur

justifier l'inaction s'il apparaît nécessaire d'intervenir. Instaurer la démocratie dans une société sans traditions spécifiques en la matière est un défi que doivent parfois relever les Démocraties modernes, ne serait-ce que parce qu'il peut y aller de leur existence même ! Mais cela exige bien sûr courage, responsabilité, et convictions de la part des dirigeants comme des peuples. Dans ce domaine, céder à la facilité ou à la peur de représailles, que ce soit en territoire « libéré » ou sur son propre sol national, revient à donner un blanc-seing aux ennemis de la démocratie, terroristes ou idéologues.

Mais promouvoir la démocratie ne saurait se limiter à des actions extrêmes que des situations périlleuses rendent nécessaires. La première exigence réside dans une absolue conviction dans les valeurs démocratiques, et l'engagement résolu à les faire partager. Pour ce faire, il est nécessaire que les vieilles démocraties montrent l'exemple et qu'elles soutiennent ardemment et sans complexes les plus jeunes d'entre elles, encore fragiles et imparfaites, les guidant et les aidant dans cette merveilleuse, quoique difficile, aventure. Il ne faut pas hésiter à distinguer parfois le bon grain de l'ivraie , et pour « ségrégationniste » qu'elle soit, cette attitude doit présider la conduite de nos politiques. Pour autant, il faut agir avec pragmatisme sans faire abstraction des réalités et ne pas être victime d'un aveuglement doctrinaire. Il faut encourager les politiques d'ouverture partout où elles se trouvent, même si elles restent très insuffisantes, même si elles veulent se limiter à la stricte dimension des réformes économiques. L'intégration au marché mondial ne se fait pas sans échanges (pénétration) culturels, quels que soient les « pare-feux » que veut imposer l'autorité ; elle contribue inexorablement à la propagation des idées et valeurs démocratiques. L'échange est source de paix, de stabilité et de progrès ; il constitue le plus sûr vecteur pour promouvoir la démocratie de par le monde. L'exemple européen depuis le milieu du XXe siècle en témoigne largement.

Nous ne devons aucunement avoir honte de défendre ou d'encourager activement les valeurs démocratiques, la responsa-

---

l'adaptation et l'éducation progressives. Ce modèle, opposé à toute tentative d'imposition trop brusque de la démocratie, appelle au contraire une stratégie gradualiste, prenant en compte des spécificités et particularités culturelles, sociologiques et historiques. Cf. Stanley Kurtz, « Democratic Imperialism : a Blueprint », *Policy Review*, avril 2003.

bilité et le progrès. Ceux-ci ne sont après tout pas propres ni spécifiques à une culture, mais constituent au contraire les acquis les plus précieux de l'humanité. En quoi le prosélytisme serait-il ici alors inacceptable ? N'est-ce pas plutôt la passivité qui est condamnable, parce qu'elle revient à laisser les populations sous l'oppression et dans la misère sous prétexte de respecter la souveraineté nationale ? Mais quelle souveraineté ? Celle des auto-crates et de leur cour ? Si par ailleurs la nature du régime con-ditionne le développement économique et social, n'est-ce pas un devoir que d'intervenir dans le cas où un gouvernement interdirait toute perspective d'évolution et de croissance (sachant que l'intervention en question peut bien évidemment prendre des formes diverses et multiples et s'appuyer sur les outils diplomatiques et économiques) ? Encore faut-il éviter tout aventurisme hasardeux, qui pourrait in fine se révéler plus coûteux et dangereux pour la démocratie comme pour la stabilité et la paix mondiales. C'est aussi pourquoi la solidarité entre les démocraties constitue une absolue nécessité. Mais la solidarité est contraire à l'inaction !

Passivité et désunion sont en fait les principales faiblesses de la démocratie dans le monde ; ses adversaires s'en nourrissent avec délectation, s'appuyant sur notre veulerie pour s'affirmer et grandir ! Certains considèreront peut-être ces propos comme étant outrageants, mais tout corps, tout système, toute société se défend et veille à assurer sa pérennité ; cela est d'autant moins scabreux lorsque les valeurs ainsi véhiculées sont porteuses de paix, d'espoir et de développement. Le prosélytisme démocratique ne constitue ainsi nullement une démarche méprisable, même s'il doit reposer sur ce que d'aucuns appréhenderont comme une forme d'impérialisme démocratique ou libéral. Et quelle que soit d'ailleurs l'appellation que l'on voudra donner à cette démarche, les sincères partisans de la démocratie, des Droits de l'Homme et des libertés ne peuvent que s'en revendiquer. Il s'agit tout bonnement de poser les jalons de la société mondiale future, d'en assurer les fondements et d'en organiser la gouvernance.

Le super-terrorisme et la menace anti-systemique

Les élections législatives espagnoles de l'année 2004 furent totalement bouleversées par les bombes criminelles qui terrorisèrent peu avant Madrid et l'ensemble du pays. Outre le caractère ignominieux de telles actions dénuées de toutes considérations pour le respect de la vie humaine (comme en avait témoigné préalablement les attentats du 11 septembre 2001 aux Etats-Unis, ou encore en Indonésie, au Maroc, en Arabie saoudite), le drame espagnol illustre parfaitement l'extrême faiblesse de nos démocraties, et la possible mainmise des forces anti-systémiques les plus déterminées à profiter de leur fragilité, pour ne pas dire parfois de leur inconsistance. Peut-on en effet accepter que le destin d'une Nation soit manipulé et guidé par l'ignoble nébuleuse terroriste qui, elle, n'hésite pas à faire de l'ingérence ? La tentation semble trop réelle, et pourtant le danger serait alors immense. L'on ne peut en effet affronter un ennemi mortel qu'en lui faisant face et en étant résolument déterminé à l'abattre. Toute hésitation en la matière est impardonnable et peut coûter extrêmement cher. Il ne faut pas se tromper : cet adversaire n'est pas simplement le poil à gratter des démocraties, ni un empêcheur de tourner en rond les indisposant parfois par les blessures qu'il inflige ici et là, ni même une effrayante nuisance que l'on voudrait ignorer tant la chose nous semble insupportable et loin à la fois, et moins encore un monstre que l'on choisit de ne pas effaroucher par peur de représailles, préférant se comporter tels les oiseaux migrateurs fuyant les premières froidures. Il n'y a pas de tropiques où nous réfugier. La seule garantie de salut réside dans l'union et la résolution d es démocraties à défendre leur intérêt commun et, par-delà, leur existence même. Faibles ou forts ont ici partie liée, au-delà de leurs différences.

Comme ceux qui s'en réclament, les démocraties sont souvent victimes de leurs illusions, de leur crédulité ou myopie, ainsi que de leur lâcheté. Il faut pourtant regarder la réalité en face, et être capable d'agir, sans excès mais sans faiblesse non plus. La menace est bien réelle. Derrière Al Qaïda se profile la volonté résolue de détruire l'ordre international et ses fondements ; cet ordre qui, certes, est largement teinté de valeurs occidentales, ou plus exactement de valeurs ayant germé en Occident, et qui, il est vrai, lui a accordé jusqu'ici une position privilégiée. Cet ordre, le système international dans lequel nous vivons, n'est certainement pas parfait et mérite probablement encore d'évoluer, ne serait-ce que pour réduire les disparités économiques et sociales qui le fragilisent ; mais c'est notre monde, empreint des valeurs que les générations passées contribuèrent à élaborer et défendre, notre civilisation, qui évolue et s'élargit par le biais de la mondialisation et l'accélération de la dynamique d'échange économique, culturel, philosophique et politique qui en résulte. C'est donc bien à notre civilisation, non pas seulement occidentale mais tout simplement mondiale, que s'attaquent ces ennemis ; c'est à ce que nous sommes profondément, individuellement et collectivement, au-delà même de nos différences multiples, qu'ils s'en prennent.

Encore faut-il être attentif et ne pas faire de dangereux amalgame entre l'Islam et ces extrémistes iconoclastes autant qu'abjects. Ce n'est pas l'Islam qui est anti-systémique, mais l'interprétation délirante et perfide qu'en font ces assassins, héritiers directs des sectes intégristes du même nom qui, aux XIIe et XIIIe siècles, lancèrent leurs illuminés dans des attaques suicidaires contre le califat sunnite Abbasside et ses protecteurs Seldjoukides : « Le cas des assassins n'est pas fondamentalement différent de celui d'Al Qaïda aujourd'hui. De son sanctuaire des montagnes d'Afghanistan, Ousama Ben Laden a mené contre l'Occident une campagne semblable à celle d'Hassan contre les Seldjoukides avec des techniques parfois très similaires. [...] Ousama Ben Laden, comme Hassan, ne pouvait espérer voir s'effondrer son adversaire désigné, en l'occurrence l'Occident et les Etats-Unis, par une simple attaque terroriste, de quelque nature qu'elle fût. Néanmoins, comme pour Al Qaïda aujourd'hui, l'organisation d'Hassan savait jouer sur les faiblesses du pouvoir [...] pour affaiblir son adversaire et voir prospérer son propre mouvement »[143].

---

143 Gérard Challiand, Arnaud Blin, « Zélotes et Assassins », in Challiand & Blin, *Histoire du terrorisme, de l'antiquité à Al Qaïda*, Bayard, Paris, 2004, p. 75.

Il faut en être conscient et l'affirmer : il ne s'agit pas et il ne doit pas être question d'un « choc de civilisations ». Il ne faudrait surtout pas tomber dans le piège qui consisterait à croire « l'indubitable réalité » d'un inévitable conflit fondé sur les différences et oppositions culturelles. Cela ne pourrait qu'aviver l'hostilité entre les peuples, ne servant en définitive qu'à fragiliser plus encore l'équilibre mondial, pour la plus grande satisfaction de nos adversaires. L'idée même d'un « choc des civilisations » est d'ailleurs absolument incompatible avec la dynamique d'intégration mondiale qui veut que tous les peuples, quelles que soient leurs différences, se rejoignent pour échanger, évoluer et prospérer ensemble. Soutenir le principe d'une inéluctable confrontation entre les peuples est donc soit bien inconscient et suicidaire, soit la preuve d'un engagement résolu dans un combat ayant pour finalité, soyons lucides, la destruction de l'ordre mondial contemporain, rejoignant en cela les objectifs et motivations essentiels d'Al Qaïda.

Parce qu'il a clairement illustré sa détermination et sa puissance criminelle, ainsi que sa capacité à manipuler et utiliser des technologies modernes et diverses, au point d'en faire un adversaire crédible et redoutable des démocraties et de la paix mondiale ; parce qu'il a démontré que n'importe quel groupe fanatisé peut porter atteinte à l'intégrité de l'humanité et à l'ordre planétaire, le super-terrorisme constitue un phénomène sans précédent, potentiellement hautement destructeur parce que résolument anti-systémique (sa finalité étant la destruction du système) mais aussi intrinsèquement « a-systémique » parce qu'échappant aux règles et principes gouvernant la société (ce qui rend le problème et notre capacité à l'appréhender d'autant plus complexe). En ce sens, le mal est comparable à une pathologie cancéreuse qu'il faut, dès les premiers signes, tenter d'isoler et éliminer.

Le « super-terrorisme » auquel nous sommes aujourd'hui confrontés est singulier par ses caractéristiques tant structurelles et organisationnelles que par sa finalité. Ainsi se distingue-t-il des formes plus « traditionnelles » de terrorisme de nombreuses manières : par l'ampleur des destructions qu'il inflige, par sa capacité de dispersion lui permettant de frapper en différents lieux sans cohérence géographique apparente, mais aussi par la nature de ses objectifs et, surtout, par ses caractéristiques propres. Le terrorisme classique – à l'image de l'OLP, de l'IRA, de l'ETA basque, ou même de l'insurrection tchétchène – trouve sa raison d'être dans un conflit local ; ses revendications (même si elles semblent extrêmes, injustifiées ou tout simplement inacceptables pour l'autorité responsable) sont liées à une volonté d'indépendance nationale ou d'affirmation ethnique ou culturelle ; en quelque sorte, quelle que soit l'ampleur de ses actions, ses finalités et ses cibles restent somme toute limitées en fonction de la cohérence des enjeux qu'il se sera fixés. Le « superterrorisme », par contre, ne revendique rien de moins que la destruction de l'ordre mondial et des valeurs sur lesquelles il s'organise. Ses cibles sont donc nécessairement plus vastes et diffuses, s'identifiant notamment à tous les symboles de ce système qu'il veut annihiler, rendant de ce fait la prévention particulièrement aléatoire. Son implantation n'est pas tributaire d'une géographie particulière, il est donc difficile à localiser, d'autant que ses ramifications sont potentiellement multiples, compliquant ainsi substantiellement la tâche de ses adversaires[144]. De surcroît, son incohérence idéologique suscite à l'évidence un certain flou qui, cependant, peut paradoxalement lui ménager certaines sympathies (?!) ou tout au moins trouver certaines justifications au sein des milieux les plus résolument hostiles à l'Ordre mondial (!!?). Cela s'explique par sa volonté tout à la fois de dénoncer le mal – identifié comme l'impérialisme occidental et le système capitaliste mondial – et sa détermination à prôner le retour à un Islam qualifié de « véritable » mais basé sur une interprétation cependant hautement intégriste. Le piège est ainsi tendu, et la réalité idéologique profonde, au caractère à la fois simpliste, profondément archaïque, excessif, messianique et manichéen, trouve une forme de « légitimité » tout simplement par sa volonté à encourager la déstabilisation du système et « l'éclat » de ses actions pourtant parfaitement ignominieuses. Ainsi peut se créer l'illusion d'une certaine osmose entre ceux qui se considèrent être les « victimes du système » et celui qui voudrait apparaître

[144] Ekaterina Stepanova, *Anti-terrorism and Peace-building During and After Conflict*, Stockholm International Peace Research Institute, Stockholm, juin 2003, p. 21-22.

comme le nouveau héraut du combat pour sa destruction. Ce faisant, et malgré l'intégrisme religieux qui le stigmatise et dont il se revendique, Al Qaïda se place virtuellement en héritier de l'idéologie (pourtant athée) marxiste-léniniste. La menace est absolue et parfaitement insidieuse, car si les forces antisystémiques sont diverses, cela ne les empêche pas de se retrouver, parfois, notamment au cœur même de nos démocraties, malgré leurs différences et dénégations. L'illustration la plus parfaite en fut donnée à l'occasion du Forum Social Européen de Paris, en 2003, alors que les « gentils » alter-mondialistes n'hésitaient pas à accueillir Tariq Ramadan, idéologue islamiste aux prêches extrémistes.

Parce que nous sommes collectivement responsables de l'avenir de notre planète et que, compte tenu de la situation et de nos intérêts respectifs, il semble impensable de laisser prospérer une telle gangrène, l'Europe doit, comme le reste du monde, se réveiller et assumer sa part de responsabilité. Et cela, non seulement en ce qui a trait à la sécurité du continent européen, mais également – parce qu'elles sont intrinsèquement liées – pour ce qui est de la sécurité globale[145]. Les adversaires de la démocratie mondiale peuvent frapper n'importe où, n'importe quand et obtenir des résultats disproportionnés par rapport aux moyens qu'ils auront engagés. Ils ont ainsi démontré, contrairement aux offensives terroristes plus classiques, qu'une arme explosive transportée à la main, et presque indétectable, pouvait avoir la capacité destructrice d'une attaque de grande envergure, avec des répercussions politiques, mais aussi économiques redoutables. Les sociétés libres et démocratiques sont extrêmement vulnérables face à cette tectonique. Le principe de libre circulation, et la possibilité, qui en résulte, de se déplacer où et quand on le désire constitue un fondement essentiel des sociétés modernes, de leur organisation et surtout du fonctionnement de leur économie.

En fragilisant la sécurité et la fluidité du système de transports et de communications nationales et internationales (attentats du 11 septembre ou de Madrid), en cherchant à affaiblir les

[145] Comme le rappelle Adam Smith, « le premier des devoirs du souverain, [est] celui de protéger la société des violences et des injustices d'autres sociétés indépendantes »: Adam Smith, *Recherches sur la nature et les causes de la richesse des Nations, vol. II*, (Livre V), Flammarion, Paris, 1991, p. 330.

économies de pays potentiellement instables (attentats de Bali ou du Maroc...), en tentant de déstabiliser les régimes dont dépend l'approvisionnement énergétique de la planète (attentats en Arabie Saoudite), et surtout en jouant sur la faiblesse des démocraties craintives devant le risque d'attentats terroristes susceptibles de frapper au cœur de n'importe quelle concentration urbaine..., le super-terrorisme menace effectivement les fondations économiques et politiques sur lesquelles reposent nos sociétés, et tout bonnement la société globale. C'est pourquoi, plus qu'un simple agent pathogène, le super-terrorisme intégriste constitue aujourd'hui un ennemi mortel dont l'élimination doit être la priorité absolue pour l'ensemble de la communauté inter-nationale et les acteurs qui président à sa destinée.

A l'évidence, nous n'avons pas toujours bien pris conscience de la gravité du danger que constitue le super-terrorisme. C'est vrai pour les Etats-Unis qui, jusqu'aux événements du 11 septembre, se désintéressaient quelque peu de la question ou, tout au moins, ne lui accordaient pas l'importance qu'elle méritait pourtant. Ancien conseiller à la Maison Blanche, Richard A. Clarke détaille ainsi dans ses mémoires le manque de préparation face à la menace terroriste durant les dernières décennies, et la vulnérabilité qui en a découlé. Il souligne les faiblesses des administrations successives qui, toujours, hésitèrent à répondre de manière appropriée aux attaques terroristes dont l'Amérique était victime, que ce soit suite à l'attentat contre les marines au Liban (Reagan), après l'explosion du vol de la Pan-Am victime d'une bombe libyenne (Bush père), ou dans le sillage des attentats islamistes contre des ambassades et intérêts américains en Afrique ou au Moyen-Orient (Clinton), sans oublier le peu d'intérêt accordé par l'administration Bush à Al Qaïda jusqu'au 11 septembre[146]. Les réactions qui suivirent furent d'autant plus fortes que l'Amérique, qui se croyait jusqu'alors inviolable, découvrait pour la première fois avec effroi ses faiblesses et se savait dès lors sous la menace constante d'un ennemi face à qui elle était encore très insuffisamment préparée. Il n'est pas évi-

[146] Richard A.Clarke, *Against All Ennemies : Inside America's war on Terrorism : Inside America's War on Terror*, Free Press, NY, 2004 (l'auteur était conseiller à la Maison Blanche de Ronald Reagan à George W. Bush Jr., spécialiste des questions relatives au terrorisme ; il était encore en fonction lors des événements du 11 septembre).

dent, en revanche, que les Européens aient bien compris la portée et l'ampleur du danger. Le conflit diplomatique autour de la question irakienne (sur lequel nous reviendrons) témoigne peut-être d'une certaine inconscience face à un risque global qui, plus que toute autre chose, exige la solidarité des Nations démocratiques et leur détermination à agir avec la plus extrême fermeté pour éradiquer ce fléau qui les menace, toutes ! En d'autres termes, si l'unilatéralisme américain peut être en l'espèce interprété comme une faute tactique, voire un abus de puissance, le défaut de solidarité face à semblable situation ne constitue-t-il pas, quant à lui, une erreur stratégique encore plus grave ?

La lutte contre un tel adversaire ne peut à l'évidence recourir à des méthodes et outils conventionnels, car sa nature et ses propres méthodes, comme son organisation, ne sont pas conventionnelles. Se préserver de tout risque exigerait une surveillance totale, absolue et infaillible de tous les systèmes de transport et de communication, de tous les lieux de vie, de tous les outils de production, doublée d'une capacité d'action ou réaction en temps réel. Or, malgré les efforts engagés, notamment depuis le 11 septembre, on sait la tâche presque impossible, en dépit d'un renforcement considérable du maillage sécuritaire. L'on peut détruire partiellement la toile, mais rien ne garantit qu'une cellule ne se réactive pas pour passer à l'action où et quand on ne l'attendra pas. Qui plus est, sur un plan conceptuel, rien n'interdit de penser que si ce n'était Al Qaïda ce pourrait être un autre groupe, tout aussi déterminé et peut être encore plus dangereux, car l'innovation est ici sans limite, grâce aux facilités à communiquer ou encore à se procurer des armes de destruction toujours plus puissantes. Aussi, quel que soit notre degré de préparation, **la solution passe en tout premier lieu par le refus catégorique et inconditionnel de céder au chantage pour ne pas être les victimes expiatoires de notre propre lâcheté, par l'absolue conviction dans les valeurs et dans les principes qui nous animent afin d'opposer la certitude au doute, et surtout par la sainte alliance entre les différentes parties**.

Notre sécurité individuelle ou collective requiert, comme l'intérêt bien compris des Nations et contrairement à ce que certains peuvent clamer, une véritable « Realpolitik »[147], fondée sur le pragmatisme et la détermination, et ayant comme seuls objectifs la promotion et la défense de la démocratie, de la stabilité et de la paix mondiales. Cela exige la capacité de surmonter les différences et les petits égoï smes pour accepter de collaborer efficacement et sacrifier ainsi à l'intérêt commun, car la menace est générale puisque, finalement, c'est la Démocratie et l'Ordre mondial qui sont attaqués. Pour ces raisons, les gouvernements doivent non seulement renforcer leur collaboration afin d'éradiquer le fléau commun (ce qui présuppose une réelle, franche et ouverte coordination des services de renseignement et d'intelligence ainsi que des opérations de police), mais, au-delà, il leur faut surtout réaliser l'union absolue, caractérisée par une totale fermeté et une solidarité dans l'engagement commun et les actions requises, quelle qu'en soit la nature[148].

Face à une menace anti-systémique, la réponse ne peut qu'être systémique, élaborée et appliquée par le système et non par une somme d'individualités mal coordonnées ou, plus gravement encore, aveuglément antinomiques. Point n'est besoin de se livrer à l'auto-flagellation ou de chercher les responsables de décisions passées : il faut gérer les problèmes actuels et s'efforcer d'y apporter des réponses adéquates et communes[149]. La nécessité faisant loi, toutes les réponses doivent être envisagées (même les formes les plus agressives) à l'encontre de ceux qui participent de cette volonté destructrice à laquelle il nous faut impérativement et vivement réagir. Comme le soulignait l'ancien maire de

---

[147] Realpolitik : politique fondée sur les faits matériels et pratiques et non sur des objectifs théoriques ou éthiques.

[148] Commentant la recrudescence de violence au Kosovo, Bernard Kouchner, ancien haut-Commissaire des Nations-Unies au Kosovo, expliquait que ce qui avait fait un temps le « demi succès » de l'intervention au Kosovo c'était l'union de la communauté internationale, alors qu'Américains et Européens étaient ensemble. Séparés ou divisés, ils ne parviennent plus aux mêmes résultats, la paix et la sécurité en étant les premières victimes (propos tenus sur France Culture, le 19 mars 2004).

[149] Selon certains analystes (voir notamment Philip Gordon & Jeremy Shapiro, *Allies at war: America, Europe and the crisis over Iraq*, McGraw Hill, NY, 2004), la décision d'intervenir contre le régime de Saddam Hussein, sans le soutien des "alliés" constituerait une faute rédhibitoire du fait du manque de légitimité dont bénéficierait alors l'opération. Cependant, outre les considérations sécuritaires et d'intérêt national qui, en soi, peuvent légitimer un tel engagement, la faute n'est-elle pas aussi (ou plutôt) dans le camp de ceux qui, pour des considérations de nature souvent ésotériques et fallacieuses, se désolidarisèrent, fragilisant inutilement ainsi l'union du « monde libre et démocratique ». En d'autres termes, si l'unilatéralisme peut être en l'espèce interprété comme une faute tactique, le défaut de solidarité, face à semblable situation, ne constitue-t-il pas, quant à lui, une erreur stratégique grave ?

New-York, Rudolph Giuliani, aux lendemains des attentats du 11 septembre, « l'ère du relativisme moral entre ceux qui pratiquent ou excusent le terrorisme, et les nations qui se dressent contre lui, doit prendre fin. Le relativisme moral n'a pas sa place dans ce discours ni dans ce débat. [...] Rappelez-vous le premier ministre Neville Chamberlain qui, armé de ses seules bonnes intentions, négociait avec les nazis pour revenir avec le ferme espoir d'avoir sauvé la paix. La vague de terreur déchaînée par Hitler était en fait sortie encouragée par ces tentatives d'apaisement. Au coût de millions de vies, nous avons appris que les mots, même s'ils sont importants, restent insuffisants pour garantir la paix. Seule compte l'action »[150].

Avec le super-terrorisme, la guerre est inévitablement totale, ou ne sera pas ! Et dans ce cas, comment imaginer défendre nos sociétés face à une telle menace ?

UN FOSSE STRATEGIQUE ENTRE LES DEUX RIVES DE L'ATLANTIQUE ?

Le danger auquel sont exposés la démocratie et le système mondial exige, on l'a compris, l'union totale et sans partage de la communauté internationale, au-delà des différences et divergences stratégiques, politiques ou culturelles, et des polémiques inutiles. Par-dessus tout, les démocraties se doivent d'être solidaires ! Et cela non seulement dans la compassion, mais aussi dans l'action. Parce que le monde est en marche, parce que la mondialisation façonne la société planétaire à la vitesse du progrès technologique, il nous appartient au premier chef d'assurer que celle-ci soit fondée sur les principes de démocratie et de liberté et non sur la crainte, la terreur, et le renoncement. **Le combat est en fait celui de la démocratie mondiale contre les forces théocratiques et totalitaires qui voudraient s'imposer pour se globaliser à leur tour**. Notre responsabilité est collective et générale, et passe par l'engagement déterminé de chacun,

[150] "You're Either with Civilization or with Terrorism", Discours du Maire de NY devant les Nations-Unies le 2 octobre 2001, *PoliticsOL.com*, NY. (traduction de l'auteur)

indépendamment de toute considération autre que l'intérêt général de l'humanité et des générations futures.

Dans la société mondialisée, il est exclu de vivre ou survivre en faisant fi des autres membres de la communauté planétaire. Notre sécurité, notre survie imposent une nouvelle vision, où les affaires des autres sont aussi nos affaires, du moins quand les intérêts vitaux sont concernés. Le débat entre les deux rives de l'Atlantique sur l'attitude à adopter et sur la réalité du système international et des questions sécuritaires qui en découlent, témoigne d'une très profonde différence quant au positionnement de chacun face aux responsabilités actuelles et à l'histoire plus que d'une opposition idéologique. Comme l'a fort bien exprimé Robert Kagan dans un ouvrage qui fit polémique sur le vieux continent : « L'Europe entre dans un paradis post-historique de paix et de prospérité relative, réalisant ainsi la 'paix perpétuelle' d'Emmanuel Kant. Cependant, les Etats-Unis restent embourbés dans l'histoire, exerçant le pouvoir dans un monde anarchique hobbesien où lois et règles internationales ne sont pas sûres, et où la vraie société, la défense et la promotion de l'ordre libéral dépendent encore de la possession et de l'utilisation des moyens militaires » [151]. A y regarder de près, et quoique la chose puisse être amère, les arguments selon lesquels la division entre Européens et Américains reposerait sur la différence qui stigmatise leurs réalités géopolitiques (et leur puissance) respectives sont recevables.

Le fossé stratégique qui divise l'Atlantique est à l'évidence le résultat de l'asymétrie profonde qui partage les deux rives, et celle-ci est totale : économique et financière, technologique et scientifique, militaire et diplomatique[152], et même culturelle si l'on se réfère aux moyens de communication et d'information à disposition des protagonistes[153]. **Première puissance mondiale, unique par ses capacités technologiques, économi-**

[151] Robert Kagan, *Of Paradise and Power : America and Europe in the New World Order*, Knopf, NY, 2003, p. 3. (traduction de l'auteur)

[152] La question de l'asymétrie des puissances et le concept d'hyperpuissance seront développés plus loin. Notons cependant que, malgré les prétentions des puissances européennes et leur contentement devant les conséquences néfastes de la stratégie unilatérale de l'Amérique sur sa diplomatie, force est de reconnaître que celle-ci reste prééminente face la diplomatie européenne.

[153] Fournisseurs d'accès Internet et utilisateurs, agences de communication, réseaux et couverture satellitaire…

ques et militaires, l'Amérique est naturellement poussée à agir pour préserver et maintenir l'ordre international, dont la stabilité est déterminante pour préserver ses intérêts et sa sécurité. Parce qu'elle a conscience que rien ni personne, hormis elle, ne peut assumer cette tâche, elle est logiquement convaincue de ce qu'agir constitue pour elle un devoir sacré. Ses modalités d'intervention dépendront alors de la conjoncture et de l'urgence ou encore de la gravité de la situation. Rappelons les mots du professeur Holsti : « Dans un système international caractérisé par l'absence de contraintes institutionnelles effectives sur l'usage de la force, la sécurité est une valeur limitée. Les responsables de la sécurité nationale acceptent rare-ment de se reposer sur la bonne volonté ou les assurances pacifiques des autres nations pour garantir leur sécurité ; en conséquence de quoi, ils identifient peu d'alternatives à la maintenance et au déploiement de la force militaire »[154].

Aussi, lorsqu'une certaine Europe conteste la méthode et se pose en héraut de la résistance à l'unilatéralisme de l'hyperpuissance, dénonçant au passage la vision manichéenne et messianique de cette dernière, il est permis de s'interroger sur ses motivations profondes : est-elle frappée d'amnésie quant à sa réalité et ses comportements passés, ou est-elle tout bonnement orgueilleuse et jalouse de ce rayonnement qui fut le sien ? Il est en tout cas certain que les Etats-Unis ne regardent pas le monde de la même façon que les Européens ; tout simplement parce que leurs contraintes sont différentes. La position qui est la leur exige qu'ils assument leurs responsabilités, ce qui est d'autant plus facile que personne ne peut sérieusement s'y opposer. Or la défense de la sécurité nationale par quelques moyens que ce soit, tout comme les opérations visant à maintenir la stabilité mondiale, rendent légitime toute stratégie qui voudrait aller dans ce sens. C'est pourquoi il est impossible de lutter contre cet état de choses, le devoir de l'Etat étant de concourir à la défense des intérêts de la Nation, avec les moyens dont il dispose et selon ses capacités.

[154] Kalevi.J. Holsti, *International Politics : a Framework for Analysis*, 3e édition, Prentice-Hall, Englewood Cliffs NJ, 1977, p. 308. (traduction de l'auteur)

Quoi qu'il en soit, victime de son emballement à résister à l'hyperpuissance, l'Europe n'oublie-t-elle pas un peu vite qu'elle vit et profite de l'ordre international tel qu'il est établi aujourd'hui, tout en é tant à l'évidence bien incapable d'en assurer la pérennité. Si la démocratie et le marché sont intimement liés, l'accès aux matières premières stratégiques, sur lesquelles repose le fonctionnement du marché, doit logiquement constituer une priorité absolue. Les démocraties occidentales, qui sont aussi des économies de marché industrielles (ou post-industrielles)[155], parce qu'elles sont nécessairement consommatrices d'énergie et de matières premières stratégiques, ont tout intérêt à ce que soit préservée la stabilité mondiale et le libre accès à ces dernières. La polémique n'a donc pas lieu d'être tant les intérêts fondamentaux des uns et des autres sont proches.

Principale consommatrice d'énergie fossile (le charbon, le gaz et surtout le pétrole représentent 85 % de la consommation énergétique des Etats-Unis), l'Amérique doit absolument préserver le libre accès aux réserves d'hydrocarbure pour garantir sa croissance et, tout simplement, son devenir. Si sa production de pétrole brut couvre un peu plus d'un tiers de sa consommation, les réserves dans le sol américain sont insuffisantes pour prétendre à une quelconque autonomie.

Production U.S. de brut	5.746.000 barils/jour
Importations U.S. de brut	9.140.000 barils/jour
Réserves de brut prouvées, au 31/12/2002	22.677 millions de barils
Réserves stratégiques U.S. de pétrole	599 millions de barils
Part des transports / consommation U.S.	69% (2001)

Département américain de l'Energie (DOE), Données pour 2002 [156]

Or, du fait même de la croissance économique, la consommation énergétique des Etats-Unis ne cesse de croître, et il est fort à parier que la tendance ne soit pas prête à s'inverser malgré les mesures d'économie d'énergie mises en place depuis quelques années. Le secteur des transports, principal consommateur d'hydrocarbures, illustre très bien la réalité d'une économie parfaitement mondialisée où les communications prennent de l'importance à mesure que l'économie renforce son intégra-

[155] La nuance entre les deux concepts fait référence à l'organisation structurelle des économies, plus exactement à la part des secteurs secondaire et tertiaire.
[156] www.eai.doe.gov.

tion au marché mondial. Tant que les avions auront besoin de kérosène, les navires de pétrole, et tant qu'on aura besoin d'avions et de bateaux... La solution réside sans doute dans de nouvelles formes d'énergie, mais on est probablement encore loin de trouver un substitut à l'or noir[157]. L'on comprendra, dans ces conditions, que la question de l'accès au pétrole revêt pour les gouvernements américains, quels qu'ils soient, une véritable et absolue priorité stratégique. Il ne s'agit pas là d'impérialisme gratuit, fait d'un hégémonisme méprisant et mégalomaniaque comme beaucoup veulent le croire, mais tout bonnement de l'avenir économique de la Nation américaine, de sa puissance et de sa survie.

Il faut ici rappeler quelques données fondamentales qui illustrent la réalité économique américaine : l'ALENA (Canada, Etats-Unis, Mexique) ne rassemble que 7 % de la population mondiale mais représente 30,2 % du Produit Mondial Brut et 26,7 % de la consommation mondiale d'énergie (toute catégorie confondue) contre respectivement 14,4 %, 36,2 % et 28,6 % pour l'Europe, Russie incluse (chiffres de 1999). Ce qui signifie que si un Américain consomme deux fois plus d'énergie qu'un Européen, il produit aussi plus que ce dernier[158]. Outre qu'elles mettent en évidence le poids et la puissance de l'économie américaine, ces données montrent parfaitement la dépendance énergétique américaine et, conséquemment, l'importance primordiale de ce secteur.

Le pétrole est donc naturellement au cœ ur des préoccupations stratégiques de l'hyperpuissance, non par simple appétit, mais parce qu'il conditionne l'avenir de la démocratie américaine, comme de la démocratie mondiale. Mais s'il est évident que l'hyperpuissance est motivée par la volonté de préserver ses intérêts (ce qui, soit dit en passant, est ou devrait être le propre de tout gouvernement), il faut aussi se rappeler que ceux de l'Europe y sont liés, et que nous faisons face aux mêmes contraintes obligeant le maintien, pour longtemps encore, de l'ouverture

[157] Toutefois, les recherches en cours permettent d'espérer le développement de nouveaux procédés plus propres, ainsi que de nouveaux moyens technologiques facilitant l'identification de nouvelles réserves et permettant aussi d'améliorer les conditions d'extraction.

[158] *Bases d'une stratégie énergétique pour l'Europe*, Assemblée parlementaire (Rapport de la Commission de la science et de la technologie), Conseil de l'Europe, Strasbourg, Doc.8653, 21 février 2000.

des champs pétrolifères. Enfin, n'oublions pas que les pays en développement et les économies en phase d'industrialisation rapide ont, eux aussi, tout intérêt à la sécurisation du libre accès aux réserves d'hydrocarbures, car leur dépendance en la matière ne cesse de croître, comme le démontre la projection sur le tableau suivant[159] :

Pétrole: exportations du Moyen-Orient par destination (mmb/j) 1995/2020

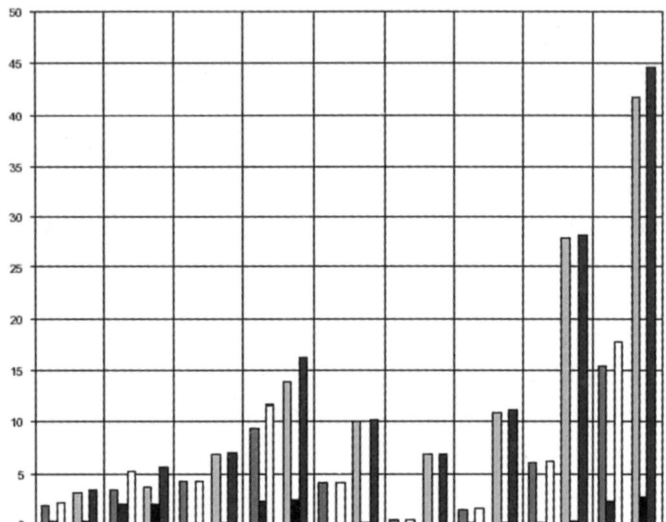

	Amérique du Nord	Europe occ.	NPI d'Asie	Total pays ind.	pourtour Pacifique	Chine	autres PVD	Total PVD	Total monde
Golfe persique 1995	1.8	3.4	4.2	9.4	4.1	0.4	1.5	6	15.4
Afrique du N. 1995	0.3	1.9	0	2.2	0	0	0.1	0.1	2.3
Tot. Moyen-Or. 1995	2.1	5.3	4.2	11.6	4.1	0.4	1.6	6.1	17.7
Golfe persique 2020	3.1	3.8	6.9	13.8	10.1	6.9	11	28	41.8
Afrique du N. 2020	0.3	1.9	0.2	2.4	0.1	0	0.2	0.3	2.7
Tot. Moyen-Or.2020	3.4	5.7	7.1	16.2	10.2	6.9	11.2	28.3	44.6

Total mond. 1995	8.9	11.7	6.1	26.7	5.1	0.6	4.7	10.4	37.1
Total mond. 2020	15.2	12.3	8.5	36.0	11.7	7.5	15.7	34.9	70.9

Ces pays, Chine en tête, sont en effet ceux dont les besoins augmenteront le plus sensiblement au cours des années et décennies futures, et ils seront les plus dépendants et aussi les plus démunis en cas de grave crise énergétique.

[159] Mmb/j : million de baril par jour. Tableau tiré de Anthony H. Cordesman, *Are Energy Wars still possible ?*, Center for Strategic and International Studies, Washington D.C., 1999 (les données proviennent du Département de l'Energie des Etats-Unis).

Enfin, pour dire vrai, quand on connaît l'impact de l'Amérique sur l'économie mondiale, et tout particulièrement sur l'économie européenne, on n'ose imaginer ce qu'il adviendrait en cas de dépression importante affectant l'économie des Etats-Unis du fait d'une carence en hydrocarbures[160]. Ce propos n'a pour but que de démontrer combien l'intérêt bien compris de l'Europe commande que l'Amérique soit en bonne santé… Et l'évidence veut que nous ayons bien plus d'intérêts en commun que de véritables sujets d 'opposition. Nous avons tous besoin de préserver la stabilité et l'ordre mondial ; nous avons en commun les valeurs de démocratie et de liberté ; nous bénéficions ensemble de l'ouverture du marché mondial. Aussi ne faut-il pas se fourvoyer ; au-delà des divergences qui séparent les deux continents, malgré les nuances philosophiques et les écarts de perspectives que nos réalités changeantes imposent parfois, il faut rester conscient des intérêts fondamentaux que, tous, nous partageons. Il est essentiel de résister aux pulsions fratricides pour défendre ensemble le monde dont nous nous réclamons (et que nous voulons parfaire) ainsi que ses piliers : la démocratie et le marché.

La question des Armes de Destruction Massive (ADM)

Prolifération ou désescalade ?

Le thème de la prolifération des Armes de Destruction Massive (ADM) est aujourd'hui récurrent, et inquiète légitimement gouvernements et populations. Il est en effet évident que le devenir de l'humanité est conditionné par notre capacité collective, ou plus exactement celle de nos dirigeants, à gérer ce délicat dossier. Celui-ci s'est d'ailleurs singulièrement compliqué depuis la fin de la guerre-froide et les bouleversements géostratégiques et politiques qui suivirent. En fait, deux problèmes se posent :

---

[160] Les Etats-Unis sont le premier partenaire de l'Union Européenne ; ils représentent 24 % de ses exportations et 18 % de ses importations. Il en va des marchandises comme des services. Cf. www.europa.eu.int, données janvier 2004.

celui de la «quantité» ou de la capacité destructrice dont disposent les principales puissances, et la gestion de leurs stocks ; et celui de la dissémination potentielle à une multitude élargie d'acteurs, rendant la question à la fois plus complexe, plus sensible, et plus difficile à résoudre.

Durant la guerre-froide, l'équilibre stratégique entre les deux super-puissances rivales (par ailleurs engagées dans une véritable course aux armements), et leur capacité mutuelle à s'annihiler, avait paradoxalement imposé une réelle stabilité stratégique fondée sur le principe de la Destruction Mutuelle Assurée (MAD : Mutually Assured Destruction). « L'équilibre de la terreur » devenait le principal garant d'une sécurité mondiale fondée sur la dissuasion, qui s'imposait comme principe absolu aux super-grands. Toutefois, cette impossibilité rationnelle d'user de l'arme atomique contre l'autre ne présupposait en rien l'abandon de la course aux armements (bien au contraire), et ce malgré les périodes de « détente » entre les puissances et la volonté régulièrement affichée de contrôler, voire de réduire cette course entre les deux puissances rivales dont témoignèrent notamment les accords sur la limitation des essais nucléaires ou encore sur la limitation du nombre de missiles balistiques et de vecteurs nucléaires (SALT1 et SALT2 puis les négociations START)[161]. Bien au contraire, la recherche de la supériorité stratégique, motivée par le climat politique international des années 1970-80 (occupation du Cambodge par les troupes de Hanoi – allié de l'URSS – dès Noël 1978, invasion soviétique de l'Afghanistan…), raviva la méfiance envers la partie adverse et alimenta la détermination du Président Reagan à gagner la course poursuite technologique, notamment avec le Programme d'Initiative Stratégique (Star War), ce qui ne fit qu'accroître la pression sur Moscou plus que jamais résolu à développer son pro-

[161] Traité d'interdiction partielle des essais nucléaires (1963, multilatéral) , interdisant toutes les explosions nucléaires atmosphériques, extra-atmosphérique, et sub-aquatique ; traité ABM (1972, USA-URSS) interdisant le déploiement de missiles anti-missile (antibalistic missiles) afin de ne pas permettre qu'une partie protège ces centres vitaux au risque de déstabiliser l'équilibre stratégique ; accord SALT1 (1972, USA-URSS), limitant le nombre de missiles balistiques intercontinentaux (ICBM) et lancés par des sous-marins (SLBM) ; accord SALT2 (USA-URSS, signé par le président Carter, mais jamais ratifié), limitant le nombre de vecteurs nucléaires (SLBM, ICBM et bombardiers) à 2400 ; START1 & 2, traités sur la réduction des armes stratégiques – intercontinentales – (négociations entamées au début des années 1980, le traité ne fut toutefois signé qu'en 1991 et 1993 ; START2 ne fut ratifié par la Russie qu'en avril 2000).

gramme militaire[162]. La conclusion en fut l'épuisement du plus faible, l'URSS, jusqu'à son implosion politique, résultat direct de la course aux armements et des difficultés économiques que celle-ci généra pour Moscou, implosion qui devait constituer une victoire « personnelle » pour Ronald Reagan, même si elle survint après la fin de son second mandat.

La dissolution du Pacte de Varsovie et la désintégration de l'Union soviétique aboutirent à la fin définitive de la guerre-froide et à la désinflation des priorités sécuritaires en Russie, cette dernière étant par ailleurs fortement encouragée en ce sens par ses contraintes économiques. Le système international entrait dans un nouvel ordre géopolitique caractérisé par la primauté exclusive de la puissance américaine (révélée militairement, stratégiquement et diplomatiquement lors de la première guerre du Golfe), mettant un terme définitif à la structure bipolaire ainsi qu'à l'équilibre stratégique. Toutefois, de nouveaux enjeux devaient s'affirmer, avec notamment l'aggravation du risque de prolifération des armes de destruction massive. En effet, la situation économique et sociale critique des ex-républiques soviétiques et l'implosion de l'Etat bolchevique décuplèrent les probabilités de voir certains céder à la tentation de vendre des matériaux fissibles, et des équipements ou technologies nucléaires aux plus offrants.

Très vite, donc, s'est posé le problème du contrôle et de l'interdiction de toute possibilité de voir se multiplier les Etats possédant la bombe. Déjà, à l'époque de la guerre-froide, et malgré l'évidente supériorité stratégique des deux super-grands, le club des puissances nucléaires s'était progressivement élargi : première puissance à posséder l'arme nucléaire dès 1945 (bombe A, utilisant l'énergie de la fission, puis en 1952 la bombe à hydrogène, dite thermonucléaire), les Etats-Unis furent rejoints par l'Union soviétique (1949 : bombe A ; 1953 : bombe H), la grande Bretagne (1952), la France (1960) et la Chine (1964). D'autres pays rejoignirent plus tard le club, sans toutefois que la chose fut officiellement reconnue : Israël, probablement dès les

---

[162] Curt Gasteeyger, *Les défis de la paix*, Publications de l'Institut Universitaire de Hautes Etudes Internationales, Genève (Presses Universitaires de France), 1986, p. 31. Carl Jacobsen, « Attitudes of the Nuclear Weapon Powers" in J. Goldblat & D. Cox, *Nuclear Weapon Tests, Prohibition or Limitation ?*, SIPRI (Stockholm) & CIIPS (Ottawa), Oxford UP, 1988, p. 300-304.

années 1960, et l'Afrique du Sud qui, après avoir mis au point sa bombe dans les années 1980 a ratifié le Traité de Non Prolifération (TNP) en 1991. En 1998, créant la stupeur du fait du conflit qui les oppose dans la région du Cachemire et des risques d'escalade qui pourraient suivre, l'Inde et le Pakistan déclarèrent presque simultanément procéder à des essais nucléaires, officialisant ainsi leur statut sans pour autant rejoindre le TNP. Dernier Etat parfaitement stalinien, toujours en situation conflictuelle avec le frère du sud et ses alliés américains et japonais, la Corée du Nord est, depuis le début des années 1990, elle aussi, très probablement détentrice de quelques bombes rudimentaires au plutonium ; refusant de se soumettre aux inspections de l'Agence Internationale de l'Energie Atomique depuis cette même époque (1993), elle joue de l'incertitude alimentée notamment par les interrogations sur la finalité réelle de la centrale nucléaire de Yongbyon et par la capacité de ses lanceurs de longue portée[163].

D'autres Etats étaient suspectés de s'intéresser aussi de très près à l'acquisition de telles armes, notamment la Libye, l'Iran et la Syrie, mais l'intervention alliée en Irak en mars 2003 (en partie motivée par ces mêmes raisons) eut clairement le mérite de dissuader ou d'encourager certains d'entre eux à ne pas pousser trop loin l'aventure[164] ; c'est un succès qui, sans être complet ni parfait, n'est cependant pas sans importance, et peut justifier en soi la stratégie préemptive engagée par les Etats-Unis[165]. Les tentatives menées par l'Iran pour enrichir l'uranium, et les manquements à ses obligations de déclaration (dénoncés par l'AIEA), démontrent cependant, malgré les efforts réalisés

---

[163] Selon le Directeur de la CIA, George Tenet, la Corée du Nord aurait effectivement la capacité de lancer un missile balistique (Taepo Dong 2) jusque sur le sol américain (Hawaï, Alaska, Côte Ouest), précisant que Pyongyang posséderait au moins deux bombes au plutonium : *North Korea has ballistic missile capable of hitting U.S.*, CNN.com, 2003 : www.cnn.com/2003/WORLD/asiapcf/east/02/12/us.nkorea.

[164] Après s'être engagée à démanteler son programme militaire nucléaire, la Libye, après avoir annoncé vouloir préserver une capacité nucléaire, a finalement signé en mars 2004 le Protocole additionnel du TNP, permettant aux inspecteurs de l'AIEA de mener des inspections surprises et en profondeur : « Nucléaire : la Libye signe le Traité de non-prolifération », *Radio-Canada.ca*, Radio Canada, Montréal, 10 mars 2004 : radio-canada.ca/nouvelles/international/nouvelles/200403/10/004-lybie-TNP.shtml. La Syrie, quant à elle, a appelé à la création d'une zone dénucléarisée au Moyen-Orient, proposition bien sûr en opposition avec la politique israélienne : Thalif Deen, «Syria calls for Nuclear Free Middle East », *Anti War.com*, 30 décembre 2003.

[165] Bruno Munier, «La politique étrangère de l'hyperpuissance américaine », *Défense Nationale*, Comité d'études de défense nationales, Paris, mai 2003, p. 97-104.

pour une meilleure et plus franche coopération avec l'Agence internationale, la nécessité de stopper la prolifération[166].

Si le risque est loin d'être endigué, il ne faut pas pour autant dénigrer le travail accompli et les succès obtenus, car la lutte contre la prolifération nucléaire est depuis longtemps une priorité des grands (qui, logiquement, ont intérêt à préserver leur monopole) comme de la communauté internationale dans sa grande majorité. Le traité de non-prolifération, conclu dès 1968 et ratifié par la plupart des Etats, interdit théoriquement (et juridiquement) la fabrication et la possession d'armes nucléaires à tout autre pays que les cinq premières puissances nucléaires reconnues (ce qui explique pourquoi l'Inde et le Pakistan n'ont pas été reconnus officiellement à ce titre par les parties au TNP). Ainsi, plusieurs Etats possédant la capacité technologique à développer la bombe s'y sont-ils refusés (Canada, Suède, Suisse, puis Taïwan, et Corée du Sud, dans les années 1970, et enfin Argentine et Brésil dans les années 1980) sans oublier les interdits constitutionnels s'imposant aux vaincus de la seconde guerre mondiale : Japon et Allemagne. Par ailleurs, de nombreuses régions se sont déclarées « zones dénucléarisées », interdisant de ce fait la production et la détention d'armes nucléaires sur les territoires couverts par les traités (on se rappelle le gouvernement néo-zélandais qui refusait les escales aux bâtiments américains susceptibles d'embarquer de tels équipements) : traité de Tlatelolco (1967) enveloppant l'Amérique latine et les Caraïbes, traité de Rarotonga dans le Pacifique Sud (1985), traité de Bangkok (1995) en Asie du Sud-Est (ASEAN), traité de Pelindaba, pour l'Afrique (1996). Ces traités couvrent 45 % de la surface terrestre et l'intégralité de l'hémisphère Sud[167]. Par ail-

[166] « UN sees signs Iran may have tried to make bomb-grade uranium », *KeepMedia*, AFP 13 mai 2004 : www.keepmedia.com/pubs/AFP/2004/05/13/467636 ; le Directeur général de l'AIEA soulignait toutefois, le 25 février 2004 : « Nous avons vu une bonne coopération de l'Iran particulièrement concernant l'accès aux sites. J'aimerais, cependant, que l'Iran communique ses informations plus promptement. Nous avons cependant fait de réels progrès dans notre compréhension du programme nucléaire iranien. La révélation du projet de centrifuge P2, que l'Iran n'avait pas déclaré dans son rapport, fut toutefois une déconvenue. J'espère que ce sera la dernière fois » (traduction de l'auteur) : IAEA and Iran, février 2004, Agence Internationale de l'Energie Atomique, Vienne : www.iaea.or.at/NewsCenter/News/index.html.

[167] Marco Roscini, « Quelques remarques sur l'interdiction de stationner d'armes et de dispositifs nucléaires dans les zones dénucléarisées », *Actualité et Droit International*, RIDI.org (Réseau Internet pour le Droit International), Asnières, 2001 : www.ridi.org/adi/200103a1.htm

leurs, la bruyante polémique que souleva la reprise des essais nucléaires français dans le Pacifique, au début du premier mandat présidentiel de monsieur Jacques Chirac, illustre si besoin était l'engagement des peuples contre le risque nucléaire.

Il faut aussi souligner que, depuis la fin de la guerre-froide, les grandes puissances nucléaires, Etats-Unis et Russie, se sont engagées dans un véritable processus de réduction significative de leur arsenal nucléaire respectif (START 1 et 2, et surtout le traité SORT, signé en 2002 par les présidents Bush et Poutine, qui engage une réduction sous dix ans des deux tiers des ogives possédées respectivement par les deux parties). Si le geste satisfaisait aux contraintes économiques de la fédération de Russie, comme nous l'avions précédemment remarqué, il faut tout de même en saluer l'intérêt et souligner son importance qui témoigne de la volonté et de la responsabilité des puissances, et notamment, aussi, de la première d'entre elles[168]. Enfin, la question des puissances nucléaires « résiduelles », héritières de l'ex URSS (10 nouvelles républiques indépendantes possédaient ainsi sur leur territoire des armes nucléaires tactiques, dont trois avaient des armes stratégiques : l'Ukraine, le Kazakhstan et la Biélorussie) fut quant à elle somme toute rapidement réglée sous le joug des pressions économiques et politiques engagées par les Etats-Unis et la Russie, aidées en cela par la communauté internationale (notamment l'Union Européenne)[169]. Dès 1992 en effet, ils acceptèrent les injonctions du Conseil de sécurité des Nations- Unies les appelant à expatrier vers la Russie leurs armes tactiques et à démanteler leurs équipements.

Pour ce qui est du risque de l'utilisation de l'arme nucléaire par une puissance belligérante, il faut reconnaître que malgré les inquiétudes alimentées par les tensions frontalières entre l'Inde et le Pakistan, malgré les menaces chinoises contre toute velléité d'indépendance de la part de Taï wan (toujours officiellement partie du territoire chinois), et malgré l'hostilité arabe à l'encontre d'Israël, les probabilités d'un conflit nucléaire restent extrêmement faibles (ce qui n'enlève bien évidemment rien à l'aspect purement insoutenable d'une telle éventualité). En

[168] Voir le tableau sur 'les arsenaux des puissances nucléaires'.

[169] Philippe Jurgensen, *L'erreur de l'Occident face à la mondialisation*, Odile Jacob, Paris, 2004, p. 175-176.

effet, tous les détenteurs de l'arme atomique n'ont pas nécessairement à leur disposition de lanceurs très performants et restent encore dépendants de technologies « rudimentaires » réduisant ainsi leur puissance de feu, ou plus exactement leur capacité stratégique. Enfin et surtout, l'utilisation d e l'arme « suprême » porterait selon toute vraisemblance beaucoup plus de préjudices que de bénéfices à celui qui s'y emploierait, nonobstant les représailles probables, instaurant depuis la fin de la seconde guerre mondiale une sorte de moratoire tacite. Aujourd'hui, dans un univers où la réussite dépend de la stabilité et de l'intégration au marché mondial, l'utilisation d'une telle arme par une Nation contre l'un de ses voisins paraît hautement improbable, sauf à imaginer une perte de contrôle sur l'appareil et le système décisionnels, ou la prise du pouvoir par des groupes terroristes incontrôlables et capables d'imposer leurs volontés à l'appareil militaire. Même si elles sont extrêmement faibles, les probabilités ne sont pas inexistantes , mais elles renvoient alors à une autre dimension : celle du terrorisme, et de sa possible relation avec l'arme nucléaire. Hormis cela, l'intérêt stratégique de l'arme nucléaire demeure éminemment dissuasif du fait même de son horrifiante potentialité destructrice.

Les arsenaux des puissances nucléaires « officielles » (2002) [170]
USA-Russie : le traité SORT, signé en mai 2002 par les présidents Bush et Poutine, impose une réduction respective en dix ans du nombre d'ogives nucléaires des deux tiers, passant pour chacune des deux parties de 6000 actuellement à un chiffre situé entre 1700 et 2200.
USA : 432 SLBM (missiles balistiques intercontinentaux embarqués à bord de 18 sous-marins stratégiques ; ogives à tête multiples) 550 ICBM (missiles balistiques intercontinentaux déployés dans des silos ; ogives à têtes multiples) 208 bombardiers lourds à long rayon d'action emportant des missiles de croisière
Russie : 324 SLBM (embarqués à bord d'une vingtaine de sous-marins stratégiques ; ogives à têtes multiples) 776 ICBM (déployés dans des silos ou sur des lanceurs mobiles ; ogives à têtes multiples)

[170] Institut International Stratégique de Londres (IISS) – AFP, Paris : *Les arsenaux des puissances nucléaires « officielles »* : www.sortirdunucléaire.org/mai2002/afp240502.htm

Chine :	12 SLBM (déployé à bord d'un sous-marin) 20 ICBM 100 IRBM (missiles balistiques de portée intermédiaire)
France :	64 SLBM (embarqués dans 4 sous-marins stratégiques ; têtes multiples)
GB :	58 SLBM (embarqués dans 4 sous-marins stratégiques ; têtes multiples)
Inde :	60 IRBM (portée : 2400 km)
Pakist. :	25 IRBM (portée : 1500 km)
Israël :	estimations = une centaine d'ogives nucléaires

Super terrorisme et ADM

Reste donc, une fois encore, la délicate et cruciale question du super-terrorisme, qui rend le problème de la prolifération éminemment plus délicat, difficile et urgent à régler. La question de l'acquisition possible d'armes de destruction massive (ADM) par des groupes organisés de fanatiques, quelles que soient par ailleurs leurs motivations, se pose avec acuité depuis les événements du 11 septembre 2001. Jusqu'alors, en effet, la plupart des experts estimaient impossible pour un groupe terroriste de mettre au point une quelconque arme nucléaire sans l'aide d'un gouvernement acquis à sa cause. Il est cependant aujourd'hui admis qu'un groupe comme Al Qaïda puisse utiliser une arme nucléaire improvisée (Improvised Nuclear Device) assemblée sur le lieu choisi comme cible, à partir d'uranium hautement enrichi (UHE)[171]. En effet, si l'on ne peut concevoir la réalisation d'une bombe au plutonium sans l'implication d'un Etat, l'UHE est quant à lui bien plus facile à manipuler et peut être utilisé pour la fabrication d'armes par de telles organisations terroristes. Bien que techniquement moins puissante que la bombe au plutonium, le risque reste proprement inacceptable (quoique non utopique) compte tenu de la puissance destructrice malgré tout considérable d'une telle arme (les bombes d'Hiroshima et de Nagasaki étaient faites à partir d'uranium)[172].

---

[171] Voir notamment l'étude exhaustive commandée par le Nuclear Threat Initiative et réalisée par le Projet sur la gestion de l'Atome, J. F. Kennedy School of Government, de l'Université Harvard : Matthew Bunn, Anthony Wier, *Securing the Bomb: an Agenda for Action*, Harvard University, Cambridge Mass., mai 2004, p. 10-29 : www.nti.org

[172] William C. Potter, Charles D. Ferguson, Leonard S. Spector, « The Four Faces of Nuclear Terror And the Need for a prioritized Response », *Foreign Affairs*, Council on Foreign Affairs, Washington, mai-juin 2004, 2 p. : www.foreignaffairs.org

Le principe de précaution justifie donc ici toute stratégie propre à permettre une lutte efficace pour tenter d'éradiquer le risque. Aucun argument contraire, qu'il soit juridique, politique ou philosophique, n'est ici recevable, et les réponses doivent bien évidemment être adaptées aux enjeux : la négociation ou la contrainte diplomatique ou économique lorsque la chose est possible ; l'action « préemptive » lorsque jugée nécessaire. Ici encore, malgré les restrictions du droit international public, la responsabilité devant les risques et enjeux modernes en imposent autrement ! Comme le soulignent Lee Feinstein et Anne-Marie Slaughter : « Maintenir la paix et la sécurité mondiale au XXIe siècle implique que les Etats soient proactifs plutôt que réactifs »[173]. La communauté internationale doit donc se mobiliser en adaptant en urgence des règles juridiques aujourd'hui désuètes et dangereuses, cela en renforçant son engagement vers une collaboration active, non seulement sur le plan diplomatique mais aussi, si besoin est, militairement. En cas contraire, et poussant le raisonnement, comment justifier objectivement le rejet d'actions unilatérales si la sécurité est à ce prix ? **Compte tenu de la gravité des risques encourus, le devoir de prévention s'impose à l'inaction, car celle-ci serait indubitablement coupable, quelles que soient les justifications que l'on voudrait y apporter.**

Or la prévention peut signifier l'exigence d'interventions militaires contre les « Etats voyous » afin de les désarmer, ou, bien évidemment, contre les bases ou toutes les autres cibles terroristes. Ces considérations ne se limitent d'ailleurs pas à la seule question des armes nucléaires mais s'étendent, bien entendu, à l'ensemble des armes de destruction massive, incluant notamment par leur grande maniabilité les armes chimiques. Le bioterrorisme reste quant à lui «un processus compliqué, risqué et aléatoire », comme l'illustre les échecs successifs de pulvérisation de toxine butolique par la secte japonaise Aum, qui s'est finalement retranchée dans l'utilisation du sarin, un gaz chimique,

---

173 Lee Feinstein est directeur du programme Washington du Conseil des relations étrangères (Council on Foreign relations), et Anne-Marie Slaughter est Doyenne de l'école des affaires publiques et internationales à l'Université Princeton, et présidente de la société américaine de droit international ; in « A Duty to Prevent », *Foreign Affairs*, Council on Foreign Affairs, Washington, janvier-février 2004, 7 p. (traduction de l'auteur).

dans le métro de Tokyo. L'attentat biologique demeure cependant une hypothèse que l'on n e peut ni ne doit rejeter, sachant notamment que «l'abondance, le polymorphisme, les capacités évolutives font [des] virus "les seuls compétiteurs de l'humanité" »[174], et que l'intérêt de groupes comme Al Qaïda pour la chose ne saurait être ignoré. Allant en ce sens, la résolution 1367 (2004) de l'Assemblée parlementaire du Conseil de l'Europe stipule que « compte tenu des conséquences possibles de la menace bioterroriste sur les populations, il serait déraisonnable de la sousestimer ; il convient donc pour les Etats de se préparer au pire »[175]. C'est pourquoi, ici comme ailleurs, la stratégie doit être proactive et, si possible, fondée sur l'union et la plus grande et totale collaboration, notamment en matière d'intelligence et de partage de l'information, mais aussi, le cas échéant, d'action sous forme d'intervention militaire préventive[176].

Revenant à la question nucléaire, un certain nombre de mesures doivent être appliquées avec une extrême rigueur tant sur les plans diplomatiques que juridiques. Ainsi faut-il non seulement (1) veiller avec la plus grande célérité au respect de l'interdiction de toute prolifération d'armes nucléaires auprès de tout nouveau pays susceptible d'en faire l'acquisition ou de mettre en place un programme d'élaboration pour la fabrication de telles armes, mais aussi (2) imposer un contrôle extrêmement strict de tous les sites nucléaires civils, voire interdire la création de nouvelles centrales (particulièrement en ce qui concerne les Etats « peu fiables » susceptibles d e recycler le plutonium à des fins militaires), et enfin (3) agir avec diligence pour renforcer la sécurité et l'élimination des stocks d'uranium hautement enrichi (UHE).

[174] Claude Barès, Chef du Service de santé de la force d'action navale, citant le Dr. Lederberg (prix Nobel de médecine à deux reprises), « Bioterrorisme et risque biologique », *Défense Nationale*, Comité d'études de défense nationale, Paris, juillet 2004, p. 97.

[175] *Bioterrorisme : une menace sérieuse pour la santé des citoyens*, Résolution 1367 (2004) 1, Assemblée parlementaire, Conseil de l'Europe, Strasbourg, 2004 : assembly.coe.int.

[176] Bien évidemment, la stratégie contre le risque bioterroriste, comme en matière nucléaire ou chimique, ne saurait se limiter à cette seule dimension préventive (qui doit aussi prendre en compte la formation des citoyens et la mise en place d'une culture de défense) pour inclure aussi un système d'organisation de la gestion de l'urgence (à l'image du plan Biotox en France) et de la désinfection ; cf. Claude Barès, « Bioterrorisme et risque biologique », *Défense Nationale*, Comité d'études de défense nationale, Paris, juillet 2004 ; voir aussi le document détaillé concernant la stratégie américaine pour faire face à la menace : « Bioterrorism : Preparedness Varied across State and Local Jurisdictions », *Report to Congressional Committees*, United States General Accounting Office, Washington DC, avril 2003, GAO-03-373.

Il est donc prioritaire de sécuriser les sites, notamment de l'ex-URSS, et de rapatrier au plus vite les stocks d'UHE éparpillés dans l'ex-zone d'influence soviétique, ou encore au Moyen-Orient. Des actions en ce sens ont certes été réalisées depuis l'effondrement de l'URSS grâce, notamment, à la collaboration américano-russe et aux financements occidentaux[177], mais la gravité de la situation et la prise de conscience depuis le 11 septembre 2001 exigent d'aller beaucoup plus vite et plus fort. L'Initiative américaine pour la réduction de la menace mondiale (Global Threat Reduction Initiative – GTRI), présentée le 26 mai 2004 et saluée par le *directeur* de l'Agence Internationale de l'Energie Atomique, Dr. Elbaradai, va dans cette direction[178] :

Initiative pour la réduction de la menace mondiale *présentée par le secrétaire américain à l'énergie le 26 mai 2004*
rapatrier en coopération avec Moscou la totalité d'UHE d'origine russe d'ici fin 2005, ainsi que les déchets nucléaires (2010)
accélérer le rapatriement complet de déchets nucléaires produits par des réacteurs d'origine américaine
encourager la conversion des réacteurs utilisant l'UHE vers l'utilisation d'uranium faiblement enrichi
renforcer la coopération avec environ 40 pays pour améliorer la sécurité et le contrôle des risques radiologiques de tout matériel susceptible d'être utilisé (bombe sale)

Enfin, le Pakistan, et la sécurité de son dispositif nucléaire, constitue une dernière question qui interpelle et qui conduit à conclure en l'urgence d'une collaboration internationale renforcée ainsi qu'en la nécessité d'intervenir pour prévenir le danger (sous forme de coopération avec l'autorité gouvernementale tant que la chose reste possible, bien sûr.) Les informations selon lesquelles le père de la bombe pakistanaise, Abdul Kader Khan,

---

[177] Fin 2003, 70 % des sites russes où se trouvent des armes ou des matériaux nucléaires nécessaires à leur fabrication, concernés par la coopération avec le Département américain de l'énergie, ont été sécurisés ; cependant, des progrès sérieux restent à faire en ce qui concerne le complexe de défense de l'Agence Fédérale russe de l'Energie Atomique (MINATOM) ; au total, 22 % du matériel nucléaire russe utilisable pour fabriquer des bombes avait été sécurisé fin 2003, contre 17 % en 2002 : Matthew Bunn, Anthony Wier, *Securing the Bomb : an Agenda for Action*, Harvard University, Cambridge Mass., mai 2004, p. 46 : www.nti.org.

[178] « IAEA Welcomes US New Global Threat Initiative », IAEA Staff Report, AIEA, Vienne, 27 mai 2004 : www.iaea.or.at/NewCenter/News/2004/GTRI_Initiative.html ; « Remarks prepared for Energy Secretary Spencer Abraham », *Energy.gov*, US Department of Energy, Washington, 26 mai 2004 : www.doe.gov/content.do?
PUBLIC_ID=15949&BT_CODE=PR_SPEECH&TT_CODE=PRESSSPEECH

aurait longtemps et secrètement dirigé un trafic international fournissant des équipements et matériaux nucléaires à la Corée du Nord, à la Libye et à l'Iran, le lien fort entre les ex-Talibans, Al Qaï da et les milieux intégristes locaux, et les tentatives d'assassinat contre le président pakistanais par des groupes terroristes, peuvent effectivement inquiéter la communauté mondiale et doivent attirer l'attention et stimuler la détermination des responsables internationaux[179].

On l'aura compris, plutôt que des phantasmes irrationnels et inutiles, la question nucléaire et, au-delà, les risques engendrés par la prolifération d'armes de destruction massive imposent à la communauté internationale une attitude à la fois pragmatique et ferme, fondée sur l'engagement résolu à ne permettre sous aucun prétexte la survenance de l'inacceptable. Il serait irresponsable et franchement intolérable, en effet, de s'abriter derrière de faux arguments selon lesquels «personne n'oserait utiliser des armes aussi abominables». Les attentats contre les tours du World Trade Center de New York, ainsi que ceux de Bali ou de Madrid, devraient nous convaincre du contraire et de l'absolue détermination de ces groupes extrémistes pour qui la vie d'individus ne compte pas, pas plus celle de milliers voire de dizaines de milliers d'hommes, de femmes que d'enfants. Aussi la lutte contre ce fléau doit-elle légitimement constituer une priorité absolue, résolue et inconditionnelle. Elle justifie et exige que l'on s'appuie sur tous les moyens disponibles, qu'ils soient diplomatiques ou répressifs, qu'ils reposent sur une collaboration multilatérale déterminée ou sur l'engagement unilatéral de l'hyperpuissance en cas d'impossible union, la première hypothèse étant de toute évidence largement préférable à la seconde, dans l'intérêt de tous et de la sécurité mondiale.

---

179 Matthew Bunn, Anthony Wier, *Securing the Bomb : an Agenda for Action*, Harvard University, Cambridge (Mass.), mai 2004, p. 38 : www.nti.org

DEUXIEME PARTIE

QUELLE GOUVERNANCE MONDIALE ?

> *« La gouvernance requiert l'exercice du pouvoir, et nous vivons encore dans un monde où (suivant Max Weber) les gouvernements sont toujours les seules institutions ayant la légitimité de l'usage de la force afin de satisfaire un objectif social ou pour faire respecter un accord ». «Le système international est anarchique. Pour la plupart des réalistes, anarchie signifie l'absence d'une autorité légitime à laquelle sont subordonnés les Etats souverains et y portent allégeance. Si une telle autorité était établie, la nature anarchique des affaires internationales, comme la perçoivent les réalistes n'existerait plus, et la différence fondamentale entre affaires intérieures et internationales* [nous dirions plutôt ici : globales], *soit la présence ou l'absence d'une autorité, disparaîtrait »*[180].

Certains, sur les pas d'Emmanuel Kant, rêvent d'un monde fondé sur une organisation « fédérale » unissant les Nations, et d'une dynamique multilatérale s'imposant aux intérêts égoï stes des Etats par l'affirmation d'un droit universel et transcendant où l'usage de la force serait définitivement aboli. Le philosophe fonde son projet de « paix perpétuelle » sur l'idée selon laquelle la paix ne peut être que durable ; pour cela, elle doit donc reposer sur des conditions précises imposées par le Droit, comme le respect de la territorialité et de la souveraineté des Etats, le bannissement de toute pratique égoï ste et « machiavélique », ainsi que « l'abolition des armées permanentes »[181]. Le rêve est beau, et peut-être un jour sera-t-il réalité ; mais pour l'heure, la chose est utopique, et ne pas le comprendre, ou feindre de l'ignorer, est une bien coupable et fort dangereuse attitude. Quelles que soient les mutations qui affectent le système et l'Ordre mondial, et malgré ses effets considérables sur le sens et le rôle de l'Etat moderne, celui-ci reste toutefois encore l'acteur prépondérant sur la scène internationale ; de ce fait, la compétition que se livrent les Etats ou les rivalités qui les opposent ne sont pas encore chose du passé, malgré la collaboration croissante (et nécessaire) qui les unit. A cela s'ajoute l'affirmation d'autres acteurs, ainsi que la multiplication d'accords, traités et organisations à caractère souvent régional ou global qui renforcent considérablement la complexité du système mondial.

---

[180] Robert Gilpin, «A Realist Perspective on International Governance », in David Held & Anthony McGrew, *Governing Globalization : Power, Authority and Global Governance*, Polity, Cambridge (GB), 2003, p. 238 & 240. (traduction de l'auteur)
[181] Emmanuel Kant, *Projet de paix perpétuelle*, Hachette, Paris, 1998, section 1-3.

Chapitre 5

UN MONDE GLOBAL

LE « SECOND AGE DE LA MODERNITE »

La mondialisation, par les mutations rapides et profondes qu'elle impose à la société, suscite l'évolution de son organisation, de ses règles et principes. La «société moderne» originelle, telle qu'on la conçoit encore, s'est développée en Europe après la Renaissance ; ses fondements, parfaitement décrits et expliqués par des auteurs tels qu'Adam Smith, reposaient sur le lien étroit qui devait s'affirmer avec le temps entre l'Etat et la société, le premier étant responsable de l'organisation politique, du contrôle et de la défense de celle-ci[182]. Territoire géographiquement limité et cohérent, l'Etat, dont les éléments constitutifs essentiels sont bien connus (territoire, population, gouvernement, et principe de souveraineté), se fonde effectivement sur le lien particulier qui l'unit à une société définie. De nature juridique – le principe de citoyenneté créant des droits et devoirs respectifs prescrits par la loi – la relation qui lie l'Etat «moderne» à la population (la société) est aussi fondée sur des critères sociopsychologiques et affectifs reposant sur une communauté historique et de destin, souvent cimentée sur l'unité linguistique et culturelle : la Nation. Le lien Etat-Nation est une invention relativement récente dans l'histoire de l'humanité, puisqu'il exige au préalable l'affirmation ou l'émancipation de la population concernée, qui se définira désormais comme unité cohérente et active et non comme simple sujet d'une puissance tenant sa légitimité du pouvoir divin, du droit héréditaire ou de la force.

---

[182] Adam Smith définit ainsi les principaux devoirs du souverain ou de la République, cadrant ainsi les fonctions de l'Etat et sa relation avec la Nation : « le premier devoir du souverain, celui de protéger la société contre la violence et l'invasion d'autres sociétés... [...] Le second devoir du souverain, celui de protéger, autant qu'il est possible, chacun des membres de la société contre l'injustice ou l'oppression de tout autre membre de cette société, c'est-à-dire le devoir d'établir une administration de justice [...] Le troisième et dernier devoir du souverain ou de la République est celui d'élever ou d'entretenir ces ouvrages et ces établissements publics dont une grande société retire d'immenses avantages mais qui sont néanmoins de nature à ne pouvoir être entrepris ou entretenus par un ou quelques particuliers, attendu que, pour ceux-ci, le profit ne saurait jamais leur en rembourser la dépense », *Recherches sur la nature et les causes de la richesse des Nations, vol. II, (Livre V)*, Flammarion, Paris, 1991, p. 313, 331, 345.

Toute société étant par définition spécifique (le principe constitutif d'une société reposant sur l'élaboration de fondements distinctifs qui lui permettront d'affirmer un caractère identitaire et de se démarquer des autres), le lien qui l'unit à l'Etat, renforcé par l'idée de Nation et le principe de souveraineté[183], détermine donc le principe et le fonctionnement des « relations internationales » de l'époque moderne. La communauté internationale ne peut alors qu'osciller entre l'organisation fondée sur l'ordre juridique inter-étatique (Hugo Grotius) et le chaos construit par le choc des égoï smes et des intérêts nationaux particuliers (Thomas Hobbes)[184].

Si la première guerre mondiale mit en relief l'urgence de mieux organiser le système pluri-étatique autour de la notion de sécurité collective globale, il fallut cependant attendre la seconde guerre mondiale pour qu'un véritable système de sécurité collective et de coopération globale soit mis en place à l'échelle mondiale avec la participation de tous (ou de tous ceux qui, du moins, en avaient alors la capacité, leur souveraineté étant dûment reconnue). Certes, la guerre-froide devait paralyser en partie l'efficacité fonctionnelle du système multilatéral mis en place autour des Nations-Unies (de nombreuses décisions et propositions d'action étant bloquées par l'utilisation du veto par l'une des grandes puissances, membre permanent du Conseil de sécurité). L'ordre mondial reposait alors plus sur un système d'alliances, qui s'équilibraient et sur la crainte « stabilisante » du principe de la destruction mutuelle assurée, que sur une véritable synergie multilatérale. Toutefois la mondialisation (en magnifiant de manière systémique les interactions et interdépendances liant les Etats) et la fin de la guerre-froide (mettant un terme au système bipolaire) contribuèrent à atténuer sensiblement les divi-

---

183 « La souveraineté se manifeste dans l'ordre interne (pouvoir d'auto-organisation et pouvoir de commandement) comme dans l'ordre externe (indépendance et égalité de l'Etat par rapport aux autres Etats) » : J-C Masclet & J-P Valette, *Droit constitutionnel et institutions politiques*, Dalloz, Paris, 1997, p. 53.

184 Théoricien de la "guerre juste", Hugo Grotius (1583-1645) est considéré comme l'un des pères du Droit international, arguant du principe du droit à l'auto défense et organisant la paix sur les relations contractuelles entre les parties ; cf. *Le droit de la guerre et de la paix*, PUF, Paris, 1999. En ce qui concerne Thomas Hobbes (1588-1679), et quoi qu'il soit difficile de résumer sa pensée philosophique et politique, la citation suivante reflète les fondements de sa contribution théorique : « les hommes vivent sans autre sécurité que ce que celle que leur offre leur propre force et leur propres inventions » in *Leviathan*, Oxford UP, 1998, chapitre XIII. (traduction de l'auteur)

sions du système international pour en accroître la cohérence. Pour autant, cela ne signifiait pas l'unité géopolitique ni stratégique. La réduction ou l'apaisement des antagonismes inter-étatiques ne présuppose pas en effet l'uniformisation des intérêts, des perspectives, ni des moyens. Et le fait est que ce monde reste encore profondément divisé et asymétrique. D'où vient qu'il apparaît souvent comme l'expression d'une pluralité plus que d'une parfaite unité globale ?

La mondialisation a certes bouleversé la réalité géopolitique en globalisant les enjeux et les risques ; le super-terrorisme en est la parfaite illustration, quoiqu'il ne représente qu'une seule dimension de ce qu'il est effectivement convenu d'appeler les risques globaux. En conséquence de quoi, la conceptualisation du risque elle-même doit évoluer, s'élargir, pour intégrer de nouvelles perspectives allant du terrorisme aux mutations climatiques en passant par la prolifération des armes de destruction massive[185]… La mondialisation a en effet provoqué un profond et réel changement des relations internationales, autrefois essentiellement limitées au domaine strictement inter-étatique, et caractérisées par des interactions de nature principalement diplomatiques, stratégiques et économiques. Qui plus est, de nouveaux acteurs s'affirment sur la scène mondiale qui, sans supplanter l'Etat, deviennent cependant incontournables aussi bien dans le débat politique, économique ou sociale que dans la définition des stratégies efficaces. Il s'agit non seulement des nombreuses et diverses organisations inter-gouvernementales (OIG) à caractère global (comme l'ONU, le Fonds Monétaire International, la Banque Mondiale ou l'Organisation Mondiale du Commerce…), régional ou trans-régional (OTAN, Union Européenne, APEC, OPEP…)[186], mais aussi de véritables «nouveaux acteurs», qui ont pour particularité de ne pas relever du domaine public : les entreprises trans-nationales et les organisations non-gouvernementales (ONG) principalement.

Nous rejoignons ici la perspective d'une politique mon-

---

[185] Bruno Munier, "Sécurité mondiale", *Défense Nationale*, CEDN, Paris, Novembre 2003.

[186] Il faut toutefois rappeler que les OIG, par leur nature même, restent jusqu'à ce jour des structures inter-étatiques, et qu'à ce titre elles ne constituent pas une catégorie d'acteurs véritablement distincte de l'Etat.

diale « polycentrique »[187], selon laquelle plusieurs catégories d'acteurs sont en interaction ; mais sans pour autant souscrire à l'idée qui voudrait que l'âge de l'Etat et sa prédominance aient disparu. Simplement, prédominance ne signifie plus exclusivité ; et force est effectivement de reconnaître que le rôle, la place et le poids de l'Etat dans les affaires de ce monde ont considérablement évolué. Il résulte de tout ceci une complexité apparemment toujours croissante du processus décisionnel mondial, que certains n'hésitent d'ailleurs plus à comparer au système médiéval : multiplicité des niveaux d'autorité politique et hiérarchie encore diffuse, juridictions complexes et se superposant, et tout simplement absence de véritable autorité centrale donnant unicité et cohérence. Mais s'il n'est pas unitaire et clairement structuré, l'ordre mondial contemporain n'est pas pour autant dénué de toute cohérence et forme d'organisation ; et la réalité du droit international public ne saurait être rejetée d'un seul trait ! En fait, ce qui ressort le plus clairement, c'est bien la difficulté à percevoir et qualifier ce système mondial dont on peut toutefois affirmer qu'il a profondément changé, et qu'il n'en a à l'évidence pas fini avec cette dynamique mutagène. Or, à l'évidence, cela ne peut qu'affecter profondément la gouvernance dans tous les domaines et à tout niveau : à l'échelon international comme national. A cela s'ajoute l'apparition de nouveaux défis et enjeux au caractère global (et exigeant des réponses adaptées) et l'affirmation des nouveaux acteurs, représentant l'émergence de la société civile et la responsabilisation des entreprises[188].

Les temps « classiques », où l'Etat-Nation était le seul et unique acteur doté des pouvoirs et moyens exclusifs et suffisants pour affronter les problèmes susceptibles de survenir sur la scène internationale, s'érodent sérieusement ou se modifient fondamentalement. La globalisation des enjeux, les interdépendances croissantes, et de tous ordres, affectent en effet la capacité de l'Etat à apporter les réponses nécessaires ou suffisantes, que ce soit de manière individuelle ou même collective. Synonyme d'ouvertures, la mondialisation impose aussi une compétition accrue qui stimule la performance et change les règles du jeu ; dans ces con-

---

[187] J. Rosenau, *Turbulence in World Politics : a Theory of Change and Continuity*, Princeton UP, 1990.
[188] Bruno Munier, « Mutations mondiales et gouvernance », *Défense Nationale*, CEDN, Paris, Janvier 2003.

ditions, nul ne peut aujourd'hui se satisfaire de ses seules capacités, moyens et aptitudes – inévitablement limités –, appelant ainsi des synergies qui, autrefois, pouvaient sembler superflues ou malvenues. Et surtout, l'interpénétration des marchés, l'interdépendance technologique ou sécuritaire, la porosité des frontières démographiques et écologiques interdisent de se contenir dans le cadre des strictes limites des compétences territoriales nationales. Que ce soit en matière de politiques économiques et de développement, de sécurité, de questions sanitaires ou écologiques, et que ce soit face à des questions d'ordre national, régional ou global, l'Etat, s'il reste un acteur essentiel à l'élaboration et à l'exécution de chacune des stratégies correspondantes, ne peut plus prétendre pouvoir se passer de la collaboration active de partenaires : que ce soit celle des autres Etats intéressés et celle des organisations inter-gouvernementales compétentes, ou encore (et cela de plus en plus) celle des entreprises ainsi que des organisations intergouvernementales (nationales ou transnationales), qui s'affirment progressivement ainsi comme de véritables et incontournables acteurs de l'arène politique et économique nationale ou internationale.

Le monde change, et avec lui les repères et les schémas organisationnels ainsi que les modalités de l'action individuelle ou collective : « l'architecture de la pensée, de l'action, [alors] élaborée au sein d'un Etat servant d'espace social et identitaire s'effondre sous le joug de la globalisation économique, politique, écologique, culturelle et biographique. Société mondiale signifie [aussi] émergence d'opportunités pour de nouvelles forces, et de nouveaux espaces sociaux pour l'action, l'existence et la perception, qui font exploser et perturbent l'orthodoxie politique et sociale élaborée dans le cadre de l'Etat-Nation »[189]. L'adaptation des politiques et, au-delà, de la manière dont elles sont conçues et élaborées, apparaît dans ces conditions une évidence, ce qui présuppose l'implication nécessaire, incontournable, mais aussi cohérente et coordonnée d'une multiplicité d'acteurs divers pour répondre à des enjeux toujours plus complexes et globaux. Dans ces conditions, **il faut nécessairement repenser la politique**

---

[189] Ulrich Beck, *What is Globalization ?*, Polity, Cambridge (GB), 2000, p. 64-65. (traduction de l'auteur)

mondiale et, dans un premier temps, bien sûr, réviser les structures et modalités dans lesquelles sont élaborées les réponses qu'il faut apporter aux problèmes de ce monde.

Mais il ne s'agit pas pour autant de brûler conceptuellement les étapes. Certains, conscients des effets de la globalisation des enjeux qui exige concertation et cohérence des réponses, considèrent que l'Etat est mort ou, de manière plus nuancée, qu'il ne constitue plus qu'un pâle reflet de ce qu'il fut. Pour étayer leurs propos, ces analystes arguent de la perte de souveraineté qui caractérise l'Etat moderne, effectivement de plus en plus contraint à collaborer, non seulement sur le plan international mais aussi sur son propre sol, que ce soit avec des partenaires locaux ou extérieurs, ou encore en déléguant partie de ses compétences à des autorités infra-étatiques (régionales ou autres). Cependant, malgré cet état de fait, il faut regarder la réalité telle qu'elle est dans sa globalité, et non s'arrêter à quelques aspects, aussi importants soient-ils ; or cette réalité prouve, à l'évidence, que l'Etat, s'il a perdu une certaine exclusivité ou le monopole de l'action, garde toutefois la préséance en matière politique, non seulement sur les questions de défense mais aussi de manière plus générale. Nous avons déjà dit combien son rôle et ses responsabilités étaient essentiels en ce qui concerne le développement, même si les modalités et les formes de la gouvernance évoluent en faveur d'une plus grande participation des acteurs du domaine privé (entreprises et groupes de pression représentant la société civile). Nous analyserons plus loin, de façon beaucoup plus détaillée, l'importance de l'Etat au sein du système international contemporain, et démontrerons que, malgré les mutations évidentes qui l'affectent à l'image de la société mondiale, il reste l'acteur prépondérant, et cela probablement pour quelque temps encore.

Bien évidemment, les adeptes (ou apologues) de la « fin de l'Etat » appellent à la formation d'un véritable gouvernement mondial construit autour des organisations inter-gouvernementales existantes et dont la mission serait, en quelque sorte, de substituer à la dynamique intergouvernementale (incapable de transcender l'égoï sme des Nations ou de leurs gouvernements) un véritable processus décisionnel supranational[190]. L'idée n'est pas nouvelle et elle est, par ailleurs, souvent fondée sur de bons sentiments : le gouvernement mondial imposerait la fin des conflits nés des oppositions et différences issues du multiple et des intérêts contradictoires ; il imposerait des solutions face aux grands défis de ce monde et agirait dans l'intérêt général, là où les gouvernements refusent le sacrifice d'intérêts trop étroits... Une première étape consisterait, selon certaines propositions, à renforcer l'indépendance des organisations intergouvernementales existantes, comme le Fonds Monétaire International ou l'Organisation Mondiale du Commerce, en instaurant une « gouvernance d'experts » (Expert-oriented governance) qui échapperait ainsi aux pressions individualistes propres à la gouvernance interétatique[191]. Quoique apparemment anodine et sympathique, une telle proposition, aux forts relents platoniciens (le gouvernement des « sages »), contient les germes d'une dérive technocratique éminemment dangereuse pour la démocratie mondiale, et n'explique pas sur quoi se fonderait la légitimité d'une telle gouvernance. Qui plus est, l'idée même d'un gouvernement mondial, si elle ne s'articule pas sur une nécessaire répartition hiérarchique des compétences basée et organisée sur le principe de subsidiarité[192], pourrait avoir de fort désastreuses conséquences pour la démocratie universelle, dignes des pires cauchemars de George Orwell.

Il faut à ce propos rappeler le sens et la définition de ces institutions dans le cadre juridique international actuel ; leur caractéristique essentielle est en effet d'être bâtie sur une logique inter-étatique, ce qui veut dire qu'elles n'échappent pas à la volonté ni au contrôle des Etats-membres, dont elles ne sont en réalité que l'expression. Cela implique, par voie de conséquences, que si leur raison d'être trouve justification en ce qu'elles permettent d'encourager et structurer l'échange et la négociation diplo-

---

190 « Gardant à l'esprit que le processus de globalisation est irréversible [...] nous avons réellement besoin de formuler un projet global de société qui offrirait une vision stratégique de notre avenir à moyen et à long termes. [...] Ceci ne peut se réaliser que si les institutions globales en reçoivent le mandat exprès » : Alain Tobelem, *La controverse de la mondialisation : impacts, dangers, espoirs*, Grancher, Paris, 2001, p. 48-49.

191 Ngaire Woods, «Global Governance and the Role of Institutions », in David Held & Anthony Mc Grew, *Governing Globalization*, Polity, Cambridge (GB), 2003, p. 34-37.

192 Voir la définition dans la partie précédente sur la gouvernance nationale.

matique sur des bases permanentes et multilatérales, elles s'inscrivent totalement, cependant, dans la logique de la dynamique inter-gouvernementale. Pour être exact, mieux vaut ainsi parler d'organisations intergouvernementales que d'organisations internationales, car jusqu'ici les Nations sont représentées par les autorités politiques nationales. Et de toute évidence, il est parfaitement erroné de considérer ces organisations comme étant, en l'état actuel, des institutions à caractère supranational (même si l'abus de langage est fréquent), c'est-à-dire comme des substituts potentiels à la réalité inter-étatique. Qui plus est, envisager une possible évolution statutaire exigerait l'acquiescement préalable des Etats-membres de chaque organisation. Enfin et surtout, prôner une telle perspective, c'est faire abstraction de la réalité géopolitique contemporaine, car s'il est vrai que les nouveaux acteurs s'affirment pour devenir incontournables, s'il est exact que les organisations inter-gouvernementales constituent aujourd'hui d'importants forums pour traiter des questions internationales et mondiales, s'il est évident que la nature des enjeux et défis auxquels font face nos sociétés, et s'il est certain que la globalisation de la société mondiale crée une communauté d'intérêts s'affirmant chaque jour (appelant de ce fait à une communauté d'action et une adaptation concomitante de la gouvernance), le monde contemporain est cependant toujours fondamentalement multiple et inter-étatique.

L'ère de l'Etat (des Etats !) n'est pas terminée, loin s'en faut ! Ses mutations ne préfigurent pas sa disparition ni sa dilution. Nous sommes en réalité dans une transition entre deux époques, entre deux ères, entre deux histoires et réalités : quelque part entre le « premier âge de la modernité », caractérisé par le rôle incontournable, unique, incontesté[193] et omniprésent de ces Etats souverains, seuls garants et responsables du devenir économique, social et sécuritaire des Nations dont ils ont la charge, et le « second âge » à venir (?), caractérisé quant à lui par une réelle, unique et transcendante communauté d'existence et de décisions, surpassant les égoïsmes et intérêts individuels ou particuliers. La « fin de l'histoire » n'est pas encore d'actualité ; même si force est

[193] Sauf par la théorie marxiste qui fonde son analyse sur la dénonciation de l'Etat, perçu comme étant à la fois création et agent du capitalisme ; ce qui n'empêcha pas les révolutions marxiste de donner naissance à des Etats prétendument socialistes.

de constater, en accord sur ce point avec Francis Fukuyama, l'effondrement général de tous les modèles fondés sur l'Etat fort et les principes dirigistes (empires autoritaires d'ancien régime, fascisme, nazisme, communisme) et la généralisation (mondialisation) de la démocratie libérale au plan politique et du système capitaliste au plan économique, seuls modèles sur lesquels repose désormais l'organisation des sociétés comme de la société mondiale[194].

L'histoire continue de marcher à grands pas ; et, à l'évidence, le système international contemporain témoigne aujourd'hui des paradoxes résultant de cette situation fortement évolutive (et nécessairement imparfaite), transition entre un passé et un futur distincts ; situation qui, conséquemment, se caractérise par de profondes (et souvent déstabilisantes) mutations structurelles, organisationnelles et fonctionnelles.

La fin de la guerre-froide et les succès rencontrés au début des années 1990 par le Conseil de Sécurité des Nations-Unies du fait de l'union des puissances face à l'invasion irakienne du Koweït, notamment, ont pu un temps laisser croire à l'avènement d'une nouvelle ère où l'ordre mondial se serait appuyé sur un multilatéralisme équilibré et dynamique (parce que fondé sur l'équilibre des parties !) et surtout incontournable, consacrant du même coup l'omniprésence des institutions intergouvernementales. Cependant, même là, la réalité a rapidement montré les limites de cette perspective qui reste aujourd'hui très largement utopique[195]. Cela apparut au grand jour avec la crise diplomatique qui survint au sujet de l'intervention militaire contre l'Irak en 2003, et la décision du gouvernement américain de contourner l'obstacle multilatéral, décrédibilisant au passage l'institution onusienne. Si l'affaire fut sujette à polémique, il faut surtout en comprendre les fondements. Ceux-ci reposent justement sur les contradictions inhérentes au système international actuel, particulièrement en ce qui a trait au rapport entre

---

[194] Francis Fukuyama, *La fin de l'histoire et le dernier homme*, Flammarion, Paris, 1993 ; il est dit dans l'introduction, en rappel d'un article que l'auteur avait écrit en 1989, que « la démocratie libérale peut constituer 'le point ultime de l'évolution idéologique de l'humanité' et 'la forme définitive de gouvernement' humain, et en tant que tel constituer 'la fin de l'histoire' », thèse bien évidemment contraire à notre propos qui consiste justement à décrire et promouvoir l'amélioration de la gouvernance mondiale.

[195] Robert Gilpin, *Global Political Economy*, Princeton University Press, 2001.

l'idéal d'une gouvernance fondée sur l'équilibre multilatéral et une réalité géopolitique encore trop complexe et fondamentalement asymétrique (du fait le l'écart parfois spectaculaire existant entre les Etats, leur puissance et capacité d'action respectives). Autrement dit, si l'ordre international contemporain reste très largement marqué par sa réalité inter-étatique, il se distingue effectivement surtout par son caractère très profondément asymétrique qui naturellement contredit les aspirations en faveur d'une logique multilatérale équilibrée.

Toute la complexité du monde actuel réside en effet dans cette apparente contradiction : nous vivons dans **une société de plus en plus globale et profondément interdépendante, mais toujours multiple et, surtout, asymétrique** ! Beaucoup n'ont pas encore bien intégré cette réalité ni sa signification et proposent alors des stratégies à l'évidence inadaptées, souvent inefficaces et parfois même dangereuses parce que ne tenant aucunement compte de l'un de ces trois critères.

LA GLOBALISATION DES ENJEUX ET SES CONSEQUENCES

La Profusion d'Organisations Inter-gouvernementales

Le double processus sur lequel s'appuie la mondialisation – évolution technologique (facilitant constamment les moyens de communication) et libéralisation des échanges (non seulement économiques mais aussi démographiques et culturels) – a donc pour principal effet d'approfondir la globalité de la société mondiale. Ce qui revient à renforcer sinon l'interdépendance des parties, du moins leur unité. La conséquence logique est donc que toute idée ou aspiration à tendance autarcique devient de plus en plus illusoire ou suicidaire : « globalité signifie que désormais, sur notre planète, aucun événement n'a qu'une seule portée locale ; toute invention, victoire ou catastrophe affecte le monde entier »[196]. Cette « globalisation » du monde où nous vivons (car

[196] Ulrich Beck, *What is Globalization*, Polity Press, Cambridge (GB), 2000, p. 11. (traduction de l'auteur)

nous parlons d'un processus en cours et non d'une situation finie ou figée) a donc une signification essentielle sur les enjeux et les risques auxquels chaque acteur, quelle que soit sa nature, doit faire face.

Individuellement, la globalisation des enjeux signifie que nul ne saurait (ou ne devrait) rester à l'écart, sous peine d'être gravement pénalisé. On l'a dit, l'intégration au marché et à la société mondiale (Economiquement, Sociologiquement et Politiquement) constitue aujourd'hui la seule option crédible pour un pays, quel qu'il soit :

Economiquement, pour s'ancrer ou se maintenir sur une dynamique porteuse de croissance (sur laquelle nous sommes déjà longuement penchés).

Sociologiquement, parce que l'échange socioculturel est gage de progrès social : ce qui n'est en rien contraire, soulignons-le encore, au droit des peuples à disposer d'eux-mêmes, étant entendu que préserver l'authenticité culturelle ne présuppose pas qu'il faille refuser le progrès et ses bienfaits ; aussi, ceux qui prétendent défendre l'intérêt des peuples en s'opposant à l'ouverture sur le monde extérieur sous prétexte de vouloir préserver la culture originelle d'une communauté ou d'une nation sont soit bien mal éclairés ou encore fort mal intentionnés. Une culture doit être vivante, et pour ce faire dynamique et donc évolutive, s'enrichissant des contacts avec le monde environnant ; elle ne doit en aucun cas se replier sur elle-même, sous peine de dépérir. S'il est vrai que tout peuple doit avoir le choix des modalités pour préserver les spécificités qui sont les siennes, le progrès, qu'il soit culturel, sanitaire, ou écologique… reste un droit universel.

Politiquement, enfin, car force est de reconnaître qu'aucun gouvernement ne peut aujourd'hui prétendre répondre seul aux enjeux qui se présentent à lui, ce qui contraint les Etats à repenser leurs stratégies et à réorganiser les modalités décisionnelles par le biais d'une concertation et d'une collaboration inter-gouvernementale multilatérale apparemment de plus en plus diffuse. Celle-ci se structure en effet au travers de cadres institutionnels et juridiques variés : certains traités donnent naissance à des organisations plus ou moins complexes dotées de structures institutionnelles aux compétences réelles et clairement définies, à l'image de l'Union Européenne ou de l'ONU, d'autres non (comme l'Accord de Libre Echange Nord-Américain, par exemple). Leurs champs d'intervention sont divers : commerce international ou régional, coopération économique, sécurité collective, santé publique, aide au développement... Les niveaux de gouvernance sont multiples : macro-régional (Union Européenne, ALENA, ASEAN, Mercosur..., sans oublier les banques régionales de développement), inter-régional (la zone géographique de compétence n'étant pas exclusivement cantonnée à une région seulement : OTAN, APEC), ou global (Organisation universelle généraliste : l'ONU et ses multiples organes comme la CNUCED, le Programme des Nations-Unies pour le Développement... – ou agences spécialisées – en fait, de véritables organisations intergouvernementales, dotées de leur propre charte et de leurs propres structures : Fonds Monétaire International, Banque Mondiale, Organisation Mondiale du Commerce, Organisation de l'Aviation Civile Internationale, Organisation Mondiale de la Santé...). Enfin, certaines organisations intergouvernementales spécialisées non-universelles ne sont pas non plus fondées sur une cohérence géographique régionale (OPEP – dont les membres, tous exportateurs de pétrole, vont du Venezuela à l'Indonésie en passant par les Etats du Golfe –, Commonwealth britannique ou Agence de la Francophonie), sans oublier certains forums intergouvernementaux plus informels et restreints, tel que le G8, qui a cependant une portée universelle.

Cette profusion institutionnelle traduit une mutation progressive de la politique internationale vers ce que d'aucuns appellent déjà (avec une certaine anticipation !) la politique globale, ou «métapolitique». Le principe fondamental consiste en une évolution (adaptation) du processus décisionnel intergouvernemental, autrefois uniquement fondé sur les considérations exclusives et ponctuelles propres à chaque entité souveraine (système westphalien), et s'appuyant désormais dans une large mesure sur la notion de destinée et d'intérêts communs. Les conséquences non seulement organisationnelles mais aussi fonctionnelles sont bien évidemment considérables ; en effet, «le concept de politique globale remet en question les distinctions traditionnelles entre le national et l'international, ce qui est territorial et non-territorial, l'intérieur et l'extérieur, tels que définis dans les conceptions traditionnelles du 'politique' »[197]. Encore ne faut-il pas perdre de vue le fait que le système inter-étatique reste très présent (qu'il s'exprime par le biais de ces forums ou non !) et qu'il semble même loin de disparaître, approfondissant encore la complexité du système mondial et sa gouvernance : la « politique globale » repose ainsi sur un processus décisionnel à la fois multidimensionnel (ou stratifié : Etats, organisations et accords multilatéraux régionaux ou universels) et multiple (vu la multiplicité des acteurs souverains : les Etats), ce malgré les efforts de coordination.

C'est un fait certain, la globalisation des risques suscite une responsabilisation collective et la recherche de nouvelles stratégies, doctrines et outils adaptés. Dans ces conditions, la sécurité mondiale mérite (exige) d'être repensée et surtout reconceptualisée, avec force pragmatisme et réalisme. De toute évidence, elle ne se résume plus en effet aux seules relations interétatiques et, par voie de conséquence, ne repose plus sur les seules variables diplomatiques, stratégiques et militaires. Désormais, le risque est en effet manifestement multidimensionnel : économique (survenance d'une crise régionale ou systémique), technologique (virus informatiques ou pannes gigantesques paralysant les économies), écologique (pollution de l'eau ou de l'air, déforestation…), climatique (effet de serre), sanitaire (voyages et migrations facilitant la propagation de pandémies)... Le risque est aussi potentiellement cumulatif, chaque dimension pouvant en affecter une autre (une crise sanitaire ou écologique peut ainsi avoir de graves conséquences économiques, et pourquoi pas aussi politiques, pour déboucher sur une situation conflictuelle entre deux ou plusieurs pays…). Cependant, parce que notre univers se transforme plus intensément et rapidement qu'on ne voudrait ou saurait l'imaginer, il est parfois difficile de clairement percevoir les enjeux qui se profilent, d'en évaluer la profondeur et d'estimer les périls susceptibles d'en découler. Aussi est-il

[197] David Held, Anthony McGrew, D. Goldblatt, J. Perraton, *Global Transformations : Politics, Economics and Cultures*, Polity, Cambridge (GB), 1999, chapitres 1, 2, 8.

d'autant plus ardu et complexe de concevoir et de formuler des réponses et stratégies qui soient en véritable adéquation avec la réalité des enjeux qui se présentent, que ce soit au niveau national ou mondial, individuellement ou collectivement. Mais à l'évidence, dans bien des cas, la coopération inter-gouvernementale s'affirme comme une option nécessaire. Ce qui justifie l'existence et le rôle de ces institutions dont la vocation est, non pas de se substituer aux Etats, mais d'encourager et faciliter une collaboration devenue incontournable.

Le risque écologique

Tout le monde parle et se veut plus ou moins directement impliqué face à des questions comme l'effet de serre, la déforestation, les réserves limitées d'eau potable, la désertification : médias, gouvernements et organisations intergouvernementales, groupes d'experts ou associations professionnelles, organisations non-gouvernementales… Il est unanimement admis que « l'activité humaine peut dégrader l'atmosphère, l'eau et les nappes phréatiques, les sols, la faune à une échelle locale, régionale et même globale [et] les changements dans une dimension se diffusent nécessairement au travers des cycles environnementaux et de la chaîne alimentaire »[198]. Cependant, devant ces réalités pourtant concrètes, nous restons encore trop souvent prisonniers du domaine de l'imaginaire conceptuel. Il est, semble-t-il, difficile d'anticiper avec réalisme et responsabilité la survenance du malheur, ou tout simplement d'en évaluer les probabilités ; l'on ne réalise en effet trop souvent qu'après coup qu'il ne s'agissait point de fiction ou de délire obsessionnel : « le fait est que les gens opèrent généralement dans une perspective de temps très courte, et cela sans en être véritablement conscients. Il semble qu'il y ait une relation dialectique entre l'anticipation et l'expérience. Les gens ne modifieront pas leur *modus operandi* s'ils ne font que suspecter la survenance du malheur. Ils ont besoin de dures expériences pour savoir »[199]. De fait, si certaines menaces

---

[198] « Human Degradation of the Environment », *The National Geographic Desk Reference*, National Geographic Society, Washington D.C., 1999, p. 426.
[199] Richard Slaughter, Président de la World Future Studies Federation, Australian Foresight

ont déjà commencé à frapper – bien que très souvent encore insidieusement –, nos communautés industrielles et post-industrielles, pourtant surinformées ainsi que leurs élites, n'ont pas toujours pleinement intégré le danger, qui reste somme toute ainsi virtuel. Conséquemment les stratégies mises en place ainsi que les moyens mobilisés font encore largement défaut, malgré les discours ici et là parfois alarmistes et les incitations des organisations inter-gouvernementales compétentes en faveur d'une coordination anticipative pour l'action (« Sommet de la Terre », Rio de Janeiro 1992 ; « Convention Cadre sur le Changement Climatique », Kyoto 1997 ; « Sommet sur le développement durable », Johanesbourg 2002…).

Qui plus est, malgré la globalisation du monde et les enjeux et risques (écologiques ou autres) qui en découlent – lesquels exigent par définition des réponses et stratégies collectives –, et bien que ceux-ci soient devenus une force [stimulus] majeure de la mobilisation politique, la communauté internationale reste cependant – au-delà des efforts de coopération multilatérale – fragmentée et multiple, pour ne pas dire divisée devant ses responsabilités. Cela ne peut, bien sûr, qu'affaiblir sa capacité de réaction comme d'anticipation. La non ratification du Protocole de Kyoto par les Etats-Unis – qui avaient pourtant signé avec environ 180 autres pays l'engagement obligeant les pays industrialisés à réduire leurs émissions de gaz à effet de serre[200] – en est la parfaite illustration ; encore faut-il relativiser notre propos, et ne pas donner le change à ceux qui se plaisent à condamner la position de Washington, en rappelant que son attitude fut motivée par le refus des pays en développement (soutenus par l'Union européenne) à s'engager, eux aussi – mais selon des conditions adaptées – à réaliser à terme (après 2012) des efforts pour réduire leurs propres émissions de gaz à effet de serre[201].

Institute (Institut Australien de Prévision), répondant à une interview de Liz Else : « Seizing Tomorow », *New Scientist .com*, New Scientist, Londres, 2002, p. 1 : www.newscientist.com/opinion/opinterview.jsp?id=ns23195. (traduction de l'auteur)

[200] Les gaz à effet de serre – GES – (gaz carbonique, CO2 ; méthane, NH4 ; protoxyde d'azote, N2O) ont pour particularité de retenir dans l'atmosphère une partie des rayonnements solaires. Depuis le début de l'ère industrielle, l'utilisation extensive de sources fossiles d'énergie a conduit à une augmentation sensible des GES dans l'atmosphère, renforçant ainsi la densité du « toit » gazeux autour de la planète, et augmentant par la même la retenue de rayons infrarouges.

[201] *The Convention and Kyoto Protocole*, UNFCC (Convention Cadre des Nations-Unies sur le Changement Climatique), ONU, NY, avril 2004 : unfcc.int/resource/convkp.html ; Chris Rolfe, *Le Protocole de Kyoto de la Convention-cadre des Nations Unies sur le changement climatique ; Guide du*

Chacun voit midi à sa porte, et les responsabilités sont ici comme ailleurs largement partagées ; plus qu'on ne le dit généralement ! Trop souvent en effet les grands comme les petits trouvent prétexte à réduire leur propre engagement dans une dynamique multilatérale, accusant les autres ou s'appuyant sur leurs propres difficultés pour justifier leur attitude. Pourtant, **si la démocratie présuppose le respect et l'affirmation du pluralisme, celui-ci devrait imposer une plus grande responsabilité collective, engageant tous les acteurs à surpasser leurs intérêts conjoncturels et spécifiques**. Mais la réalité est encore souvent bien différente, et toute évolution significative en la matière exige que les efforts soient partagés.

La croissance démographique et les besoins qu'elle suscite, couplée au développement industriel et technologique, sont les forces incontournables d'une profonde mutation environnementale à l'échelle planétaire. D'autant que si le risque écologique est fruit de l'affluence, il se nourrit aussi de la pauvreté, comme l'illustra parfaitement le rapport de la commission Bruntland, qui pour la première fois mettait clairement en relief l'impact environnemental du développement économique et social des pays les plus pauvres et des économies nouvellement intégrées : déforestation, pollutions industrielles aggravées du fait de l'utilisation d'énergies fortement polluantes, absence de véritables politiques et normes environnementales…[202] La contribution fut essentielle car, si jusqu'alors il était admis que les pays industrialisés étaient responsables de la pollution planétaire, l'on reconnaissait désormais que les pays en développement y contribuaient eux aussi. Surtout, cela permit de mettre en lumière la forte corrélation existant entre la préservation de l'environnement et le niveau de développement économique. En effet, si ce dernier se traduit par des avancées technologiques (moins polluantes) et la tertiairisation à terme du pays ainsi que son

Protocole et analyse de son efficacité, West Coast Environment Law Association, Vancouver, 1998 : www.wcel.org/wcelpub/1998/12152f.html

[202] La Commission, présidée par Mme Gro Harlem Bruntland était parvenue à la conclusion d'un lien direct entre environnement et économie et entre environnement et pauvreté. La dégradation de l'environnement n'est donc pas le seul fait des puissances industrielles, et protéger celui-ci impose, selon les termes du rapport, l'amélioration des conditions économiques des plus pauvres. Cf. *Our Common Future ; World Commission on Environment and Development*, Oxford University Press, 1987 ; voir aussi, pour un résumé : http://alcor.concordia.ca/~raojw/crd/reference/reference001377.html

enrichissement – cette combinaison contribuant alors à réduire le volume d'émissions toxiques et de gaz à effet de serre, tout en permettant une meilleure gestion des déchets industriels –, l'on comprendra l'intérêt écologique théorique derrière une véritable stratégie d'avancée économique et technologique pour les pays pauvres.

Il est en effet avéré que les stades primaires du processus d'industrialisation sont proportionnellement les plus nocifs en matière de pollution et de dégradation écologique, considérant, entre autres, l'usage « anarchique » de combustibles à fortes émanations polluantes comme le charbon, l'absence de gestion des déchets polluants qui contribue à la dévastation de l'environnement – notamment des cours d'eau –, ou tout simplement l'impact de besoins énergétiques croissants dans des pays pauvres où la population n'a d'autres ressources que l'utilisation des maigres richesses naturelles dont elle peut disposer – contribuant notamment à la déforestation. La Conférence des Nations-Unies sur l'Environnement et le Développement, aussi connu sous le nom de « Sommet de la Terre » (Rio de Janeiro, 1992), mit en exergue cette réalité : « si les populations sont pauvres et les économies nationales sont faibles, l'environnement souffre ; si l'environnement est maltraité et les ressources sont surconsommées, les populations souffrent et les économies déclinent »[203]. Le lien entre la défense de l'environnement, la croissance économique et le développement était ainsi clairement affirmé.

Face à cette situation, les solutions préconisées par le Conseil Economique et Social de l'ONU visent notamment à « transférer les technologies appropriées aux pays en développement et aux pays en transition pour leur permettre de recourir davantage aux sources d'énergie renouvelables et aux combustibles fossiles moins polluants et de tendre vers davantage d'efficience dans la production, la distribution et l'utilisation de l'énergie »[204]. Mais comment organiser ce transfert ? Par le biais de l'aide volontaire !? Serait-ce suffisant, compte tenu de l'impor-

---

[203] *La Conférence des Nations Unies sur l'Environnement et le Développement*, Site officiel des Nations-Unies sur le Sommet de Johannesbourg (Sommet sur le Développement Durable), ONU, 2002, p. 1 : www.un.org/frenche/events/wssd/pages/cnued.html

[204] *Energie et développement durable : les principaux enjeux*, Conseil Economique et Social, ONU, NY, février 2000, p. 3 (E/CN.17/ESD/2000/3) : www.agora21.org/cdd8/N0028253.pdf

tance des efforts à engager ? Il est fort à parier que la réponse soit négative ; d'autant que l'on connaît les limites de l'aide publique internationale et l'usage qui en est fait. Aussi, et sans pour autant rejeter dans l'absolu l'idée précédente, la seule véritable alternative réside inévitablement ailleurs. En effet, **si le développement permet, à terme, de réduire l'impact écologique néfaste de la production, il faut logiquement alors favoriser la croissance économique pour préserver l'environnement ; et pour ce faire, i l n'est évidemment d'autre solution que d'encourager l'intégration des pays pauvres au marché mondial** !

Si l'industrialisation d'une économie présuppose dans un premier temps la création d'usines et autres infrastructures réalisées avec des moyens encore réduits, le tout n'étant bien sûr pas sans effets néfastes sur l'environnement, il est donc logique de considérer qu'il faille encourager une croissance rapide, accompagnée d'une gestion économique, infrastructurelle et sociale rationnelle pour moderniser l'outil de production dans les meilleurs termes et les délais les plus rapides ; l'on pourra ainsi espérer limiter les retombées négatives du développement. C'est ici que les plus riches peuvent et doivent intervenir, car ceux-ci sont en effet logiquement et objectivement concernés par la situation des plus pauvres, puisque ces derniers contribuent à alimenter le risque écologique global. Or donc, le seul moyen de limiter les dégâts « collatéraux » du développement (outre la diffusion de nouvelles ressources énergétiques et de techniques moins polluantes) passe par un soutien actif de la modernisation économique, ce qui présuppose le développement des infrastructures, du savoir-faire et de la gestion. Il faut donc au préalable encourager résolument la responsabilité politique des autorités concernées, afin de leur permettre d'améliorer la performance et la compétitivité de leur économie tout en ayant souci de préserver l'équilibre environnemental dans l'intérêt général.

En d'autres termes, **le salut de l'écologie planétaire passe, entre autres, par l'amélioration de la gouvernance au sein de chaque Etat. La démocratie véritable, parce qu'elle présuppose l'implication et l'écoute de tous les membres de la société, constitue donc le plus sûr moyen pour les pays en développement d'accélérer leur croissance, tout en évitant**

les pièges, débordements et maux engendrés par l'accélération du processus de production. Pour ce faire, les Nations et gouvernements des pays en souffrance doivent cependant assumer, ensemble, leurs responsabilités, afin de créer les conditions nécessaires à la stabilité sociale ainsi qu'à l'élaboration d'une stratégie de développement cohérente, ouverte sur le monde ; cela, bien entendu avec le soutien des pays plus avancés ainsi que la participation active et « citoyenne » des grandes entreprises intéressées par les perspectives du marché.

Repenser l'implication des acteurs au sein du système mondial

L'ampleur potentielle et la complexité même du risque global, quelle qu'en soit d'ailleurs la nature ou l'origine, peuvent à l'évidence faire douter de la capacité de l'Etat à y apporter, seul, une réponse suffisante, et cela même au travers d'une large coopération intergouvernementale. Il apparaît donc urgent de renforcer celle-ci, probablement en réformant les mécanismes de la négociation intergouvernementale et en adaptant les structures (organisations) de manière pragmatique afin de coller à la réalité du système inter-étatique contemporain, des disparités et de sa dissymétrie. Cependant, bien que l'Etat reste l'élément incontournable et clairement dominant de l'architecture politique du système international – par ses qualités, sa légitimité, ses capacités et ses moyens –, force est de reconnaître la nécessité d'adjoindre à ses côtés l'expertise d'autres acteurs, certes par définition profondément différents et plus spécialisés, comme les entreprises ou les organisations non-gouvernementales transnationales. Il faut donc re-conceptualiser la gouvernance mondiale pour imaginer une forme de « collaboration » élargie impliquant toutes les catégories d'acteurs, collaboration dont les modalités devraient bien évidemment être définies dans un cadre juridique et traduites institutionnellement.

Cela présuppose bien sûr la responsabilisation de tous : Etats et organisations intergouvernementales, mais aussi entreprises transnationales et organisations non-gouvernementales. Il est vrai qu'après des scandales comme l'affaire Enron ou encore

Vivendi Universal, l'on peut s'interroger sur la capacité de certains acteurs à adopter un comportement responsable ; l'amélioration de la gouvernance concerne aussi les entreprises ! Dans l'intérêt général et dans leur propre intérêt. Mais, la véritable question est de savoir si, à terme du moins, nous aurons véritablement le choix : pourra-t-on espérer apporter des réponses aux problèmes de développement, d'environnement, de santé publique… sans l'implication de tous ? Non pas qu'il faille confondre les genres, mais simplement additionner les compétences au seul profit de l'espèce comme de la planète. Loin d'être utopique, la démarche s'inscrit au contraire dans le sens de l'histoire qui voit les entreprises et les organisations non-gouvernementales prendre une place de plus en plus importantes depuis quelques années, et se rapprocher des autorités publiques à l'image de l'implication croissante de la société civile et des entreprises dans la vie des Nations démocratiques modernes.

C'est aussi le sens du « Pacte Mondial » initié et présenté par le Secrétaire général des Nations-Unies, Kofi Annan, le 26 juillet 2000, au Forum économique de Davos, devant un parterre de responsables des principales entreprises transnationales. Ce projet vise effectivement à promouvoir la responsabilité « citoyenne » des entreprises, dès lors reconnues comme acteurs à part entière du système, de l'économie et de la société Monde. Certes, la formulation (de même que la conceptualisation précise) d'une telle collaboration entre acteurs de nature et de fonction différentes, et aux responsabilités profondément distinctes – mais complémentaires – reste à préciser ; en l'état actuel, le Pacte Mondial est, établi sur le principe de l'engagement volontaire, sans réelles contraintes obligatoires ni contrôle. Quoi qu'il en soit, l'idée présuppose un profond remaniement de l'organisation comme du fonctionnement de la gouvernance « mondiale » (ce qualificatif étant dès lors plus adapté que l'adjectif « internationale »[205]), ce qui n'est pas sans intérêt si le but est d'en améliorer la performance.

---

[205] Le terme international est généralement utilisé pour décrire les relations inter-gouvernementales, les nations (sociétés civiles) ne s'exprimant que par le biais de leurs gouvernements respectifs. L'interaction entre acteurs « nationaux » et « transnationaux » justifie l'utilisation d'un autre concept, plus global.

En effet, si la bonne gouvernance repose, au niveau national, sur l'affirmation du principe de « démocratie participative », présupposant alors l'implication positive, active et responsable des forces économiques et sociales aux cotés de l'autorité publique, pourquoi en serait-il autrement sur le plan mondial ? Il est évident que cela ne se mettra pas en place sans difficultés, qu'il faudra du temps pour que les comportements, rôles et responsabilités de chacun comme de chaque catégorie d'acteur évoluent. Il est certain que bien des efforts seront nécessaires pour élaborer une architecture (processus décisionnel) permettant une gouvernance à l'échelle mondiale qui soit fonctionnelle, adaptée et efficace. Il faudra bien évidemment apprendre à générer et identifier les synergies qui aideront à tirer profit de chaque acteur.

La société politique mondiale doit ainsi évoluer et mûrir à l'image des sociétés politiques nationales, se transformer pour parfaire son mode organisationnel et fonctionnel ; pour ce faire, elle doit donc intégrer, responsabiliser et bénéficier de l'expertise et des compétences de chacun : des Etats (dans leur pluralité et diversité), bien sûr, des organisations inter-gouvernementales, mais aussi des représentants du tissu économique (entreprises transnationales, notamment) comme de la société civile (organisations non-gouvernementales, qu'elles soient à vocation humanitaire, environnementale ou encore attachées à la défense des droits et des libertés).

Tout cela implique donc une mutation profonde de l'organisation sur laquelle repose la société mondiale, ce qui bien sûr ne sera pas sans susciter des résistances et l'hostilité de certains, allongeant probablement encore la durée du processus évolutif. Mais nous n'avons pas vraiment le choix puisque de toute façon nous subissons les changements que nous imposent la mondialisation et les transformations de la société mondiale qui en résultent, l'adaptation de la gouvernance et de ses principes organisationnels et fonctionnels. Encore faut-il que celle-ci soit le reflet le plus fidèle et le plus objectif possible de la réalité géopolitique et économique, pour éviter tout dysfonctionnement inutile et dommageable. C'est pourquoi, avant toute chose, il est essentiel d'adopter une démarche rigoureusement pragmatique.

Chapitre 6

RENFORCER LA DEMOCRATIE PARTICIPATIVE ET MODERNISER LA GOUVERNANCE MONDIALE

LES ENTREPRISES TRANSNATIONALES, PARTENAIRES INELUCTABLES DU DEVELOPPEMENT

Contribution à la croissance et au développement

Le rôle et le poids de ces nouveaux acteurs ont considérablement progressé au cours des dernières décennies, justifiant (pour ne pas dire exigeant) cette évolution vers un engagement de leur part qui soit plus actif et responsable, en concertation avec les représentants de la puissance publique (Etats et organisations intergouvernementales) et de la société civile (organisations non-gouvernementales). La puissance économique des entreprises transnationales est souvent décriée et dénoncée par les héritiers de la pensée marxiste et de la théorie de la dépendance, pour qui elles ne sont que l'expression suprême de l'exploitation capitaliste considérée dans sa perspective internationale : celle des rapports inégaux fondés sur le pillage des économies du Sud. L'entreprise transnationale comme ses filiales implantées à l'étranger n'auraient alors que des impacts hautement nocifs et contraires aux intérêts économiques et sociaux des pays en développement ; il deviendrait alors effectivement logique de les combattre pour les obliger à se retirer de ces économies afin de les protéger de cette engeance.

Mais alors, pourquoi tant de pays en développement cherchent-ils à attirer ces entreprises sur leur territoire ? Serait-ce par pur aveuglement ou masochisme ? Cela est à l'évidence peu probable ! En fait, on l'a vu, la priorité pour les économies en développement soucieuses de soutenir ou de stimuler la croissance est d'acquérir, ce qui leur manque le plus, à savoir les capitaux, la technologie et le savoir-faire. Lorsqu'elle investit pour délocaliser ses activités ou pénétrer un nouveau marché, rendu attractif par sa croissance (demande) et l'établissement de conditions juridiques et politiques favorables (stabilité, ouverture, sécurité), l'entreprise étrangère apporte dans sa corbeille des capitaux (IDE), du travail, et – si le gouvernement du pays d'accueil parvient à négocier en ce sens – la technologie et le savoir-faire indispensables à la modernisation économique et au développement du pays d'accueil. L'on comprendra alors que l'intérêt évident des gouvernants comme des peuples s'inscrit en parfaite contradiction avec les thèses citées plus haut.

Loin de ne constituer qu'un agent d'exploitation pathogène au service d'intérêts étrangers, l'entreprise transnationale constitue souvent, en réalité, un atout indispensable pour une économie pauvre s'engageant dans une dynamique de croissance. En créant des emplois, elles contribuent directement non seulement au développement économique mais aussi à l'amélioration des conditions de vie dans le pays d'implantation. Cela vaut d'ailleurs pour les économies pauvres comme pour les économies riches, en témoigne l'effervescence médiatique et syndicale lorsqu'une entreprise veut délocaliser tout ou partie de ses activités sur un sol étranger (il est d'ailleurs ici surprenant de constater que ceux-là mêmes qui tiennent un discours supposé pro-tiers-mondiste dénoncent avec la même vigueur ces projets d'implantation pourtant espérés et attendus par les pays pauvres). Qui plus est, les salaires que les entreprises transnationales proposent dans les économies pauvres sont généralement plus élevés que ceux des compagnies locales, augmentant ainsi le pouvoir d'achat de leurs employés, et donc la demande en direction du marché local. Selon plusieurs études portant sur différents pays pauvres, le salaire moyen payé par une entreprise transnationale est supérieur de plus de 10 % (voire, dans certains cas, de plus de 40 %, et jusqu'à 100 %) au salaire moyen équivalent payé par une entreprise locale[206] ; la raison tient à ce que la productivité y est plus élevée. Cependant, certains s'insurgent en

[206] Drusilla K. Brown, Alan V. Deardorff, Robert M. Stern, *The Effects of Multinational Enterprises on Wages and Working Conditions in Developing Countries*, présentation au séminaire international sur le commerce international (ISIT), Cambridge (Mass.), 14 mars 2002, p. 19 ; l'analyse s'appuie sur de nombreuses études empiriques couvrant de nombreux pays en développement. Ce document est disponible sur le site du département d'économie de l'Université de Louvain : www.econ.kuleuven.ac.be/ew/academic/intecon/home/WorkingGroupSeminars/Files/Deardorff.pdf

dénonçant le fait que ces salaires restent beaucoup plus bas que dans les pays riches, se plaisant à dénoncer « l'exploitation de la main-d'œuvre du Tiers-Monde ». Pourtant, sans chercher à justifier cette disparité par la différence en terme de productivité entre les employés des économies industrialisées et pauvres[207], on peut s'interroger sur le bien-fondé d'une telle critique. Comme le souligne fort justement Jagdish Bhagwati, professeur renommé d'origine indienne enseignant à l'université Columbia : « S'il est une conviction qui unit avec force les adversaires des multinationales aujourd'hui, c'est celle selon laquelle elles exploiteraient les travailleurs des pays pauvres. A première vue cependant, cela paraît très étrange, car les entreprises qui créent des opportunités d'emploi devraient être applaudies, indépendamment du fait que les motivations qui les poussent à investir à l'étranger reposent sur le profit et non la volonté de chercher à faire le bien »[208].

Il ne faut pas non plus perdre de vue que l'apport de capital que ces multinationales prodiguent en investissant dans ces économies (dont la fragilité tient largement de l'insuffisance notoire en capitaux propres) est indispensable et irremplaçable, car aucune autre entité et aucune autre mesure ne peut satisfaire les besoins immenses en investissement des pays pauvres, pas même l'aide internationale même rigoureusement administrée. Il faut aussi souligner l'apport technologique et scientifique qui peut accompagner les délocalisations, par le transfert de matériaux et d'équipement, la formation du personnel, et les éventuelles cessions de technologie et de savoir-faire accordées lors de négociations avec le gouvernement du pays d'accueil (certains étant d'ailleurs très exigeants sur ce point). Ainsi faisant, l'entreprise transnationale contribue directement à dynamiser l'économie du pays dans lequel elle choisit d'investir en apportant à la fois le capital nécessaire, la technologie susceptible de stimuler la production et la compétitivité, le savoir-faire ainsi que l'amélioration des compétences nécessaires dans le cadre d'une stratégie de développement durable[209]. Les retombées dépassent large-

[207] Johan Norberg, *Plaidoyer pour la mondialisation capitaliste*, Plon, Paris, 2003, p. 190.

[208] Jagdish Bhagwati, *In Defense of Globalization*, Oxford University Press, NY, 2004, p. 170. (traduction de l'auteur)

[209] Drusilla K. Brown, Alan V. Deardorff, Robert M. Stern, *The Effects of Multinational Enterprises on Wages and Working Conditions in Developing Countries*, présentation faite au séminaire international sur le commerce international (ISIT), Cambridge (Mass.), 14 mars 2002, p. 6-11.

ment le cadre des entreprises étrangères ainsi implantées. En effet, outre l'augmentation du niveau de vie des nouveaux employés (du simple fait de la création d'emplois et de niveaux salariaux supérieurs) qui encourage la consommation, certains d'entre eux rejoindront ou créeront ensuite des entreprises locales qu'elles feront bénéficier de leur nouvelle expertise contribuant ainsi à l'élévation des conditions générales de production et à la modernisation des stratégies de commercialisation. Enfin, malgré les craintes fréquemment exprimées de voir les grandes entreprises asphyxier les petites, l'implantation des premières permet souvent aux secondes de jouir d'une dynamique, et même de travailler avec elles pour répondre à leur demande (sous traitance, prestation de service).

L'organisation des Nations-Unies dénombrait 60 000 entreprises transnationales comprenant plus de 500 000 filiales, leur chiffre d'affaires annuel correspondant au tiers du Produit Mondial Brut (PMB). Elles sont partie prenante des deux tiers des investissements et des échanges internationaux de biens et de services, un tiers de ceux-ci étant constitué des échanges 'internes' entre les entreprises et leurs filiales ou entre les filiales elle-mêmes. Elles contrôlent une très large partie de la production et de la commercialisation de nombreux secteurs-clés (industrie, informatique, banques, grande distribution…). Il faut aussi préciser que les activités à valeur ajoutée des cent premières entreprises transnationales ont connu, au cours des dernières décennies, une croissance moyenne supérieure à celle des Etats, passant de 3,5 % du PMB en 1990 à 4,3 % en 2000. Du fait des délocalisations et des stratégies de pénétrations de marchés émergeants encouragées par une concurrence que magnifie l'intégration économique mondiale, les pays en développement représentent une part grandissante des emplois fournis par les entreprises transnationales, passant de 32 % en 1985 à 53 % en 1998[210]. Enfin, elles concourent aussi, comme nous venons de le voir, à diversifier et moderniser la production des pays où elles investissent, contribuant ainsi à améliorer la compétitivité et la

[210] « Are Transnationals Bigger than Countries ? », *UNCTAD Press Release*, CNUCED, NY, 2002 : TAD/INF/PR/47 ; Denis Horman, « Les sociétés transnationales : moteurs du développement? », *Sociétés transnationales et droits humains*, Centre Europe-Tiers Monde (CETIM), Genève, juillet 2000 : www.cetim.ch/stn2_2.htm

productivité de ces économies. Comme le rappelait une étude de l'OCDE : « les entreprises multinationales et les joint-ventures peuvent jouer un rôle décisif dans l'expansion d'exportations de biens manufacturés technologiquement sophistiqués, du fait de l'avantage technologique spécifique qu'elles possèdent. [...] Le rôle des IDE dans la diversification de l'industrie et des exportations ressort clairement d'une étude en cours de l'OCDE sur les IDE et le développement. En Malaisie, par exemple, les investissements étrangers ont ainsi joué un rôle clef dans la restructuration économique [...] qui a fait passer la Malaisie du stade de producteur agricole et primaire à celui d'économie manufacturière »[211]. Ainsi les entreprises transnationales, par les emplois qu'elles contribuent à créer, par leur impact sur la diversification et la modernisation de l'appareil de production, sont devenues des partenaires incontournables et recherchés des pays en développement et de leurs gouvernements, si ceux-ci sont résolus à engager et soutenir leur économie dans la voie de la croissance et du développement[212].

Tous ces éléments et toutes ces données témoignent à la fois de la réalité de l'intégration mondiale et de la puissance économique de ces acteurs, dont la réelle importance ne cesse de croître, et du rôle qu'ils peuvent (et doivent) jouer en matière de développement. Comment imaginer qu'il faille les rejeter, alors que l'on a tant besoin d'eux. Tout au plus doit-on s'efforcer de canaliser leur action en essayant de les responsabiliser, mais certainement pas les repousser !

Il faut encore se garder d'interprétations excessives, fondées sur un raisonnement erroné : il est en effet coutume d'exagérer le poids économique des entreprises transnationales (malgré leur puissance évidente), et donc leur impact réel ou potentiel et leurs responsabilités face aux problèmes de développement des pays pauvres notamment. Ainsi affirme-t-on souvent, par exemple, que parmi les 100 plus grandes économies, 51 seraient

---

[211] « Survey of OECD Work on International Investment », *Working Papers on International investment*, OCDE, Paris, 1998, p. 20 : www.oecd.org/dataoecd/0/59/2111393.pdf

[212] Dans son rapport annuel sur l'investissement dans le monde, la CNUCED souligne la contribution des filiales étrangères en matière d'emploi, d'innovation et de productivité : *World Investment Report 2002 ; Transnational Corporations and Export Competitiveness, CNUCED*, NY, 2002, p. 15-18 : www.unctad.org/en/docs//wir2002_en.pdf

des entreprises et 49 seulement des Etats, ce qui tendrait à démontrer que bien des entreprises seraient éminemment plus puissantes que de nombreux Etats. La réalité est pourtant quelque peu différente malgré les succès réels de ces entreprises, du moins si l'on adopte une méthodologie rigoureuse ! En effet, on compare souvent les entreprises et les Etats en prenant comme indicateurs d'un côté les ventes (chiffre d'affaire) et de l'autre le Produit Intérieur Brut (PIB), or si ce dernier est bien une mesure de valeur ajoutée, les ventes ne le sont évidemment pas puisque, pour un produit vendu cent euros, il faut soustraire les coûts de production, de transport, les taxes et tarifs... Ce qui fait que la valeur ajoutée ne sera peut-être pas supérieure à vingt ou trente euros seulement, et sera en tout cas loin des cent euros. Ce mode de calcul (vente/PIB) peut donc, ô combien, fausser l'analyse, donnant aux entreprises un poids très largement supérieur à la réalité. Il faut, comme le fait la Commission des Nations-Unies pour le Commerce et le Développement, comparer ce qui est comparable, ce qui revient à mettre en relation le PIB avec la valeur ajoutée réalisée par les entreprises, l'on obtient alors des données plus nuancées, même si les entreprises transnationales restent et s'affirment comme de très puissants acteurs aux moyens financiers considérables. Ainsi, parmi les cent premières économies de la planète, 29 étaient, en 2000, des entreprises, contre 24 en 1990, et la première d'entre elles n'était qu'en 45e position derrière le Chili et devant le Pakistan, loin cependant après les principaux Etats[213].

Force est toutefois de reconnaître le rôle déterminant des entreprises transnationales, notamment en matière de croissance économique et de développement. Loin de constituer de simples éléments sur l'échiquier international que l'on pourrait tolérer ou sanctionner selon le cas, ce sont aujourd'hui des acteurs majeurs de la dynamique mondiale ; des acteurs avec lesquels il faut nécessairement compter et que l'on ne saurait en aucun cas ignorer. Vouloir les tenir à l'écart, ou tout simplement les considérer ni plus ni moins comme les adversaires des pays pauvres et du développement, qu'il faudrait à tout prix combattre, est tout

---

[213] « Are Transnationals Bigger than Countries ? », *UNCTAD Press Release*, CNUCED, NY, 2002 : TAD/INF/PR/47.

simplement irresponsable. Il ne faut effectivement pas faire preuve d'aveuglement ni d'obstination obsessionnelle, mais au contraire considérer la réalité et convenir de l'implication favorable qu'elles peuvent avoir sur le développement par la création d'emplois et la dynamisation des économies, et ainsi faisant chercher à les mieux responsabiliser pour canaliser plus avantageusement leur énergie au profit du développement et dans le respect des règles et priorités localement établies.

« L'investissement responsable »

Malheureusement, l'héritage de certaines écoles de pensée encore influentes au sein de nos sociétés et de l'intelligentsia, particulièrement la théorie de la dépendance – qui émane de l'idéologie néo-marxiste –, ainsi que certaines exactions outrancières commises par le passé et liées au comportement des grandes et puissantes entreprises dans des pays pauvres, incitent l'opinion publique à une certaine méfiance, pour ne pas dire plus. Le souvenir du Chili et de l'implication d'ITT et de Pepsi-Cola dans le renversement de Salvador Allende, le rôle des entreprises minières belges dans l'affaire du Katanga (qui se solda par l'assassinat de Patrice Lumumba en 1961), ou encore la responsabilité des entreprises américaines comme United Fruit Company dans certaines interventions de la CIA en Amérique centrale… Autant d'exemples tristement véridiques et extrêmes où les entreprises ont voulu protéger leurs intérêts en cherchant à influer le cours de l'histoire, interférant ainsi dans les affaires politiques au mépris de la souveraineté populaire et du respect des principes démocratiques[214]. Autant d'exemples qui peuvent être cités pour décrédibiliser les entreprises transnationales et attiser à leur endroit suspicion et hostilité. Il faut cependant se garder de toute dérive fondée sur une perspective à la fois fragmentaire et tendancieuse. N'oublions pas en effet l'atout incontestable que constitue, par sa contribution effective au développement économique et social, l'implantation d'une entreprise

[214] Nous reprenons ici quelques cas tristement célèbres cités par Jagdish Bhagwati, *In Defense of Globalization*, Oxford UP, NY, 2004, p. 168.

transnationale dans un pays pauvre. Qui plus est, s'il est présomptueux de croire en une possible éradication de la délinquance (qu'elle provienne de l'entreprise, de l'Etat, ou de tout autre acteur), force est de reconnaître que de telles actions semblent plus difficiles à engager à l'heure où la mondialisation impose un extraordinaire développement médiatique et une évolution des comportements individuels et collectifs encouragée par la globalisation sociale (les citoyens sont de plus en plus concernés par ce qui survient hors les frontières nationales) et les progrès de la démocratie mondiale. Dans ce contexte, les entreprises sont logiquement plus soucieuses que jamais de préserver leur image, sachant que, dans un marché globalisé, leurs actions et attitudes en un lieu X pourront être dénoncées devant le monde entier et faire l'objet d'une campagne de dénigrement voire de boycott, avec les lourdes conséquences économiques que cela pourrait leur occasionner.

Le danger est aujourd'hui bien réel pour les entreprises transnationales, et cela ne peut que contribuer favorablement à responsabiliser leur comportement et éthique. Les grandes entreprises du secteur de l'habillement ou du jouet comme Nike, Reebok, Levi Strauss ou Mattel le savent bien, elles qui furent un temps vivement épinglées pour les mauvaises conditions de travail au sein de leurs filiales en Asie (exploitation des mineurs, travail forcé effectué par des prisonniers, condition des femmes au travail…). Aussi ont-elles fait depuis de véritables efforts afin de redorer leur image auprès de leur clientèle internationale : élévation des salaires (atteignant un niveau largement supérieur au salaire minimum) et intéressements, cela généralement sur l'ensemble de leurs marchés et aires de production pour les ouvriers au plus bas de l'échelle ; amélioration de l'hygiène et des conditions de travail sous surveillance de contrôleurs indépendants ; défense active du respect des Droits de l'Homme, notamment auprès des autorités gouvernementales (en soutenant activistes et syndicalistes au Vietnam, en Indonésie ou en Chine) ; participation à des initiatives pour améliorer les conditions de travail des jeunes dans les pays concernés (elles-mêmes refusant d'employer des mineurs au sein de l'entreprise)[215]. Bien qu'il faille

[215] Cf. notamment *Mattel, Levi Strauss, Reebok Endorse New Code*, The Clean Clothes Campaign,

évidemment rester prudent et vigilant, et quoique d'importants efforts restent à réaliser au-delà de ces bons gestes, il faut tout de même reconnaître l'évolution significative du comportement des entreprises transnationales au cours de ces dernières années[216]. L'investissement responsable, que la Commission européenne définit comme « l'intégration volontaire par les entreprises de préoccupations sociales et environnementales à leurs activités commerciales et leurs relations avec leurs parties prenantes » est aujourd'hui une réalité, même si elle reste imparfaite. Les nouvelles contraintes qui s'imposent ainsi aux entreprises transnationales, du fait de l'action militante des organisations non-gouvernementales et des relais médiatiques, les forcent à adapter leur conduite et leur attitude, indépendamment de leur propre évolution en terme d'éthique. Si les modalités d'application restent à la discrétion des entreprises – créant il est vrai une situation à géométrie variable (un investisseur pouvant, pour des raisons éthiques ou morales refuser de cautionner des secteurs comme l'industrie de l'armement ou des régimes dictatoriaux comme le Myanmar, ex-Birmanie) – le socle minimal s'articule cependant autour de quatre principes, proposés en 1998 par l'Organisation Internationale du Travail dans sa « déclaration sur les droits et principes fondamentaux des travailleurs », et théoriquement avalisée par 174 Etats : liberté d'association et reconnaissance effective du droit à la négociation collective ; élimination de toute forme de travail forcé ou obligatoire ; abolition effective du travail des enfants ; élimination de la discrimination en matière d'emploi et de profession[217].

L'on peut toutefois dénoncer le fait qu'une grande partie des investissements à destination des pays en développement (contribution positive) se concentre sur quelques-uns d'entre eux seulement, bien évidemment les plus attractifs aux yeux des

---

Amsterdam, juin 1999 : www.cleanclothes.org/companies/levi99-06-05.htm ; Robert Collier, « US Firms Reducing Sweatshop Abuses But wages still at poverty level », *San Francisco Chronicle*, 17 avril 1999 :
www.sfgate.com/cgibin/article.cgi?file=/chronicle/archive/1999/04/17/MN88465.DTL

216 Il est à cet effet significatif de constater l'importance accordée aux questions relatives à l'éthique par le Forum économique mondial (Davos) ; cf. www.weforum.org

217 *Investissement responsable*, Centre de recherche sur les politiques et le développement social, Université de Montréal, 2004 : www.politiquessociales.net/themes/investissement.html

investisseurs et donc les mieux engagés dans l'intégration au marché mondial, limitant du même coup l'impact favorable des entreprises transnationales à l'échelle globale. Mais c'est aussi admettre, paradoxalement, le rôle déterminant de ces dernières dans le développement, puisque les économies au sein desquelles elles investissent se portent généralement plutôt bien. Or il est clair qu'elles contribuent significativement à cet état de chose. Et cela nous ramène à l'incontournable question de la gouvernance nationale et de la responsabilité des gouvernements pour créer les conditions permettant de favoriser l'intégration de leur économie au sein du marché mondial (permettant ainsi de stimuler les perspectives d'échange et de production), ouvrir leur propre marché, et bien sûr instaurer la stabilité politique et sociale nécessaire pour stimuler leur attractivité.

Le « Pacte mondial »

Plus que de simples agents de production et de négoce, les entreprises transnationales contribuent effectivement, on l'aura compris, au développement économique et social planétaire et participent ainsi activement à l'élaboration du monde à venir. Cette simple remarque suffit à justifier l'absolue nécessité de les mieux intégrer au sein de la gouvernance mondiale, comme l'a très bien compris le secrétaire général des Nations-Unies en lançant le Pacte Mondial pour promouvoir le principe de l'entreprise citoyenne : « S'appuyant sur le pouvoir de l'action collective, le Pacte mondial s'attache à promouvoir la responsabilité civique des entreprises afin que le monde des affaires puisse participer à la recherche de solutions pour résoudre les problèmes posés par la mondialisation. En partenariat avec d'autres acteurs sociaux, le secteur privé peut ainsi contribuer à la réalisation du secrétaire général : une économie mondiale plus viable et plus ouverte. [...] Aujourd'hui, des centaines de sociétés de toutes les régions du monde, ainsi que des organisations internationales du travail et de la société civile participent au Pacte mondial » [218].

[218] *Aperçu du Pacte Mondial*, ONU, NY, 2003 :

Les neuf principes du Pacte Mondial[219]
Droits de l'homme
Principe N°1 : Les entreprises sont invitées à promouvoir et à respecter la protection du droit international relatif aux Droits de l'Homme dans leur sphère d'influence ; et *Principe N°2* : à veiller à ce que leurs propres compagnies ne se rendent pas complices de violations des Droits de l'Homme.
Normes du travail
Principe N°3 : Les entreprises sont invitées à respecter la liberté d'association et à reconnaître les droits de négociation collective ; *Principe N°4* : l'élimination de toutes les formes de travail forcé ou obligatoire ; *Principe N°5* : l'abolition effective du travail des enfants ; et *Principe N°6* : l'élimination de la discrimination en matière d'emploi et de profession.
Environnement
Principe N°7 : Les entreprises sont invitées à appliquer l'approche de précaution face aux problèmes d'environnement ; *Principe N°8* : à entreprendre des initiatives tendant à promouvoir une plus grande responsabilité en matière d'environnement ; et *Principe N°9* : à favoriser la mise au point et la diffusion de technologies respectueuses de l'environnement.

A ce jour, plus de mille entreprises participent au Pacte Mondial, aux côtés d'une cinquantaine et plus d'Etats et de plusieurs organisations non-gouvernementales. Cela témoigne avec éloquence d'une évolution comportementale et fonctionnelle de la gouvernance mondiale qui, si elle est encore timide, est cependant bien réelle. Elle est aussi parfaitement logique, car à l'heure de la globalisation croissante des enjeux, nul ne peut rester indifférent ou inactif. **La responsabilisation des entreprises et l'engagement en faveur de l'investissement responsable n'est pas un simple effet de style ou d'esthétisme visant tout bonnement à améliorer leur réputation; ils découlent au contraire d'une logique profonde qui rend cette évolution nécessaire, dans leur intérêt comme dans celui de tous, et qui doit aboutir à une évolution substantielle de la gouvernance mondiale.**

L'avenir de la planète n'intéresse pas que les seuls pouvoirs publics ou la société civile. Les entreprises sont, elles aussi, directement concernées par la santé et l'évolution de la planète, indépendamment des considérations liées à leur image et à leur réputation. L'expansion du marché mondial et le développement durable (qui présupposent le développement de l'économie

www.unglobalcompact.org/content/AboutTheGC/francais.html

219 *Ibid.*

monde dans toute sa réalité), comme le maintien de la stabilité globale, et donc la préservation de l'ordre et de la paix, sont des priorités qui concernent bien entendu « aussi » les entreprises transnationales, et même au premier chef. Il serait en effet erroné, pour ne pas dire tendancieux, de ne considérer l'entreprise que sous l'angle économique ou, pire encore, comme un acteur n'obéissant qu'à la seule logique de la rentabilité (bien que celle-ci soit essentielle !), car, comme tout acteur ou tout citoyen agissant dans un espace sociétal, elle a aussi tout naturellement des fonctions et des intérêts sociaux et politiques qu'elle se doit d'exprimer ou d'encourager (par le biais d'initiatives personnelles, lorsque cela relève de ses compétences, ou par le lobbying auprès des tiers concernés). Dans ces conditions, et compte tenu de leur impact économique et social ainsi que des moyens qu'elles ont à leur disposition, la question de leur responsabilisation et de leur implication au sein de la gouvernance mondiale, loin de constituer un phantasme nauséeux, est au contraire une exigence réaliste et incontournable si l'on veut apporter des réponses cohérentes aux défis actuels et à venir de ce monde.

Pour toutes ces raisons, et malgré ses faiblesses évidentes qui tiennent, selon certains, à son caractère incitatif et non-contraignant, le Pacte Mondial est bien plus qu'une vaine tentative visant à encourager une hypothétique ou improbable évolution vers de nouvelles solutions, beaucoup plus qu'un simple habillement pour masquer l'impotence de l'institution onusienne. De par son essence même, il constitue au contraire une étape fondatrice vers une révision conceptuelle et fonctionnelle de la gouvernance mondiale, fondée sur le principe de l'engagement volontaire et coordonné de toutes les parties, indistinctement de leurs caractéristiques et de leur nature. Certes, les modalités organisationnelles restent à définir ou à préciser, question déterminante à laquelle nous nous attacherons plus loin. Toutefois, outre les progrès espérés pour améliorer la gouvernance et renforcer son efficacité dans l'espoir de contribuer significativement à stimuler le développement à l'échelle plané-taire, la démarche a aussi le mérite de contribuer à renforcer la démocratie mondiale, car celle-ci, à l'image de ce qu'il en est sur le plan national, exige respect du pluralisme et engagement de tous !

Enfin, pour démystifier l'idée d'une participation de l'entreprise à la gouvernance mondiale, il faut encore rappeler que depuis un certain temps, déjà, le secteur privé participe à l'élaboration de règles respectées internationalement dans la conduite des affaires et s'imposant quotidiennement aux milliers de transactions opérées de par le monde. Par l'action de lobbying auprès des autorités nationales ou inter-gouvernementales, bien sûr, mais aussi de son propre fait, lorsque l'autorité publique s'estime incompétente ou refuse d'agir. Les entreprises créent ainsi – ou participent à la création de – leurs propres codes de conduite et établissent les normes et principes qui encadreront leur action. L'exemple le plus révélateur est certainement celui de la Chambre Internationale de Commerce (CIC), fondée en 1919, et dont sont membres les entreprises et associations professionnelles de plus de 130 pays : non seulement elle établit les principes qui régissent le négoce international (devenant ainsi source de Droit), mais encore elle définit les normes en cas de conflit et, surtout, propose ses services pour régler les différends entre partenaires commerciaux privés internationaux grâce à la Cour Internationale d'Arbitrage. De leur côté, de nombreuses associations professionnelles agissent, souvent en concertation avec l'autorité publique, pour définir les règles et modalités spécifiques au secteur d'activité qui les concerne : informatique, avec l'élaboration de codes de confidentialité ou la définition des règles de propriété, par exemple. Souvent, la responsabilité émane des pays riches, à l'exemple de l'American Chemistry Council, qui initiait en 1988 un code de conduite international concernant la fabrication et l'utilisation des produits chimiques afin d'améliorer les conditions d'hygiène, la sécurité et la préservation de l'environnement ; ce code est aujourd'hui adopté par quarante-six pays, représentant 85 % de la production chimique mondiale…[220] Il n'est donc pas illogique, en de telles circonstances, de vouloir renforcer la coordination entre les différents acteurs, ne serait-ce que pour conforter la cohérence de la gouvernance mondiale.

---

[220] Ngaire Woods, « Global G overnance and the Role of Institutions », in David Held & Anthony McGrew, *Governing Globalization, Power, Authority and Global Governance*, Polity, Cambridge (GB), 2003, p. 31-33.

LES ORGANISATIONS NON-GOUVERNEMENTALES, SENTINELLES EN QUETE DE RESPONSABILITE

Des partenaires incontournables…

Troisième pilier de ce triptyque de la gouvernance mondiale, aux côtés des Etats et organisations inter-gouvernementales, d'une part, et des entreprises transnationales, d'autre part, les organisations non-gouvernementales transnationales (ONG) ont à l'évidence un rôle essentiel à jouer. Parce qu'elles sont en quelque sorte les représentants associatifs, à l'échelon international, de la société civile, elles agissent en complémentarité avec les autres acteurs, et en alertant l'opinion publique des excès et méfaits qui viendraient à survenir dans les domaines humanitaire, écologique, ainsi que politique ou sanitaire. Véritables sentinelles des droits fondamentaux, du respect de la vie et de la préservation de la planète, les ONG ont acquis en quelques années crédibilité et respectabilité. Leurs actions médiatiques – parfois engagées au grand dam des Etats ou des entreprises – pour défendre l'environnement (Greenpeace, Sierra Club…) ou les Droits de l'Homme (Amnistie Internationale, Human Rights Watch, Journalistes Sans Frontières…), mais aussi leur engagement effectif et irremplaçable sur le terrain – aux côtés des Etats cette fois – pour apporter une réponse aux difficultés humanitaires et sanitaires dans les régions les plus isolées ou les plus instables expliquent cette reconnaissance. L'on pense ici bien sûr à l'action de Médecins Sans Frontières et de ses « french Doctors » salués de par le monde, mais aussi à Oxfam et son engagement contre la faim, ou encore à la plus ancienne, la plus méritante et la plus respectée des ONG : la Croix Rouge Internationale.

Pour toutes ces raisons, les ONG sont aujourd'hui reconnus comme des acteurs incontournables et essentiels de la gouvernance mondiale, comme le faisait remarquer le Secrétaire général des Nations-Unies, monsieur Kofi Annan. Leur compétence spécifique ainsi que la complémentarité de leur action avec les autres acteurs internationaux (institutionnels ou non) pour apporter une réponse plus cohérente, adaptée et rationnelle « aux grands problèmes mondiaux », se révèlent depuis quelques années déjà être d'une utilité majeure[221]. Partenaires indispensables de la nouvelle gouvernance, elles contribuent, au-delà des actions ponctuelles, à asseoir la démocratie mondiale et agissent aussi comme de véritables garde-fous face aux Etats et aux entreprises trans-nationales.

Presque inexistantes jusqu'à la fin de la seconde guerre mondiale (en dehors, essentiellement, de la Croix Rouge Internationale), quelques ONG transnationales vont alors émerger en s'associant au système des Nations-Unies avec l'obtention du statut d'observateurs habilités, mettant dès l'origine leurs compétences au service des actions de coopération et dans l'humanitaire (1947). Mais ce n'est que depuis les vingt dernières années, et plus particulièrement durant la dernière décennie, qu'elles ont acquis l'importance qu'on leur reconnaît désormais. On les vit ainsi se multiplier de manière exponentielle (l'on en compte plus de 30 000) au point de constituer un ensemble à la fois pléthorique, épousant des causes variées, dans des secteurs d'intérêt diversifié (allant des Droits de l'Homme à l'élimination de la dette des pays pauvres ou la condition féminine, en passant par la lutte contre les mines anti-personnelles ou la protection de la faune…), et surtout pétries de contradictions, à l'image du monde associatif dont elles font partie : contradictions entre elles, quant aux objectifs et moyens ; et face à elles-mêmes, devant les dérives que sont la professionnalisation et l'institutionnalisation, souvent contraires aux principes mêmes du mouvement associatif[222].

… Témoins de la démocratisation des relations internationales

Cette expansion résulte en fait directement des transformations géopolitiques et économiques que connut la planète au cours de ces dernières années ; la fin de la guerre-froide et le

---

[221] *Le Secrétaire général évoque la profonde évolution du rôle des ONG dans la déclaration liminaire prononcée à la cinquantième conférence DPI/ONG*, Communiqué de presse, ONU, NY, 17 septembre 1997, SG/SM/6320/NGO/294/PI/1027.

[222] Gustave Massiah, *Les ONG et la mondialisation, quelles perspectives après Seattle*, AITEC (Association Internationale de Techniciens, Experts et Chercheurs), Paris, mars 2000 : www.globenet.org/aitec/contributions/ongmond.htm

tropisme médiatique sur les réalités géoéconomiques qui s'ensuivit, concomitamment (et conséquemment) à l'accélération du processus d'intégration économique mondial ainsi qu'à la globalisation des enjeux, stimulèrent bien évidemment l'intérêt et les craintes suscitées par un monde en forte mutation. Qui plus est, les grandes messes organisées sur l'initiative de l'ONU pour débattre des grands problèmes du monde, comme la Conférence de Rio sur l'environnement en 1992 ou la Conférence de Beijing sur le droit des femmes en 1995, ont permis aux ONG d'affirmer leur présence et de renforcer les liens qui les unissent. A l'évidence, l'émergence et l'affirmation des ONG sur la scène internationale ont été très largement favorisées par la mondialisation ; d'autant que les progrès en matière de liberté d'expression et le développement des technologies de l'information et de communication leur permirent d'accroître singulièrement leur visibilité, et surtout de développer leur capacité organisationnelle et leurs moyens d'action, renforçant ainsi leur aptitude à mobiliser l'opinion publique. C'est d'ailleurs le paradoxe qui veut que ce soit parmi les ONG que l'on trouve les plus fervents adversaires de la mondialisation ou de certains de ses effets supposés, alors qu'elles en sont l'émanation directe, qu'elles en bénéficient au premier chef et qu'elles illustrent plus que n'importe qui d'autre la démocratisation des relations internationales.

Il faut cependant relativiser la perception que l'on peut avoir de ces acteurs, car si les associations anti-mondialistes sont souvent les plus médiatiques, elles ne représentent en réalité qu'une fraction de cette myriade d'ONG. Leur existence même, et surtout la capacité d'expression dont elles font preuve témoignent à l'évidence de la vigueur de la démocratie mondiale. Celle-ci repose en effet sur les principes de pluralité et de liberté d'association, qui sont le fondement de la liberté d'expression. C'est en ce sens que les ONG constituent des acteurs incontournables de la gouvernance mondiale, car si la démocratie participative est une contribution essentielle au progrès de la Nation, il en va de même pour le Monde.

Cependant, avant d'aller plus loin sur la question de la réorganisation de la gouvernance mondiale et le rôle que pourraient y jouer les ONG, il faut aussi reconnaître qu'elles ne sont pas non plus exemptes de dérives subjectives ou de dévoiement, ni même préservées des risques de corruption ou de malversation, à l'image des entreprises et des institutions publiques qu'elles se plaisent souvent à dénoncer. Ces écueils sont d'ailleurs potentiellement encouragés par les dérives bureaucratiques liées à l'institutionnalisation des grandes ONG. Il n'est pas inconcevable alors d'imaginer que telle organisation, financée par les dons de riches et généreux donateurs privés ou par les subventions du décideur public, puisse agir dans certaines conditions avec au premier chef le souci de défendre les intérêts de ses bienfaiteurs ; l'on peut encore imaginer que certaines d'entre elles puissent ne pas hésiter parfois à détourner la vérité (jusqu'à la falsifier) pour mieux asseoir leur propre vérité[223].

Il faut en convenir, les ONG ne sont pas à l'abri de ce genre de faiblesses, propres à l'humanité ; c'est pourquoi leur crédibilité (et donc leur influence) dépendra aussi de leur responsabilité. A l'image des entreprises, de l'Etat ou des organisations inter-gouvernementales, tout l'enjeu tient à leur capacité à perfectionner leur propre gouvernance. Il leur faut, elles aussi, évoluer en parfaite transparence et agir, si possible, en coordination serrée avec les instances internationales et les autres acteurs, et non se situer de manière systématique sur une position de refus et de contestation permanente (idéologiquement biaisée), quitte à user de méthodes délictueuses ou déontologiquement inacceptables. Il leur faut enfin, au-delà des discours, prendre une véritable dimension globale, car, dans la plupart des cas, les ONG restent prisonnières de leur culture nationale d'origine. Il n'est pas rare de constater des nuances, voire de profondes contradictions, entre ONG riches issues des économies industrialisées, adoptant par-fois un comportement impérial aussi surprenant que déroutant, et celles issues des pays pauvres, souvent beaucoup plus proches des réalités et des contraintes qui caractérisent ces derniers.

---

[223] Comme, par exemple, l'affaire du film allemand fabriqué de toute pièce pour accuser IKEA de travailler avec des fournisseurs exploitant le travail des mineurs, ou encore l'interdiction faite à un de ses employés actif à Seattle par l'ONG Global Trade Watch pour Public Citizen de Ralph Nader (candidat aux élections présidentielles américaines en 2000) de répondre aux questions d'un journaliste sur le financement de l'association par le magnat du textile de Caroline du Sud et surtout héraut du protectionnisme aux Etats-Unis ; l'amalgame est vraiment truculent ! Cf. Jagdish Bhagwati, *In Defense of Globalization*, Oxford UP, NY, 2004, p. 44-45.

Une collaboration renforcée

Par les pressions qu'elles ont su exercer sur les gouvernements et les entreprises transnationales, par le biais de l'opinion publique ou d'instances judiciaires internationales ou nationales, les ONG sont parvenues à s'imposer pour constituer de véritables partenaires avec lesquels il est non seulement possible mais nécessaire de travailler, s'inscrivant dans la logique d'une nouvelle gouvernance fondée sur le partenariat et la recherche des complémentarités. Ainsi n'est-il plus rare de voir un gouvernement ou une organisation intergouvernementale collaborer ou s'appuyer sur l'expertise d'une ONG, dans des domaines de plus en plus divers. Les entreprises transnationales elles-même cherchent de plus en plus à tisser des liens avec les ONG, jusqu'à établir une proximité étroite avec ces partenaires encore considérés, il y a peu, comme d'irréductibles empêcheurs de tourner en rond, systématiquement opposés à leurs intérêts, et constituant donc d'impossibles partenaires. Le Corporate Funding Program (Programme d'allocation de ressources des entreprises), fondé en octobre 2000 par sept entreprises situées en Belgique et six ONG afin de « promouvoir la collaboration entre ONG et entreprises, en vue d'optimiser l'utilisation des moyens destinés au financement de projets de développement socio-économique » en est une claire illustration et traduit parfaitement le rôle des ONG pour « faire pression sur ces entreprises » [224] et SURTOUT les amener à accepter de coopérer, dans l'intérêt de chacune des parties, au service de la défense des principes humanitaires et du développement. L'on pourrait ainsi multiplier les exemples de partenariats récemment mis au point entre entreprises trans-nationales et ONG : ainsi Carrefour qui a créé l'association Infans avec la Fédération Internationale des Droits de l'Homme pour contrôler les conditions de travail chez ses fournisseurs, Nike qui a lancé avec le soutien de Global Alliance une consultation auprès de 10000 salariés chez des fournisseurs au Vietnam qui a permis de découvrir l'existence de mauvais traitements et d'y remédier, ou encore le cimentier Lafarge qui

[224] François Globe, *Entreprises et ONG : même combat ?*, Solidarité Nord-Sud, Bruxelles, avril 2002 : www.enter.org/solidarity/cadre_central/solidarite_nord_sud/nordsud_27.htm

s'est allié avec le World Wildlife Fund et s'est engagé à réduire ses émissions de dioxyde de carbone (le secteur pesant pour 5 % des émissions mondiales)[225].

Si elles ressortent souvent renforcées du bras de fer qui les opposent ici et là aux entreprises – lesquelles craignent par-dessus tout d'être considérées comme des parias par leurs clients et par leurs employés – les ONG apprennent, elles aussi, à collaborer objectivement avec les autres acteurs, notamment avec les entreprises, pour ne pas s'enfermer dans une position de refus, à terme contre-productif et contraire à leurs objectifs. Au-delà du rôle de sentinelle qu'elles s'accordent volontiers, il leur faut agir avec pragmatisme et responsabilité dans l'unique but de satisfaire la mission qu'elles se sont fixée. Les ONG ne sont pas par essence les adversaires « naturels » de telle ou telle catégorie d'acteur, mais simplement les représentants associatifs de fractions de la société civile et des préoccupations qui les animent. En d'autres termes, ce sont des groupes de pression dont la mission est de représenter et défendre, si besoin est, les intérêts ou positions de leurs membres. Aussi peuvent-elles et doivent-elles collaborer et agir de concert avec toutes les catégories d'acteurs : Etats, organisations inter-gouvernementales ou entreprises – ceci bien évidemment lorsque la chose est possible –, sachant surpasser les différences qui les opposent par ailleurs ou leurs réticences (pour autant qu'elles aient conscience de partager une communauté de destin et surtout qu'elles soient animées par une détermination sincère envers les objectifs qu'elles se sont fixés).

C'est ainsi que plusieurs d'entres elles ont accepté, à l'image d'Amnistie International, de participer au Pacte Mondial proposé par l'ONU, s'inscrivant dans un partenariat pour établir de nouveaux rapports avec les autres acteurs et travailler dans un nouvel esprit, sans pour autant, bien au contraire, renier d'une quelconque manière leurs engagements.

Quant à celles qui se refusent avec obstination à toute forme de collaboration notamment avec les entreprises transnationales – pour la simple raison que ce sont des entreprises, comme en d'autres temps certains refusaient la collaboration

---

[225] « Mondialisation : ONG et multinationales tentent de s'apprivoiser ; quelques exemples de partenariats », *Le Monde*, Paris, 18 janvier 2004.

avec les représentants du patronat ou de la bourgeoisie –, elles s'enferment dans une logique de division (et donc de conflit) parfaitement contre-productive. Ainsi faisant, non seulement elles témoignent d'une obstination aveugle ou bien peu louable (parce que fondée sur des motifs idéologiques extrêmes et obtus), mais surtout elles démontrent le mépris qu'elles accordent finalement aux idées et aspirations généreuses qu'elles prétendent pourtant vouloir porter de l'avant et qu'elles sont cependant prêtes à sacrifier sur l'hôtel de l'idéologie.

Au-delà de quelques groupes fondamentalistes se tenant résolument à l'écart, il apparaît de plus en plus évident qu'une profonde évolution s'impose pour transformer durablement les relations entre les diverses catégories d'acteurs, celles-ci passant de l'ignorance ou de la rivalité à une inter-complémentarité croissante. **Parce que ce monde devient plus complexe, parce que la globalisation des enjeux fait qu'aucun acteur, pas même l'Etat, ne peut aujourd'hui prétendre avoir la capacité suffisante de répondre à lui seul aux défis qu'il faut pourtant relever, l'alliance de toutes les compétences fondée sur le partenariat actif et constructif entre les Etats, les organisations intergouvernementales, les entreprises transnationales et les ONG, constitue, non pas un délire utopique ou une vue de l'esprit, mais la seule alternative possible et crédible**.

ELARGIR LA GOUVERNANCE MONDIALE

… avec mesure et pragmatisme

Les modalités organisationnelles et fonctionnelles de ce partenariat restent à établir, tant il est vrai que le cadre fourni par le Pacte Mondial de l'ONU demeure fragile et limité (parce que fondé sur l'engagement volontaire des partenaires). Aussi, certains appellent de plus en plus ouvertement une collaboration renforcée entre représentants du secteur privé et du domaine public, élargie à des sphères et compétences beaucoup plus vastes. Des chercheurs n'hésitent pas à suggérer l'idée d'une participation des ONG aux délibérations sur le commerce international dans le cadre des séances de l'Organisation Mondiale du Commerce[226]. Le principe est effectivement séduisant et s'inscrit, semble-t-il, dans une démarche tocquevilienne fondée sur l'engagement et la participation active de la société civile au débat démocratique. Depuis quelques années d'ailleurs, de nombreuses ONG veulent rejoindre les organisations intergouvernementales ou leurs structures (à l'exemple du Conseil Economique et Social qui leur accorde un statut consultatif, octroyé à ce jour à plus de 2000 ONG) et demandent un élargissement de leur participation.

A l'évidence, cette évolution ne fait que traduire les mutations profondes qui transforment la société mondiale. Ces mutations appellent inévitablement une adaptation de la gouvernance qui reflète l'affirmation des nouveaux acteurs. Mais la tâche sera probablement fort délicate. Il s'agit en fait de réorganiser les modalités sur lesquelles est fondé le processus décisionnel au niveau international, dans le but d'élargir la gouvernance en instituant une collaboration plus active et concrète entre des acteurs dont la nature et la fonction sont cependant fondamentalement différentes : représentants associatifs de segments de la société civile et entreprises d'un côté (qui, par nature, sont des groupes de pression politique et non des décideurs publics), et de l'autre l'Etat, seul détenteur jusqu'ici de l'autorité et de la puissance publiques, et surtout seul récipiendaire de la légitimité populaire (les organisations intergouvernementales sont quant à elles, rappelons-le, les forums de négociation au sein desquels les Etats sont appelés à négocier, dans le respect des traités et des obligations attenantes).

Elargir le spectre de la gouvernance doit donc nécessairement répondre à des exigences précises et surtout s'inscrire dans une perspective à la fois réaliste et pragmatique, faute de quoi les initiatives seront probablement vaines ou, pire encore, aboutiront à un résultat contre-productif. Deux précautions semblent à priori s'imposer : il faut tout d'abord éviter toute forme d'ostracisme, pour ne pas amenuiser ou anéantir le bénéfice démocratique et fonctionnel d'une telle réforme. Ce qui veut dire

---

[226] Steve Charnovitz, *On constitutionalyzing the WTO : a comment on Howse and Nicolaidis*, J. F. Kennedy School of Government, Harvard University, Cambridge (Mass), juin 2000 : www.ksg.harvard.edu/cbg/trade/conferences/charnovitz.htm

que l'invitation ne saurait alors être limitée à une seule catégorie d'acteur, ni imposer des règles de fonctionnement non équitables au regard des spécificités et qualités de chacun d'entre eux ; il faut au contraire s'efforcer de développer les synergies et, pour cela, encourager initiative et responsabilité. Certaines ONG appellent pour leur part un renforcement du rôle des autorités publiques (ici les organisations intergouvernementales), par exemple en ce qui concerne l'élaboration et le suivi des codes de conduite relatifs aux normes de travail (jusqu'ici, il est vrai, essentiellement dépendant de l'initiative des entreprises) « afin de replacer les forces économiques sous la direction du pouvoir politique »[227]. Or, s'il n'est pas insensé de vouloir renforcer le pouvoir des organisations inter-gouvernementales en matière de codification et de contrôle, il ne faut cependant pas verser dans l'excès régulateur, nécessairement centralisateur, autoritaire et contre-performant. Ce discours aux relents jacobins est bien évidemment contraire aux principes philosophiques, politiques et économiques précédemment définis dans ce livre. Ceux-ci, rappelons-le, fondent en effet la démocratie sur l'expression pluraliste, ainsi que sur le principe participatif, et considèrent d'autre part que la productivité – et donc le développement – repose sur la complémentarité partenariale entre l'autorité publique et l'agent de production, et non sur une organisation dirigiste.

La seconde précaution tient, quant à elle, du souci d'assurer la cohérence, la rationalité et l'effectivité de la gouvernance au sein de ces organisations inter-gouvernementales ! Cela en prenant soin de respecter les équilibres et surtout en évitant toute possible confusion des genres. En effet, s'il est louable d'inviter les nouveaux acteurs aux débats, leur participation devra être prescrite de manière à ne pas empiéter inconsidérément sur le domaine de la responsabilité des Etats ou sur leurs prérogatives. Toute autre option se verrait fort probablement rejeter par des gouvernements refusant de cautionner un tel projet ; et surtout, elle serait parfaitement inacceptable. Car elle s'inscrirait en totale contradiction avec les principes démocratiques, les acteurs de la société civile et les entreprises n'ayant ni l'un ni l'autre de mandat représentatif. Aussi leur responsabilité dans le processus déci-

---

[227] Thierry Brugvin, *Les codes de conduite*, ATTAC, Paris, 2000 : www.France.attac.org/a853

sionnel ne peut-elle être semblable ou égale à celle des représentants légitimes des peuples souverains.

S'il apparaît évident qu'une modernisation de la gouvernance mondiale soit nécessaire, et que celle-ci puisse tirer profit d'une participation renforcée des nouveaux acteurs en vue d'encourager l'accouchement de synergies favorables (sans lesquelles la société mondiale aura bien des difficultés à répondre aux nombreux défis qu'il lui faudra pourtant affronter), il est aussi certain que les modalités organisationnelles seront déterminantes. Il faut veiller à ce que le processus décisionnel soit organisé dans un cadre institutionnel et fonctionnel respectueux de la réalité et de la spécificité propre à chaque catégorie d'acteur, cela afin de tirer le meilleur de leur collaboration sans risque de gripper la machine. De fait, si « les organisations internationales, [les Etats], les entreprises, les réseaux de la société civile ont tous un rôle important à jouer pour contribuer à trouver des solutions au nombre croissant de problèmes qui transcendent les frontières nationales, ils y contribuent de façon différente, en s'appuyant sur des forces elles-mêmes différentes. Essayer d'unir ces trois types d'organisation dans une relation de coopération très étroite pourrait affaiblir la contribution que chacun peut apporter tout en créant des structures bureaucratiques supplémentaires. Aussi, malgré les affirmations selon lesquelles les accords tripartites conforteront la démocratie au sein de la gouvernance mondiale, l'on peut douter qu'une coopération serrée entre des organisations largement non-représentatives – les organisations internationales, des ONG difficiles à cerner, et les grandes entreprises transnationales – parvienne véritablement à améliorer la protection et la représentation des populations affectées par les politiques globales »[228].

Développer les synergies entre les différents acteurs ne peut reposer que sur une approche résolument réaliste et mesurée, débouchant sur des fondements et principes organisationnels rigoureusement rationnels. Si le partenariat constitue bien une

[228] Marina Ottaway, «Corporatism goes Global : International Organizations, NGO Networks and Transnational Business », *Global Governance : A Review of Multilateralism and International Organization*, (Vol.7, N° 3), Lynne Rienner Publishers, septembre 2001 ; en ligne sur le site de la fondation Carnegie : www.ceip.org/files/Publications/GlobalCorporatism.asp (traduction de l'auteur)

tendance évidente et heureusement favorable – parce que répondant aux exigences de la société moderne, de ses enjeux et caractéristiques –, le cadre institutionnel et structurel ainsi que les modalités organisationnelles de la gouvernance devront, pour aboutir à un modèle cohérent et fonctionnel, respecter les spécificités liées à la réalité objective et aux contraintes qui en découlent. De fait, malgré les mutations certaines qui se traduisent par un affaissement de la pleine souveraineté dont il bénéficiait jadis, l'Etat reste encore l'acteur dominant du système international contemporain, et son rôle comme ses prérogatives dans la gouvernance mondiale (et au sein des institutions inter-gouvernementales) ne sauraient être remis en question ni même sciemment érodés ou tout simplement concurrencés.

Moderniser la gouvernance mondiale impose donc la formulation d'un partenariat actif fondé sur une collaboration horizontale renforcée (c'est-à-dire sans subordination hiérarchique i nstituée mais reposant sur la complémentarité des partenaires) entre l'Etat et les représentants de la sphère privée. Toutefois, pour être fonctionnel et efficace, ce partenariat sera nuancé, afin de tenir compte des spécificités caractérisant chaque catégorie d'acteurs, leurs missions et leurs fonctions. En d'autres termes, il faut évoluer, mais de manière pragmatique, acceptable par tous, ce qui implique que l'on respecte et intègre la position dominante (mais non exclusive !) de l'Etat.

Derrière toute réflexion et toute initiative, il est essentiel de garder à l'esprit les fondements ultimes et les motivations profondes qui, seuls, peuvent justifier et accorder une réelle légitimité à la démarche engagée, à savoir : la recherche de l'intérêt général et le souci de renforcer l'efficacité de la gouvernance mondiale pour mieux répondre aux défis que doit affronter la société mondiale, ainsi que la volonté de respecter les droits individuels comme ceux de toute communauté particulière ou de tout acteur spécifique. Il ne s'agit donc pas (surtout pas !) d'une volonté guidée par de quelconques raisons idéologiques, visionnaires ou de principe ; c'est au contraire une perspective parfaitement rationnelle, tenant compte des contraintes, forces et pulsions objectives avec lesquelles il nous faut composer.

Parce que l'amélioration de la gouvernance mondiale répond à une nécessité impérieuse, il faut satisfaire à certaines exigences. Ainsi faut-il fluidifier ou tout au moins ne pas alourdir inutilement le processus décisionnel, ce qui présuppose savoir à la fois éviter les dérives bureaucratiques et les ruptures de dialogue (principalement entre les acteurs au cœur du processus : les Etats). Il est par ailleurs essentiel de conforter le principe démocratique pour que chacun puisse s'exprimer à la mesure de ses capacités, cela afin de conforter et dynamiser les synergies possibles. Alors pourra-t-on espérer parvenir à l'objectif ultime : l'amélioration significative des « performances » de la gouvernance mondiale, seule option pour faciliter la résolution des problèmes de développement, de sécurité, ou encore écologiques dont souffrent notre planète et ses habitants.

Moderniser la gouvernance n'est pas une fin en soi, ni même un idéal, mais une exigence à laquelle il nous faut nous résigner, quoi qu'il en soit.

Elargir la gouvernance au-delà des questions de développement économique : santé publique et sécurité notamment ?

Enfin, si l'idée visant à impliquer davantage les « nouveaux acteurs » est conceptuellement acceptable et possiblement envisageable pour ce qui est des questions d'ordre économique, liées notamment à la problématique du développement, pourquoi ne pas l'élargir à d'autres secteurs comme l'écologie de la planète ou la lutte contre les pandémies ? Dans ce dernier domaine, le partenariat constitue à l'évidence une obligation ; les entreprises pharmaceutiques étant en grande partie à l'origine de la recherche, de la production et de la diffusion de nouvelles molécules, elles ne sauraient être laissées pour compte par les autorités du domaine public (Etats, Organisation Mondiale de la Santé, ONU, Organisation Mondiale du Commerce). Cependant, leurs investissements ne seront économiquement justifiés qu'avec une perspective de rentabilité, d'où la nécessité de renforcer la collaboration entre les parties pour aboutir à un compromis satisfaisant tenant compte des contraintes de chacun. En d'autres termes, si l'entreprise citoyenne doit, ici aussi, satisfaire les impératifs inhérents à sa réalité et à sa logique économique comme à ses devoirs civiques, ses partenaires (autorités ou ONG) doivent pour leur part intégrer, comprendre et respecter les contraintes qui émanent de cette réalité duale et parfois contradictoire. L'on ne peut exiger de sacrifices sans concessions, et si l'accès aux soins pour tous impose par exemple la mise en application du « concept de prix différenciés » pour les médicaments essentiels, il faut aussi protéger la propriété intellectuelle et les droits des brevets sans lesquels, contrairement à ce que prétendent les idéologues de la lutte contre les entreprises et le capital, les firmes pharmaceutiques ne persévèreraient pas à investir de façon massive dans des recherches pourtant essentielles pour l'avenir commun de l'humanité[229]. Il faut d'ailleurs, sur ce point, reconnaître les efforts consentis et les progrès réalisés, comme le soulignait madame GroHarlem Bruntland, Présidente de l'OMC : « l'industrie a fait un effort admirable pour remplir ses obligations par ses dons de médicaments et ses réductions de prix »[230]. En effet, les grands groupes pharmaceutiques ont accepté de céder à des conditions favorables des licences de médicaments essentiels, notamment dans le cadre de la tri-thérapie contre le VIH, à des entreprises locales fabriquant des produits génériques, permettant ainsi aux pays pauvres d'avoir accès à des médications modernes sans avoir eu à supporter (il faut tout de même le rappeler !) les coûts de la recherche[231]. Certes, cette évolution ne fut pas toujours acquise de bonne grâce, et c'est notamment devant les effets potentiellement dévastateurs pour leur image du procès de Pretoria (avril 2001) – intenté par 39 compagnies contre l'Afrique du Sud qui menaçait de recourir à la fabrication ou l'importation de copies – que les grands groupes pharmaceutiques ont commencé à baisser les prix de leurs médicaments contre le Sida (après avoir retiré leur plainte).

---

[229] *Médicaments essentiels : accès, qualité et usage rationnel Evénements marquants en 2000*, Organisation Mondiale de la Santé, Genève, juin 2001 (MIP/01/APR.http.2.

[230] Citation de madame Bruntland, le 29 janvier 2001 à Davos : Jean-Loup Motchane, « Quand l'OMS épouse la cause des firmes pharmaceutiques », *Le Monde Diplomatique*, Paris, Juillet 2002, p. 10.

[231] Voir notamment Philippe Rivière, « Enfin des génériques antisida pour l'Afrique subsaharienne », *Le Monde Diplomatique*, Paris, 10 décembre 2003 : www.monde-diplomatique.fr/dossiers/génériques/

A l'évidence, la santé publique est un domaine trop important pour que toutes les parties concernées ne soient pas directement impliquées et responsabilisées de manière à travailler conjointement, selon leurs compétences et contraintes respectives, agissant ainsi dans le sens de l'intérêt général, mais sans pour autant inutilement ou injustement frustrer les intérêts des uns ou des autres. S'il faut modifier les comportements, il serait par contre hautement préjudiciable de n'exiger d'efforts que d'un seul côté. Les Etats doivent eux aussi faire d'importants progrès pour assumer les responsabilités dont ils sont pourtant les premiers détenteurs. Comme le rappelait le vice-président pour l'Europe de la banque Mondiale à la 15e Conférence sur le Sida qui s'est tenue à Bangkok, mi-juillet 2004, si la lutte contre la pandémie exigeait un budget nettement plus élevé que les 20 milliards de dollars par an jugés nécessaires par l'Onusida[232], les engagements totaux n'atteignaient que 5 milliards de dollars par an. Quand on sait que plus de 900 milliards de dollars sont affectés annuellement pour les dépenses militaires dans le monde, et 350 milliards de dollars vont aux subventions agricoles dont on sait pourtant l'impact négatif sur les exportations des pays pauvres[233] ! Et comment ne pas souligner la responsabilité des gouvernements de ces derniers qui, sous des prétextes souvent fallacieux, détournent les ressources de l'Etat pour alimenter une armée au service d'une seule élite ou pour des dépenses somptuaires ou prestigieuses au seul bénéfice de la caste au pouvoir, cela bien sûr aux dépens des populations ? Pour autant, l'implication des entreprises doit ici aussi être confortée, à l'instar de la proposition du Département américain du Trésor suggérant la création d'un bureau des gouverneurs chargé d'administrer le fonds de la Banque Mondiale sur le Sida auquel participeraient, au côté des Etats, les grandes entreprises, notamment pharmaceutiques, dès lors appelées à contribution sous forme de donations[234].

---

[232] Créé par l'ONU en 1996 pour coordonner la lutte contre le sida.

[233] Chiffres et information : « Réunis pour la conférence sur le sida, les experts constatent le manque de financement », *Le Monde*, Paris, 12 juillet 2004. Concernant l'impact des subventions agricoles, voir la note 1.

[234] Nana K. Poku, « Global Pandemics : HIV/AIDS », in David Held & Anthony McGrew, *Governing Globalization: Power, Authority and Global Governance*, Polity, Cambridge (GB), 2003, p. 122.

Qu'en est-il en matière de questions sécuritaires ? A l'évidence, la définition classique de la sécurité collective (reposant sur l'action strictement inter-étatique à caractère exclusivement militaire ou diplomatique[235]) ne correspond plus tout à fait à la réalité du monde globalisé qui s'affine devant nous, ni aux nouveaux défis qu'il impose. Aussi, ici comme ailleurs, il faut évoluer conceptuellement pour moderniser les doctrines et accepter ou encourager l'implication d'autres catégories d'acteurs, dès lors contraints d'assumer leurs responsabilités, sans pour autant bien sûr empiéter sur le domaine de la compétence exclusive de l'autorité publique. La chose peut être particulièrement déterminante en matière de risques biologiques ou chimiques par exemple, sachant qu'un certain nombre d'industries travaillent sur des produits sensibles. Certes, la tâche est ardue car elle impose la reconsidération des doctrines, et avant tout l'acceptation de l'idée selon laquelle la sécurité collective ne concerne pas exclusivement les seuls Etats, même s'ils restent bien évidemment – du fait de leurs attributs et prérogatives – prioritairement concernés. Il s'agit tout bonnement de reconsidérer la manière de penser et conceptualiser la sécurité. Parce que celle-ci concerne tout le monde, et notamment les entreprises et la société civile, il est cohérent de les responsabiliser ici aussi et de les mieux impliquer ; mais sans pour autant confondre les genres, le but étant simplement d'assurer, voire de maximiser l'efficacité dans ce domaine. Il faut savoir évoluer tout en restant parfaitement pragmatique, **comprenant que la puissance publique est essentielle, mais qu'elle ne représente cependant pas l'intégralité de la puissance d'une Nation.**

La « Realpolitik » est contraire à l'immuabilité doctrinaire, surtout dans un monde en évolution. Pour autant, la sécurité ne souffre ni amateurisme, ni délire utopique. Elle requiert un regard élargi et une compréhension fine et précise de l'environnement au sein duquel nous évoluons et de sa mécanique. Elle impose une réelle faculté d'adaptation à nos sociétés contraintes, ici plus qu'ailleurs encore, d'apporter des réponses qui soient à la

---

[235] « La sécurité collective suppose qu'à toute agression par quel qu'Etat que ce soit l'on oppose le principe 'tous pour un', c'est à dire la puissance combinée du reste du monde pour stopper net une atteinte à la paix», Thomas G. Weiss, *Collective Security in a Changing World*, Lynne Rienner Publisher, Boulder Colorado, 1993, p. 5. (traduction de l'auteur)

mesure et en adéquation avec les défis qu'elles devront relever. Moderniser la gouvernance en responsabilisant chacune des parties constitue donc une évolution nécessaire afin d'améliorer les capacités d'anticipation, de prévention et de réaction face à de nouveaux enjeux qu'il faudra aborder en tenant compte à la fois de leur réalité complexe et de ce qu'ils affectent le monde dans sa globalité. Le réalisme politique implique, enfin, de ne pas faire fi des équilibres géopolitiques et des conséquences qui en découlent, sous peine d'inefficacité ou, pire encore, de contribution contre-productive. Nous nous pencherons sur ce sujet subséquemment.

Chapitre 7

MULTIDIMENSIONNALITE ET COMPLEXITE DE LA GOUVERNANCE MONDIALE

MACRO-REGIONALISME ET RESPONSABILISATION DES AUTORITES LOCALES

La mondialisation a de toute évidence un impact déterminant sur l'organisation institutionnelle et politique et sur le fonctionnement du système mondial. Parce qu'elle encourage l'affirmation de nouveaux acteurs, elle atténue ce faisant la toute puissance hégémonique de l'Etat, voire de la seule autorité publique, libérant ainsi des forces « indépendantes » et contribuant à conforter la démocratie planétaire. Plus encore, et c'est désormais un lieu commun (!), elle contribue fortement à relativiser la souveraineté étatique de moult manières. Les très nombreux traités internationaux de tous ordres et les obligations ainsi créées[236], l'interdépendance croissante sur les questions de sécurité, l'interpénétration économique et informationnelle... témoignent d'une porosité contraire à la définition originelle du principe de souveraineté (qui présupposait le contrôle absolu de tout ce qui entrait et sortait du territoire, l'autorité parfaite sur ce dernier, et l'indépendance absolue – théoriquement du moins). Mais aujourd'hui, l'Etat moderne doit prendre en compte les multiples obligations politiques et légales résultant des négociations multilatérales, globales ou non, et d'un Droit international public de plus en plus fourni et complexe, le tout affectant inévitablement la formulation de sa politique étrangère et sécuritaire mais aussi, et de plus en plus, dans de multiples autres domaines allant du commerce à l'écologie. Qui plus est (et surtout), la concurrence économique internationale et la nécessité de défendre la compétitivité nationale qui en résulte conditionnent très largement, elles aussi, ses politiques économiques et intérieures, comme nous

[236] Dans la hiérarchie des normes, les traités une fois ratifiés viennent, après la loi fondamentale (la constitution), au-dessus de toute autre loi, ordinaire ou non. En cas d'incompatibilité entre un traité et la constitution, il faut amender celle-ci, faute de quoi le premier ne serait pas valide.

l'avons vu précédemment[237].

Bon gré, mal gré, l'Etat évolue, change, à la fois dans son organisation et dans son principe, ainsi que dans ses missions. Or, cette reconfiguration de ses tâches engendre une inévitable réorganisation structurelle du processus décisionnel sous forme de méiose[238]. La redistribution des fonctions produit ainsi une apparente complexification au travers d'un double processus de répartition : le premier tendant à favoriser la délégation de compétences au niveau inter-étatique voire supra-étatique (adjectif souvent galvaudé et utilisé par abus de langage, seule la construction européenne constitue un exemple véritablement concret de fonctionnement supranational avec l'instauration de la Banque Centrale Européenne, unique institution responsable de la formulation et de l'élaboration de la politique monétaire pour l'ensemble de la zone euro)[239]. Le second processus de répartition des compétences, qui agit parallèlement au premier, se caractérise quant à lui par une tendance à la responsabilisation des entités sub-étatiques, quelles que soient leurs qualités (municipalités, départements, régions, Etats infra-nationaux) ou les modalités juridiques et institutionnelles de cette répartition (organisation fédérale créant une séparation des pouvoirs, ou délégation de l'autorité centrale vers les collectivités par le biais d'une politique de décentralisation). Dans tous les cas, il s'agit d'une véritable réorganisation du processus décisionnel (James Rosenau parle de « fragmentation » de la gouvernance[240]) afin de pallier les déficiences de l'Etat moderne pour faire face aux nouveaux enjeux. En fait, il serait plus à propos de formuler ainsi la chose : **l'Etat, autrefois acteur unique et pleinement souverain, tend**

---

[237] « Un ensemble de forces se combinent pour restreindre la liberté d'action des gouvernements et des Etats en estompant les frontières de la politique nationale, affectant les conditions de prise de décision, modifiant le contexte institutionnel et organisationnel de la politique nationale, altérant le cadre légal et les pratiques administratives des gouvernements, et assombrissant les axes de responsabilité et la responsabilité même des Etats nationaux » : David Held, *Democracy and the Global Order*, Cambridge University Press, Cambridge (GB), 1995, p. 135. (traduction de l'auteur)

[238] Méiose et non pas mitose, en ce sens où la redistribution des compétences ne produit pas un dédoublement mais bien une réduction au regard des attributions originelles de l'Etat.

[239] Il faudrait en effet distinguer le processus inter-gouvernemental, quel que soit le principe décisionnel, du processus supranational qui présuppose la perte totale de contrôle par l'entité étatique, du processus véritablement supra-étatique qui implique un niveau de prise de décision supérieur et échappant à l'Etat.

[240] James N. Rosenau, *Distant Proximities : Dynamics beyond Globalization*, Princeton University Press, Princeton (New Jersey), 2003.

désormais à s'insérer au sein d'un subtil maillage institutionnel, dont il reste cependant l'incontournable clef, étant en effet entendu qu'il est encore à ce jour le seul acteur récipiendaire de la légitimité populaire et l'unique détenteur de l'autorité et de la puissance publique.

La mondialisation favorise donc à l'évidence une complexification de l'organisation verticale du pouvoir (successions de strates politiques et institutionnelles), car là où l'Etat était la seule autorité, l'on assiste aujourd'hui à un processus de régionalisation à la fois inter-étatique (niveau supérieur) et infra-étatique (niveau inférieur) correspondant à une réorganisation fonctionnelle du système international et du processus décisionnel. Ces dynamiques sont cependant purement « systémiques » et ne constituent en rien une «réaction» antinomique à la mondialisation ; au contraire, elles l'accompagnent de même qu'elles en procèdent. Pour reprendre les mots de Richard W. Cox, «la mondialisation encourage le macro-régionalisme qui à son tour favorise le micro-régionalisme»[241]. Cette redistribution des tâches aux échelons supérieurs et inférieurs de l'Etat est d'autant plus nécessaire qu'aujourd'hui un événement survenant à l'échelle mondiale – quelle qu'en soit la nature – peut très bien avoir des conséquences presque immédiates à l'échelon local, et vice versa. En d'autres termes, le global et le local ne sont pas mutuellement exclusifs, mais au contraire participent d'une même réalité dialectique. Le redéploiement organisationnel inter ou subétatique correspond ainsi à l'évolution de la dynamique d'échange et d'interpénétration économique, culturelle, démographique et nécessairement politique, dont la réalité est de moins en moins contenue dans les frontières géographiques nationales. La régionalisation (macro ou micro) est donc avant tout un phénomène économique et social mutagène participant du processus de mondialisation, lequel tend à imposer une nécessaire adaptation du cadre institutionnel de la gouvernance.

Pour autant, si les conséquences institutionnelles et fonctionnelles sont inévitablement importantes, point n'est besoin de dire qu'elles n'affectent pas toutes les sociétés ni toutes les ré-

---

[241] R.W. Cox, (« Global Perestroika », in R. Miliband & J. Panitods editors, *New World Order ? Socialist Register*, Londres, 1992), citation reprise par Ulrich Beck, *What is Globalization ?*, Polity Press, Cambridge (GB), 2000, p. 68. (traduction de l'auteur)

gions de la même manière ni à semblable vitesse. Il faut en effet préciser que si tous les processus d'intégration macro-régionaux sont initialement fondés sur une logique économique et commerciale, ils ne sont cependant pas élaborés sur les mêmes bases juridiques, politiques et institutionnelles. L'on ne saurait comparer, par exemple, une simple zone de libre échange au marché unique européen, car les obligations juridiques ainsi que le cadre institutionnel ne sont en rien comparables[242]. Qui plus est, l'intégration régionale peut être victime des fortes disparités économiques et sociales ou des antagonismes politiques, voire sécuritaires, qui limitent sa concrétisation malgré les traités et les réalisations effectives qui en découlent[243] ; elle peut aussi, dans d'autres cas, être relativement informelle, malgré son dynamisme, comme le prouvent les relations entre la République populaire de Chine et le reste de la «grande Chine » (Taï wan et diasporas chinoises d'Asie du Sud-est, qui constituent un important espace d'échanges et d'investissements). Dans tous les cas, force est de constater l'explosion spectaculaire de ces processus régionaux depuis un peu plus d'une décennie, car on a tendance à l'oublier. Mais le phénomène est nouveau, puisque de nombreux traités et organisations régionales ont vu le jour à la fin des années 1980 et dans la première moitié de la décennie suivante[244] ; et même les plus anciennes ont connu un développement et une évolution spectaculaires (ainsi le traité de l'Union en 1992 – Maastricht –, après l'Acte Unique Européen de 1986, ont-ils très largement modifié et approfondi la Communauté Européenne telle qu'elle

[242] Un accord de libre échange se limite généralement à un processus de réduction ou d'éradication des barrières tarifaires et non-tarifaires, total ou sectoriel. Le processus d'intégration européen va évidemment quant à lui beaucoup plus loin, avec l'élaboration de politiques communes, l'union douanière, la libre circulation des marchandises, des services, des capitaux et des hommes, l'union monétaire, la politique étrangère et de sécurité commune et le principe de citoyenneté européenne. Entre ces deux modèles, de multiples options peuvent s'offrir. Qui plus est, là où l'Union Européenne a créée de nombreuses institutions permanentes spécialisées (Conseil, Parlement, Commission, Cour Européenne de Justice, Banque Centrale, Comité des Régions, Banque Européenne d'Investissements...), l'Accord de Libre Echange Nord Américain, dont la compétence est pour l'essentiel limitée à l'éradication des barrières tarifaires et non tarifaires internes, ne crée pas de semblables institutions.

[243] Dans le sous-continent indien par exemple, où les relations indo-pakistanaises ne permettent pas jusqu'ici une véritable dynamique d'échange.

[244] Pour ce qui est des accords commerciaux seulement : ALENA (1994), Mercosur (cône sud de l'Amérique latine : 1995), Zone de Libre Echange de l'ASEAN (1994), APEC (accord multilatéral trans-Pacifique : 1989, 1995 – accords de Bogor (1995) instaurant l'objectif d'une zone de libre échange à l'horizon 2010-2020)...

était originellement)[245].

Souvent, les accords régionaux ont été présentés dans la littérature académique comme de simples réactions protectionnistes, du fait qu'ils engendrent une déviation des flux d'échange au profit de la région ; cependant, en facilitant les échanges intra-régionaux (ou continentaux), le processus ainsi créé contribue à alimenter la machine productive et à enrichir, par voie de conséquence, les économies des régions concernées, stimulant à terme leur intégration et leur participation au marché mondial. En effet, si l'intégration macro-régionale fonctionne et si le résultat aboutit à une création effective de richesse et à la stimulation de l'appareil de production, elle contribuera inévitablement à alimenter l'offre et la demande des économies de la région concernée, et donc dynamisera leurs échanges avec le reste du monde. Le phénomène de régionalisation ne peut donc être présenté comme une réaction négative et hostile à la mondialisation. Bien au contraire, il procède de la mondialisation et, surtout, il y contribue très largement, même s'il est difficile de comparer les exemples, tant ils restent différents par leur nature, leur ampleur, et bien évidemment par les objectifs fixés par les traités. **La régionalisation peut donc être considérée comme une étape intermédiaire vers l'intégration globale**, vers la constitution d'une société et d'un marché mondial libérés de toute entrave. Elle doit être perçue par les gouvernements comme un outil pouvant faciliter l'intégration de leur économie, non seulement dans une logique de proximité, mais aussi dans une perspective plus globale. Encore faut-il que ceux-ci sachent déterminer et mettre en œuvre les politiques susceptibles d'encourager, et tirer profit de la division régionale comme de la division mondiale du travail.

[245] Essentiellement limitée à l'existence d'une zone de libre échange, d'une union douanière et de quelques politiques communes (processus inter-gouvernemental) dont la principale était la PAC, la construction européenne s'est approfondie dès les années 1990 avec la mise en place du Marché Unique, qui présuppose la libre circulation effective et sans contrôles des biens, des personnes, des services et des capitaux, l'élargissement du processus d'intégration, jusqu'alors strictement limité au domaine économique, avec l'Union Politique Européenne, et la création d'une Union Monétaire ouverte aux membres qui le désirent et qui satisfont les critères.

L'ETAT FACE A LA REORGANISATION VERTICALE DE LA GOUVERNANCE MONDIALE

Parce que l'intégration contribue au développement et à la stabilité économique, sociale et politique, parce qu'elle répond à une dynamique irrésistible du fait de la mondialisation, il est de toute évidence incontestable qu'il faille développer un cadre institutionnel et juridique, en s'appuyant sur une logique intergouvernementale (que ce soit à l'échelle macro-régionale ou globale) afin d'adapter la gouvernance. C'est bien de ce raisonnement que procède cette véritable stratification de la gouvernance. Pour le citoyen cependant, la chose peut sembler une inutile complication obscurcissant la lecture du processus décisionnel et la compréhension de l'organisation hiérarchique des responsabilités. Elle peut aussi contribuer au réveil d'identités régionalistes sub-étatiques ou encourager l'émergence de nouvelles allégeances supra-étatiques, comme ce peut-être le cas au sein de l'Union Européenne ; autant d'évolutions identitaires qui ne doivent toutefois pas être considérées comme indubitablement antinomiques au sens et à l'existence même de l'Etat-Nation, bien au contraire ! Comme toute création humaine, ce dernier n'est bien sûr pas immuable, et l'allégeance du peuple repose tout bonnement sur la manière dont l'Etat parvient à assumer ses fonctions et responsabilités – particulièrement dans un système démocratique ! Dans cette perspective, l'évolution de l'Etat, loin d'être une menace à sa survivance, constitue une réalité objective intrinsèque et nécessaire répondant aux besoins d'adaptation, de modernisation et de performance, cela au plus grand bénéfice des citoyens. Au contraire, l'immuabilité mettrait en péril l'Etat moderne, et la (les) société(s) qui le compose(nt).

Cette logique évolutive est parfois difficile à comprendre ou à admettre pour les tenants d'un Etat immuable, inaltérable et figé. Pour ces derniers, l'Etat doit en effet incarner le socle unique et indéfectible de l'identité nationale, et le contrat social ne saurait être envisagé que de manière rigoureusement intangible ; tout effritement de sa souveraineté ne peut alors que porter atteinte à l'intégrité et aux intérêts de la Nation. Les théoriciens de l'ère post-étatique, en n'ayant de cesse d'annoncer la mort de l'Etat pour proclamer ou réclamer l'avènement putatif d'un gouvernement mondial, amenèrent d'ailleurs de nombreux arguments à ceux qui craignent justement l'impact du changement et refusent l'adaptation, considérant la mondialisation comme étant un phénomène indubitablement pathogène et contraire aux intérêts nationaux. La « réaction » nationaliste est ainsi généralement la traduction d'une inquiétude devant un inexorable changement dont on ne peut effectivement prédire avec exactitude ce qu'il apportera, et dont on peut dès lors craindre le funeste aboutissement. Dans ces conditions, il est facile de céder aux discours populistes et généralement extrémistes des idéologues du repli communautaire, pour se réfugier dans une illusion anti-évolutionniste, et de ce fait profondément irrationnelle et parfaitement irréaliste. Les idéologies nationalistes reposent, en effet, sur deux principes erronés : l'invariabilité de l'Etat, ce qui est contraire à toute vérité historique ; et surtout l'intangibilité transcendante de la Nation, dont le principe est bien évidemment contraire aux fondements de toute société et de toute communauté que sont l'échange, l'évolution et l'adaptation[246].

S'inscrivant dans une réalité évolutive et mutagène résultant de la multiplication des échanges économiques et sociaux, le redéploiement institutionnel et politique vertical (inter et sub-étatique) correspond donc à une exigence ayant pour finalité l'efficacité de la gouvernance ; cela ne signifie pas pour autant le dépérissement de l'Etat, bien au contraire ! L'exemple européen en est la parfaite illustration : il a solidifié les relations entre les Etats partenaires, permis de renforcer le dynamisme économique en accompagnant le développement des échanges, contribué à assurer la paix et la stabilité pour la première fois dans l'histoire mouvementée de ce continent, et encouragé le processus de libéralisation et de démocratisation en Europe centrale et orientale. Peut-on imaginer que, au-delà des transferts de compétences auxquels ils ont souscrit, les Etats européens eussent été plus forts et plus puissants, ou encore plus légitimes, sans cette formidable aventure ? Quel serait alors aujourd'hui leur poids

[246] Les thèses classiques mettent en évidence que le nationalisme correspond à un stade précis de l'évolution sociétale (précisément celui de l'industrialisation) en assurant la fonction de ciment social structurant : cf. Ernest Gellner, *Nations & Nationalism*, Cornell University Press, Ithaca (NY), 1983.

économique ou politique ? A l'évidence, la puissance ne résulte pas du maintien de la souveraineté absolue, mais des capacités effectives de l'Etat en termes économique, sécuritaire, de cohésion, d'adaptation et d'innovation. La légitimité, c'est à dire le soutien du peuple envers l'Etat (indépendamment de la conjoncture politique, économique ou sociale) dépend plus de sa satisfaction et de sa conviction de l'utilité de ce dernier que de toute autre chose. Bref, l'évolution des Etats européens au sein de la Communauté et de l'Union, si elle se traduit par une révision des missions qui leur incombent ainsi que de l'organisation fonctionnelle du fait des responsabilités attribuées aux institutions européennes, ne signifie pas leur évincement. Loin s'en faut !

Concernant le renforcement des compétences des structures sub-étatiques (décentralisation dans le cadre d'un Etat unitaire, régionalisation…), il faut considérer que, au-delà de l'intérêt purement fonctionnel, cela revient ni plus ni moins à conforter la démocratie de proximité, chère à Alexis de Tocqueville, et à améliorer l'efficience de la gouvernance. Ainsi faisant, loin d'affaiblir la puissance étatique, l'on ne fait au contraire que contribuer à consolider la stabilité, la légitimité et la solidité du cadre étatique en accentuant l'implication et le contentement des peuples. C'est pourquoi, contrairement à bien des affirmations et échafaudages théoriques malheureusement très réducteurs, cette réorganisation du processus décisionnel échelonné sur plusieurs strates complémentaires juridiques, institutionnelles et politiques, ne présuppose en rien la dilution de l'autorité ou l'effacement du rôle et des responsabilités de l'Etat ; elle traduit simplement une volonté d'améliorer la gouvernance en l'adaptant aux réalités géopolitiques et géoéconomiques contemporaines afin de stimuler l'action et renforcer son efficacité.

Des principes qu'il faut cependant respecter

Dans le contexte actuel, la réorganisation « verticale » de la gouvernance peut effectivement constituer une contribution essentielle à la consolidation de la démocratie mondiale si elle concourt efficacement à renforcer le lien entre citoyens et autorités (micro-régionalisation), et si elle parvient à perfectionner le processus décisionnel en le rendant plus fonctionnel (plutôt qu'en l'alourdissant) et surtout plus performant. Il faut cependant respecter certaines règles fondamentales pour se prémunir de toute déviance (autoritaire ou dysfonctionnelle). La première condition appelle à **fonder l'effectivité de l'autorité sur la légitimité** de l'institution ; or, comme nous l'avons dit, l'Etat en reste jusqu'à aujourd'hui le seul véritable récipiendaire – avec une nuance pour l'Union Européenne où l'élection du Parlement au suffrage universel direct attribue une légitimité théorique réelle à cette institution (qui, sans être inter-gouvernementale, participe cependant à un processus inter-institutionnel largement inter-gouvernemental dans le cadre de sa relation avec le Conseil qui représente, pour sa part, les Etats-membres). Ainsi, tant que perdurera cette situation, l'Etat doit indubitablement demeurer au centre du processus décisionnel mondial.

Autre exigence absolue : **placer l'homme au cœur des préoccupations** politiques ; la bonne gouvernance se définit en effet à la mesure des réponses apportées aux préoccupations des citoyennes et des citoyens, et pour ce faire la répartition des tâches doit être fonction du seul critère de compétence des diverses institutions, le principe de subsidiarité confortant le caractère démocratique et l'efficience de la gouvernance.

Enfin, comme dans tout système démocratique, il faut **instaurer un processus de contrôle** qui force chaque structure, à quelque niveau, à agir et se comporter de manière responsable, sachant qu'il lui faudra répondre de ses actes. Le dilemme de la gouvernance, comme le faisait déjà remarquer Hobbes, tient au fait que si les institutions sont essentielles à l'humanité et à la vie en société, elles sont aussi potentiellement dangereuses. Parce qu'elles sont dotées de l'autorité, elles peuvent « naturellement » vaciller vers une forme ou une autre d'autoritarisme et d'oppression, mettant alors en péril la démocratie. Aussi, tout affermissement du rôle et du fonctionnement des organisations intergouvernementales (voire même des institutions sub-nationales) doit se bâtir sur le nécessaire préalable de la limitation des pouvoirs, principe déjà mis en avant par les philosophes du temps des lumières et qui a présidé à la construction des démocraties modernes[247]. C'est pourquoi, dans le contexte systémique actuel et du fait de sa légitimité, l'Etat se doit à l'évidence d'être le pilier de l'architecture politique mondiale pour agir comme garant du bon fonctionnement et de l'équilibre institutionnel, d'autant que ses prérogatives et devoirs issus de sa qualité de membre de ces organisations (ou ses compétences de souveraineté face aux échelons inférieurs) l'imposent naturellement et le responsabilisent.

La mondialisation a largement contraint l'Etat à évoluer, le poussant à adapter non seulement ses stratégies mais aussi ses modalités de fonctionnement, que ce soit à l'intérieur de son territoire ou pour répondre aux nombreux défis qui lui viennent de l'environnement extérieur. Mais ses responsabilités demeurent primordiales et la réorganisation verticale du pouvoir, loin d'effacer l'Etat, le maintient au cœur de la gouvernance mondiale.

DISPARITES ET COHERENCE DU SYSTEME INTER-ETATIQUE

Pluralité…

Les chapitres précédents ont illustré l'importance politique réelle et la responsabilité primordiale de l'Etat, que ce soit en matière économique et sociale, pour engager la Nation sur la voie de la croissance, de la stabilité et du développement, ou encore en matière de sécurité (individuelle et collective) par le biais de ses politiques étrangère et de défense. Nous avons aussi souligné son rôle essentiel dans l'équilibre, l'organisation et le fonctionnement du système mondial. La mondialisation impose moult contraintes qui limitent son indépendance d'action et encouragent une redistribution des responsabilités (tant à l'échelle régionale et globale que sub-nationale), stimule la coopération multilatérale au sein d'institutions généralistes ou spécialisées, et

[247] Concernant le contrôle des organisations intergouvernementales ("qui garde les gardiens"), cf. Robert O. Keohane, «Governance in a Partially Globalized World », in David Held & Anthony McGrew, *Governing Globalization : Power, Authority and Global Governance*, Polity, Cambridge (GB), 2003, p. 325-344.

encourage le partenariat avec de nouvelles catégories d'acteurs (entreprises transnationales ou organisations non-gouvernementales). Mais il ne faut pas se tromper, l'Etat moderne, malgré les faiblesses qui le caractérisent et restreignent souvent son action, reste toutefois l'acteur majeur du système mondial contemporain. Prétendre le contraire relèverait d'une utopie, peut-être futuriste, mais pour l'heure irréaliste et donc potentiellement dangereuse.

Cependant, au-delà de sa prépondérance, l'Etat est aussi singulier et pluriel. Singulier, parce que tous les Etats partagent des caractéristiques et attributs communs qui sont spécifiques à la nature même de l'Etat, nous avons déjà mentionné les principaux : territoire, organisation institutionnelle (gouvernement), population liée juridiquement, historiquement et émotionnellement à l'Etat, et souveraineté lui permettant notamment d'agir au nom de la collectivité nationale sur la scène internationale. Mais s'il a toujours été pluriel, l'Etat l'est aujourd'hui plus que jamais : en 1945, l'ONU était créée avec la participation de 51 Etats souverains. Un continent comme l'Afrique était encore, dans sa presque totalité, sous tutelle coloniale. Aujourd'hui, l'on compte 193 Etats souverains, depuis l'accession du Timor oriental à l'indépendance en 2002 , 189 d'entre eux sont membres des Nations-Unies, soit la quasi-totalité. La décolonisation a très largement contribué à multiplier les souverainetés, particulièrement au cours des années 1950-60, puis l'implosion du bloc de l'Est et de l'URSS a donné naissance à une dernière vague d'indépendances, dans des conditions cependant parfois difficiles comme dans le cas du démembrement de l'ex-Yougoslavie. Cette multiplication d'Etats souverains a bien sûr complexifié davantage le système inter-étatique et la gouvernance mondiale. Dès les années 1960s, l'opposition d'intérêts entre pays riches et pauvres, entre vieilles nations et Etats nouvellement indépendants se fit lourdement sentir, affectant notamment le fonctionnement de l'Assemblée Générale des Nations-Unies où les puissances se retrouvaient de facto minoritaires.

La communauté des Etats est aussi caractérisée par son extrême diversité, qui alimente souvent incompréhensions, divisions et parfois conflits, confortant ainsi sa pluralité. Chacun possède en effet ses propres caractéristiques, à quelque niveau et dans quelque domaine que ce soit : sur le plan géomorphologique (Etats enclavés comme la Suisse ou le Laos, archipels comme l'Indonésie, insulaires comme la Grande-Bretagne…) ; en terme de richesses naturelles (Singapour ne possède aucune richesse naturelle, contrairement au Nigeria) ; sur les plans culturel et sociologique (certains Etats ont une composition franchement pluriethnique et voient cohabiter différentes cultures et langues, comme de nombreux pays d'Afrique, mais aussi le Canada ou la Suisse, d'autres sont historiquement plus homogènes) ; mais aussi historique (de « vieux » Etats comme la France ont un long passé forgeant cohésion et tradition démocratique, contrairement aux Etats nouvellement indépendants et souverains). Les différences sont évidemment aussi d'ordre politique et institutionnel : au-delà du binôme trompeur monarchie et république[248], la nature des régimes varie entre le système présidentiel, à l'image des Etats-Unis, et le système parlementaire, à l'instar du Royaume-Uni. Le premier se distingue du second sur trois points essentiels : le Président est à la fois chef de l'Etat et du gouvernement et ses ministres – ou secrétaires – n'ont aucune autorité propre ; le chef de l'Etat et du gouvernement est élu par la Nation, et non nommé en cohérence avec la majorité parlementaire ; enfin le Président et le Parlement – ou Congrès – sont plus rigoureusement indépendants l'un de l'autre et, sauf mesure extraordinaire – impeachment –, ce dernier ne peut par exemple contraindre l'exécutif à la démission avant l'échéance du mandat[249] Bien évidemment, de nombreux Etats ont adapté ces modèles en imposant des variantes et, souvent, une forme de mixité qui fait qu'aucun pays n'a un régime parfaitement similaire à un autre.

Les régimes politiques divergent aussi quant au fonctionnement et à l'organisation de leurs institutions. Ainsi, par exemple, en ce qui concerne la représentation parlementaire, il y a une différence de taille si la règle électorale engendre un système bipartite (élections à la majorité simple) ou au contraire une

[248] Par abus de langage, l'on identifie souvent monarchie à régime autoritaire et république à démocratie, oubliant que le Royaume Uni est la plus ancienne démocratie parlementaire, alors que des républiques comme Haï ti ont long-temps été dirigées sous des régimes dictatoriaux.
[249] Maurice Duverger, *Institutions politiques et droit constitutionnel*, PUF, Paris, 1973, p. 165-166.

fragmentation importante de la chambre (élections selon la règle proportionnelle). Dans le premier cas, il y aura une majorité parlementaire effective qui constituera un atout d'autant plus important lorsque le salut du gouvernement dépend du soutien de la chambre (régime parlementaire) ; dans le second cas, au contraire la fragmentation de la représentation parlementaire risquera d'interdire toute majorité stable, causant dans un régime parlementaire une inévitable instabilité gouvernementale, comme ce fut longtemps le cas en Italie ou encore en France, sous la IVe République.

Toutefois, indépendamment de ces nuances et différences institutionnelles et fonctionnelles (qui bien évidemment affectent grandement la vie politique des Nations), les régimes politiques se séparent surtout par l'expression effective de la pluralité. L'on retrouvera ainsi trois catégories d'Etats : les véritables démocraties (malgré l'existence avérée de certaines entorses, mais qui ne briment cependant pas de manière rédhibitoire les libertés et l'Etat de Droit), les démocraties autoritaires (de nombreux pays sont officiellement démocratiques mais restent sous le contrôle d'un parti ou d'une élite qui limite l'expression pluraliste, principalement sur le plan politique, sans toutefois le frustrer complètement), et les dictatures (militaires comme au Myanmar, cléricales comme en Iran, politiques comme en Chine)[250].

Enfin, l'organisation verticale du pouvoir sépare aussi les Etats en trois groupes : fédérations, Etats unitaires, et Etats régionalistes ou intermédiaires, pour reprendre l'expression de Juan Ferrando pour caractériser les Etats Unitaires déléguant une partie de leurs responsabilités aux autorités locales comme l'Espagne ou plus récemment le Royaume-Uni (dévolution)[251].

Toutes ces particularités et différences expliquent combien il peut être difficile de travailler en commun, voire tout simplement de se comprendre. Mais au-delà, l'inégalité est surtout la règle ! Quels que soient les critères sur lesquels se fonde l'analyse, et jusque dans les constituants essentiels de l'Etat : le territoire et sa superficie (comment comparer des géants comme la Fédé-

[250] Pour une classification générale et détaillée, cf. *Democracy's Century*, Freedom House, NY, 2000 : www.freedomhouse.org/report/century.pdf

[251] Juan Ferrando Badia, *El Estado Unitario, El Federal y El Estado Regional*, Madrid, 1978, cité dans Martin Ira Glassner, *Political Geography*, John Wiley & Sons, NY, 1992, p. 106-107.

ration de Russie, le Canada, les Etats-Unis, la Chine ou le Brésil à des micro-Etats comme Singapour ou Andorre ?) ; la démographie (quelques pays asiatiques à eux seuls, comme la Chine et l'Inde, représentent déjà une large partie de l'humanité, tandis que le Bhoutan ou le Sultanat de Brunei ont une très faible population) ; les ressources disponibles (certains pays possèdent des richesses naturelles parfois convoitées alors que d'autres sont démunis) ; les capacités militaires (face la puissance technologique, la force de frappe et la capacité de dispersion des Etats-Unis, aucun pays ne peut aujourd'hui rivaliser ; de même, l'on comprendra que la réalité stratégique entre les puissances nucléaires et les autres soit profondément différente ; et que dire enfin des Etats qui ne possèdent qu'une armée symbolique ?) ; la puissance économique, enfin, distingue les Etats de manière particulièrement remarquable puisqu'elle conditionne et détermine, dans une large mesure, le potentiel et l'influence d'un Etat (et l'on sait combien les disparités peuvent atteindre ici des sommets).

Bref, si, dans l'absolu, l'idée de société mondiale devrait impliquer une relation directe entre l'ensemble des citoyens de cette planète et l'espace monde (indépendamment de l'existence de plusieurs paliers politiques et administratifs, que ce soit au niveau supra-régional, national et sub-régional), créant alors une globalisation de la citoyenneté, force est de constater que la réalité est aujourd'hui toute autre. L'organisation de l'Ordre mondial reste au contraire caractérisée par la prédominance de l'Etat ainsi que par les fortes disparités qui divisent ceux-ci. **Les relations « internationales » sont donc à la fois éminemment caractérisées par la nette prédominance des relations inter-étatiques (malgré l'affirmation progressive des nouveaux acteurs et d'une forme de «gouvernance horizontale ») et demeurent surtout très profondément asymétriques. Ainsi, au-delà du principe juridique de l'égalité des Etats[252], l'in-**

[252] L'article 2 §1 de la Charte des Nations Unies stipule effectivement que « l'Organisation est fondée sur le principe de l'égalité souveraine de ses membres » ; toutefois le principe de l'égalité politique est quant à lui remis en question par l'article 23 §1 de cette même Charte qui stipule l'exception des cinq puissances victorieuses (Etats-Unis, Russie, Chine, Royaume-Unis et France) comme seuls membres permanents du Conseil de Sécurité (seul organe habilité à prendre des décisions), et l'article 27 §3 qui précise que pour le vote d'une décision la participation affirmative des cinq membres permanents est nécessaire, ce qui revient à leur octroyer un veto.

fluence de ces derniers sur l'évolution du système mondial reste liée à leur puissance, laquelle dépend des moyens et potentiels économiques, technologiques et politiques étant à leur disposition. C'est d'ailleurs ce qui rend jusqu'ici impossible l'existence d'une structure organisationnelle politique et administrative mondiale unique, cohérente et véritablement supra-nationale, échappant à la logique inter-étatique. Ce dernier concept mérite lui aussi d'être très mûrement réfléchi au préalable, et structuré avec force précautions, pour éviter les pièges d'une technocratie incontrôlable.

L'on peut, certes, déplorer les disparités séparant les Etats souverains ou leur multiplication qui alimente la diversité, mais elles témoignent d'une certaine liberté fondée sur le droit à l'auto-détermination des peuples… Aussi, ne peut-on espérer qu'une amélioration de la gouvernance de chaque pays qui permettrait de formuler les politiques et stratégies susceptibles d'encourager la marche vers le développement et la stabilité, seule option réaliste pouvant réduire les écarts par trop extrêmes. C'est aussi le meilleur moyen, voire le seul, de se prémunir contre d'inutiles tensions et risques de conflits, et donc pour pérenniser la paix mondiale. On peut d'ailleurs l'affirmer sans vergogne : **la gouvernance mondiale se construit sur l'amélioration de la gouvernance des Nations**. C'est donc là que doit se porter notre attention comme nos efforts !

… et facteurs de cohésion

S'il est fortement prématuré de considérer la disparition « annoncée » de l'Etat, il faut cependant reconnaître que ces disparités ne font qu'accroître la complexité d'un système international dont la gouvernance est de ce fait souvent hasardeuse et toujours laborieuse. Or, manifestement, la communauté des Etats se doit aussi de rechercher et développer les synergies qui permettront d'affronter les enjeux que la mondialisation leur fait partager, ces enjeux exigeant des réponses élaborées et formulées conjointement ou collectivement. La conséquence première de cette diversité est bien évidemment que chaque partie fait individuellement face à un ensemble de contraintes objectives spécifiques qui déterminent ou influencent ses perceptions, comportements et actions. Aussi est-ce précisément du paradoxe, né de la contradiction entre la somme de ces singularités et l'urgence à agir de concert pour affronter les enjeux engendrés par la mondialisation, que se nourrit la complexité caractéristique des relations internationales contemporaines. Les Etats sont ainsi partagés entre communauté d'intérêt (pour ne pas dire proximité stratégique et politique objectives) et défense des intérêts particuliers, parfois encouragés sur ce dernier point par les opinions publiques et les démagogues de tout acabit.

A l'évidence, l'approche néo-réaliste ne se trompe pas vraiment en décrivant le système international contemporain comme ayant un caractère encore intrinsèquement « anarchique ». La chose peut pourtant paraître triviale, tant il est vrai que nous sommes accoutumés à lire et à entendre régulièrement des assertions totalement contraires à ce propos, mais politiquement correctes dans certains pays, décrivant un univers correspondant quelque part à l'idéal de Kant et fondé sur l'utopie d'un multilatéralisme s'érigeant en loi absolue et structuré de manière quasi-supranationale. Il faut pourtant, comme l'enseignait un temps Hans Morgenthau (professeur à l'Université de Chicago), s'efforcer à regarder et décrire sans état d'âme la réalité objective, et non pas relater avec sophisme ce qu'il serait souhaitable, possible, ou idéologiquement correct. L'analyse des relations internationales, de par l'importance des enjeux qui peuvent en découler, exige une approche pragmatique et empirique et le rejet conséquent de toute dérive normative.

La réalité, au sein du concert des Nations (ou plus exactement des Etats !), est pourtant simple et intangible, quelles que soient en effet la conjoncture et les caractéristiques de l'Ordre mondial , le fondement de toute politique inter-étatique reste la poursuite de l'intérêt national défini en terme de puissance[253]. Bien que la fin de la guerre-froide ait sensiblement modifié les équilibres géopolitiques et le sens des relations internationales, il serait illusoire de considérer que sur ce point les choses aient véritablement changé, car défendre la Nation et ses

[253] Hans Morgenthau, *Politics among Nations*, McGraw Hill (6e édition), NY, 1985.

intérêts (tels que perçus, bien sûr, par l'élite au pouvoir) fait partie de la logique même de l'Etat, quel qu'il soit et quelles que soient ses caractéristiques, et bien sûr indépendamment des tendances géopolitiques ou géoéconomiques du système à un moment donné de son histoire. Aujourd'hui encore (soyons réalistes !), rien ne saurait surpasser la «raison d'Etat» car si les contraintes, qui certes influencent et conditionnent celle-ci en termes parfois différents de la situation passée, ont évolué entraînant une modification des comportements et politiques nationales, les réflexes perdurent !

En de telles conditions, comment imaginer qu'un système pluriétatique, où inévitablement se croisent les différences souveraines et les intérêts divergents, ne développe de tendances anarchiques ? Encore faut-il bien sûr s'entendre sur le sens de cette affirmation et du concept car il ne s'agit certes pas de revenir sur l'interprétation que lui donnait en son temps Hobbes, et qui impliquait inévitablement une forme de chaos. L'anarchie systémique, telle qu'elle est conçue ici, ne présuppose pas en effet l'inexistence de règles ou de codifications (Droit international public et c outume) ni de toute forme de collaboration (institutionnalisée ou non), mais simplement l'absence d'une véritable autorité supérieure ou, pour être plus précis, d'un processus décisionnel supra-étatique transcendant les particularismes nationaux (postulat sur lequel nous avons d'ailleurs précédemment formulé certaines réserves).

Force est d'ailleurs de constater que, malgré une fragmentation par trop évidente, le système inter-étatique contemporain se caractérise aussi, et de plus en plus, par une tendance encourageant le rapprochement des modèles politiques et stratégies adoptées par les Etats (nous avons précédemment abordé cette question). Cette évolution est bien évidemment encouragée par la mondialisation qui contraint ces derniers à adopter des stratégies similaires pour affronter des défis semblables, et qui les amène à redéfinir leurs relations, cadres et modalités de collaboration, afin de mieux répondre à la globalisation des enjeux. Ces forces sont autant de facteurs de cohésion qui rapprochent, inexorablement, les multiples acteurs de la communauté des Etats, surpassant leurs différences. Ainsi peut-on reconnaître une propension vers une organisation fonctionnelle plus ou moins similaire de la division verticale du pouvoir au sein de l'Etat. Celle-ci est caractérisée chez les régimes unitaires par la dévolution de pouvoir aux institutions locales (ou décentralisation) – à l'image du Royaume Uni à la fin des années 1990, de la France depuis les années 1980 ou encore de l'Espagne à la chute du franquisme –, alors que l'on constate chez les Etats fédéraux une tendance historique vers un certain renforcement de l'autorité centrale, comme le démontre l'histoire moderne des Etats-Unis – qui, après la crise de 1929, ont vu un accroissement spectaculaire du rôle et du poids de l'Etat central au sein de la fédération[254]– de la Suisse, ou encore du Canada (qui reste constitutionnellement une confédération mais a vu très tôt les pouvoirs effectifs de l'autorité centrale s'affirmer, notamment sous le règne de Pierre Elliott Trudeau, au point que tout le monde considère désormais ce pays comme une véritable fédération[255]).

Mais, surtout, c'est la diffusion de la démocratie de par le monde qui constitue probablement le principal facteur d'intégration, malgré les progrès importants qui restent encore à réaliser de part et d'autre de la planète[256]. Aussi, malgré les disparités parfois extrêmes qui les démarquent, les Etats se rapprochent progressivement par une symétrie des stratégies et comportements qui, au-delà des enjeux communs, ne peut qu'encourager et faciliter le dialogue et la compréhension mutuelle. Qui plus est, la fin de la guerre-froide ayant largement contribué à réduire les

[254] De 1789 à 1937, les Etats-Unis fonctionnaient sous le principe du "fédéralisme dual", impliquant le stricte respect des "pouvoirs réservés" par la constitution aux Etats de l'Union ; suite à la crise économique de 1929 Franklin D. Roosevelt renforça l'influence de l'Etat central en développant considérablement l'administration fédérale et en intervenant auprès des Etats, dans leurs domaines de compétence, par le biais financier (Grants in Aid), confortant à terme la dépendance des Etats face au gouvernement fédéral. Ronald Reagan a bien essayé de juguler cette dérive, pour alléger les pressions sur le budget fédéral et surtout libérer l'initiative des Etats (New Federalism), mais sans pour autant parvenir à réduire l'augmentation des dépenses fédérales vers les Etats. Cf. Theodore J. Lowi & Benjamin Ginsberg, *American Government, Freedom and Power*, W.W. Norton & Co., NY, 2002, p. 44-58.

[255] La distinction entre confédération et fédération n'est pas toujours évidente ; l'on peut toutefois considérer que l'autorité centrale est plus forte dans cette dernière, le régime confédéral accordant une indépendance très large aux parties constituantes, à l'image de la Confédération Helvétique originelle ou de la première constitution des Etats-Unis, dite « Articles de la Confédération et de l'Union Perpétuelle entre les Etats » 1777-1789 (à ne pas confondre toutefois avec la confédération sudiste qui vit le jour le siècle suivant).

[256] Freedom House, qui tient le décompte et étudie l'évolution des démocraties dans le monde, parle d'*age démocratique*, tant la tendance est forte : *Democracy's Century*, Freedom House, NY, 2000, p. 2 : www.freedomhouse.org/report/century.pdf

antagonismes stratégiques majeurs et la confrontation des blocs, le climat est certainement plus propice à l'échange et à la coopération qu'il ne l'a jamais été.

Parce qu'elle crée une communauté de destin qui, progressivement, lie les Nations, les Etats et les peuples, la mondialisation encourage donc intrinsèquement la collaboration inter-étatique et stimule les convergences politiques et stratégiques. Pour autant, les disparités qui confortent la fragmentation du système international subsistent. Négliger l'une ou l'autre de ces deux facettes de la réalité géopolitique internationale conduirait inévitablement à des fautes d'analyse et entraînerait de graves erreurs stratégiques. Si le contexte général semble tout à fait propice pour stimuler la coopération, la négociation et la recherche de synergies internationales, favorisant ainsi l'affirmation de l'option multilatérale, celle-ci ne sera véritablement possible et féconde que si l'on sait par ailleurs tenir compte de la complexité du système inter-étatique, notamment des divergences et de l'asymétrie qui le caractérisent. Aussi faut-il adapter les mécanismes et le principe même des négociations à cette réalité, faute de quoi le multilatéralisme restera (et de plus en plus) dysfonctionnel, inefficace et redondant, et conséquemment toujours plus contourné ou ignoré, au détriment de la logique et de l'action multilatérale, et donc de l'intérêt général. Celui-ci, on l'a compris, appelle bien évidemment la formulation de synergies et exige pour cela la participation et la contribution de tous à l'effort commun , mais selon les capacités respectives, et dans le respect des spécificités propres à chacun. Et c'est aussi cela, la démocratie ! A moins de prôner, consciemment ou non, un ordre de type stalinien par lequel les Etats seraient considérés, comme un temps le « citoyen » soviétique, sur le critère d'une stricte et invraisemblable égalité, gommant en toute subjectivité leurs différences (et donc leur personnalité), concept au demeurant inapplicable parce que trop éloigné de la réalité inter-étatique.

Au cœur de la gouvernance mondiale

La vision d'un monde «post-moderne », où l'Etat ne serait plus que relique passéiste, ne correspond donc aucunement au système mondial actuel et ne peut conduire qu'à de fâcheuses décisions aux conséquences dramatiques. On l'aura compris. Toutefois, l'Ordre mondial est aujourd'hui plus complexe que jamais, ce qui bien évidemment affecte la gouvernance et encourage la recherche de solutions pour adapter et moderniser ses modalités et structures. Cette situation tient à de nombreux facteurs qu'il nous faut résumer : le processus décisionnel évolue avec les sociétés et intègre progressivement ou réclame l'engagement toujours plus actif de nouveaux acteurs non-étatiques, encourageant ainsi une certaine diffusion horizontale du processus décisionnel ; l'organisation verticale de la gouvernance se complexifie elle aussi, pour devenir d'une certaine manière multidimensionnelle, malgré le rôle clef qu'y joue l'Etat ; et surtout la mondialisation impose une perspective toujours plus globale et commune des enjeux à toutes les parties, exigeant conséquemment des réponses et attitudes adaptées, nécessairement fondées sur la participation et l'engagement de tous, cela malgré la diversité qui parfois ou trop souvent sépare les membres de la communauté internationale.

En d'autres termes, loin d'engendrer une simplification organisationnelle et fonctionnelle à l'échelle globale (par exemple via l'affirmation d'un gouvernement mondial supranational se voyant déléguer autorité et souveraineté aux dépens de la pluralité), la mondialisation contribue au contraire à compliquer sérieusement la lecture de l'ordre mondial du fait de la multiplication des acteurs, de la pluralité des genres auxquels ils se rattachent (Etats, organisations inter-gouvernementales, entreprises transnationales, organisations professionnelles, ONG et autres groupes de pression plus ou moins structurés), de leur superposition, mais aussi (et surtout !) à cause du caractère très évolutif de la situation. Comme le souligne James Rosenau, professeur à l'université Georges Washington : « Vu dans le contexte d'une prolifération des centres d'autorité, le [système mondial] se caractérise par une densité d'acteurs, formels et informels, économiques, sociaux, politiques et culturels, nationaux et transnationaux, internationaux et sub-nationaux, agressifs et pacifiques, libéraux et autoritaires, qui forment collectivement un système de gouvernance hautement complexe »[257].

Ce panorama pourrait, à certains égards, sembler déroutant ! Il faut pourtant en tirer le sens profond et la logique, qui constituent in fine le fondement de la cohérence du système mondial dans sa réalité contemporaine : l'Etat se situe au cœur d'un ordre mondial de plus en plus complexe et manifestement extrêmement évolutif. Il en est la clef, et lui seul détient les rênes de l'avenir, de ce que sera l'organisation, le fonctionnement et la gouvernance du monde futur ; non pas qu'il ne puisse être contraint à évoluer et à céder une part du pouvoir qu'il détenait un temps exclusivement ; la réalité a démontré le contraire. Mais il faut néanmoins admettre que tout changement ne peut se faire que par lui et avec lui. En ce sens, l'on ne peut, une fois encore, que se réjouir des progrès de la démocratie de par le monde, car cela constitue le gage le plus solide, non seulement pour l'avenir de la gouvernance mondiale, mais tout simplement pour le devenir de la planète bleue. C'est à cela qu'il faut travailler : parfaire et généraliser la démocratie. Car ainsi considéré, il ne s'agit plus d'une simple question d'éthique ou de principes, mais bien de l'avenir commun de l'humanité. Le prosélytisme n'est donc ici qu'un absolu et raisonné devoir !

L'Etat au c œ ur d'une gouvernance mondiale toujours plus complexe

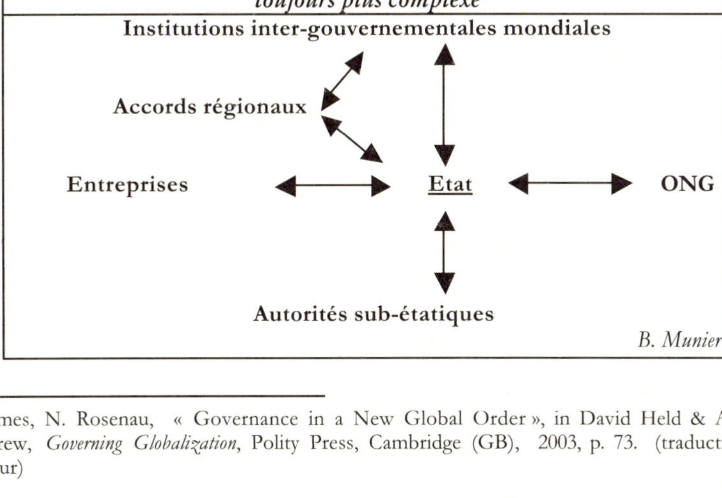

[257] James, N. Rosenau, « Governance in a New Global Order », in David Held & Antony McGrew, *Governing Globalization*, Polity Press, Cambridge (GB), 2003, p. 73. (traduction de l'auteur)

Toutefois, la diversité reste la règle, tant il semble inconcevable de ne pas, au premier chef, identifier les différences, parfois extrêmement profondes, et à tout niveau qui séparent les Etats (comme les autres acteurs !). En effet, qui oserait prétendre à une quelconque symétrie entre les Etats-Unis d'Amérique et le Zimbabwe, au-delà bien entendu des prérogatives propres à l'Etat souverain ? Il résulte de tout cela une communauté interétatique bigarrée et apparemment disparate d'où peuvent naître désaccords et conflits. Aussi, dans un tel univers, « l'unité » ou la cohésion ne peuvent véritablement s'affirmer que dans la nécessité ! Mais, on l'aura compris, cette dernière est au rendez-vous et tend à contraindre la communauté hétéroclite vers plus de cohérence.

Réorganisation du système mondial

La globalisation des enjeux et des risques encourage la recherche de nécessaires synergies, et contribue donc très clairement à stimuler les forces « fédératrices » et la collaboration des acteurs – quels qu'ils soient – à l'échelle mondiale. Aussi, s'il est légitime de s'inquiéter des conséquences de la mondialisation du fait de l'amplification des risques potentiels qui en résultent, l'on doit aussi reconnaître qu'elle constitue très certainement le meilleur allié et le principal moteur encourageant le système international vers plus de cohésion pour une meilleure symbiose.

Pour autant, l'Ordre mondial semble plutôt s'organiser en affirmant ses tendances polyarchiques et polycentriques (du fait de la multiplicité des centres d'autorité et des hiérarchies), se confortant ainsi dans la pluralité. Ce qui est, à première vue, paradoxal si l'on tient compte des pressions symbiotiques dont nous venons tout juste de parler. Il est évident que le caractère toujours profondément asymétrique de la communauté internationale – qu'illustrent d'une part les disparités économiques, politiques, militaires ou technologiques, et d'autre part la survenance et l'affirmation de nouveaux acteurs aux côtés de l'Etat – encourage l'affirmation des différences et l'expression de la pluralité, notamment sur le plan organisationnel, et nécessairement fonctionnel. En fait, malgré les apparences, la chose n'est pas nécessairement contradictoire, et les deux tendances peuvent finalement travailler dans la même direction. Des forces apparemment contraires ou différentes ne sont en effet pas obligatoirement antagoniques ; elles peuvent même être complémentaires. Précédemment, nous avions soulevé la question du rapport entre la mondialisation et les processus d'intégration macro-régionale. Il était ressorti de cette analyse que, loin de constituer des forces antagoniques, les deux mouvements participaient d'une même logique et s'encourageaient mutuellement. L'analogie est ici fort pertinente. En effet, **si l'apparente complexification du système mondial, issue de l'« étirement » (et non de l'éclatement) vertical et horizontal de la gouvernance, contribue à adapter celle-ci au nouveau contexte global (et ainsi la perfectionner), cela signifie donc que cette réorganisation contribue in fine à conforter la cohérence et la cohésion politique de la planète**.

Parce qu'il se réorganise pour répondre aux pressions mutagènes liées à l'évolution systémique, l'Ordre mondial se cherche inévitablement, donnant parfois l'apparence d'une certaine confusion. Cette règle universelle voulant que toute mutation, même nécessaire, engendre des traumatismes ainsi qu'une relative instabilité, s'adapte à toute discipline et à quelque sujet que ce soit. Il est donc parfaitement logique que dans le contexte actuel s'affirment certaines contradictions, incertitudes voire incohérences, lesquelles affectent bien sûr la gouvernance et ses modalités institutionnelles et organisationnelles. L'enjeu (et il est de taille !) est donc de trouver un équilibre entre l'indispensable cohésion des forces qui composent le système, et le nécessaire respect d'une certaine pluralité. La question est déterminante et s'impose (ou devrait en tout cas s'imposer !) comme l'absolue priorité de toute réflexion et de toute action concernant ou s'intéressant à l'organisation et à la gouvernance mondiales, car la réponse qui y sera donnée sera déterminante pour l'avenir de la société globale comme pour celui des Nations. Trop d'hétérogénéité et de division pénaliserait gravement l'équilibre et la stabilité politique planétaire, tout en amenuisant les capacités à affronter les risques globaux de manière satisfaisante ; la tendance inverse, qui voudrait forcer l'unification politique et institutionnelle de la planète aux dépens des différences et de l'expression plurielle, pourrait quant à elle s'avérer encore plus dangereuse pour la démocratie.

Il ne faut pas se tromper d'objectif : la finalité n'est pas de construire un mécanisme institutionnel ni de prôner une méthode ou un modèle de manière dogmatique, mais simplement de s'efforcer de trouver une solution qui puisse conforter la cohérence et l'efficience de la gouvernance mondiale, pour le bonheur de l'humanité (et, au préalable, pour s'efforcer d'en garantir la survie). L'histoire a maintes fois démontré qu'une approche pragmatique valait beaucoup mieux que les chemins bourbeux des utopies généreuses. Toute solution doit s'appuyer nécessairement sur la réalité, qu'il faut donc préalablement découvrir, comprendre et évaluer dans toutes ses dimensions pour déterminer ensuite, et seulement alors, la ligne générale qui à son tour conditionnera les politiques et actions spécifiques au nom de l'intérêt bien compris.

***

Perfectionner la gouvernance mondiale impose donc que l'on satisfasse à la nécessité d'encourager la collaboration inter-étatique. Ceci ne peut toutefois concrètement se faire que si l'on prend garde aux spécificités de la communauté des Etats souverains, et si l'on sait en conséquence respecter leurs différences et particularités ; cela, bien sûr, tout en sacrifiant aux principes essentiels que sont les Droits fondamentaux, la sécurité, et le développement durable. L'objectif est ici de faire en sorte que les puissants ne se sentent d'aucune manière pris au piège d'une logique multilatérale inadaptée et parfois contre-productive pour encourager la constance de leur engagement et conforter ainsi la crédibilité et l'effectivité du système, seule option susceptible d'offrir en retour aux plus faibles l'assurance d'une meilleure écoute et d'un soutien plus important.

Il faut aussi favoriser et accompagner la libéralisation des échanges pour stimuler le développement et, à cette fin,

inciter les Etats à améliorer leur propre gouvernance, sans quoi rien n'est possible. Plus qu'un bel idéal, la démocratie et la liberté sont ici les seules réponses permettant d'assurer le bien-être des peuples et le plus sûr gage du développement. Fondée sur les principes de souveraineté populaire et de pluralité, la démocratie libérale constitue le seul système capable de garantir une gouvernance pour le moins acceptable et permettant d'assurer la nécessaire mobilisation de toutes les énergies. La diffusion démocratique ne peut en retour que favorablement contribuer à améliorer la gouvernance mondiale et sécuriser la paix et la stabilité. Aussi est-il essentiel de veiller à ce que l'Ordre mondial se bâtisse sur le strict respect des fondements et principes démocratiques, préservant les libertés d'expression et la pluralité. L'implication positive de toutes les forces actives, selon leurs compétences et capacités, sera un atout pour le développement qu'il faut donc bien entendu cultiver.

Enfin, et pour conclure, construire l'avenir ne peut se faire que sur l es fondations exactes de la réalité géopolitique et économique, considérée concrètement dans toute sa complexité, avec pragmatisme, évitant autant que possible l'aveuglement suscité par les idéaux et nos propres tropismes.

Chapitre 8

GEOPOLITIQUE DE L'ASYMETRIE

LE MULTILATERALISME REVISE

Le réalisme politique commande bien sûr une adaptation des politiques, mais aussi des institutions, afin de répondre à l'évolution systémique et de respecter les principes de bonne gouvernance. Rien n'est en soi immuable et les réalisations et méthodes du passé doivent, elles aussi, évoluer si la chose est jugée utile. Dans une époque marquée par de rapides et profondes mutations, comment ne pas considérer nécessaire une telle adaptation ? Le Secrétaire général des Nations-Unies lui-même a avancé des propositions s'inscrivant dans cet esprit. Elles sont cependant encore insuffisamment concrètes et volontaristes pour constituer une réforme fonctionnelle du processus décisionnel onusien susceptible de tenir compte des contraintes géopolitiques objectives qu'impose la réalité asymétrique du système international contemporain.

Certes, quelques propositions ont déjà été formulées en vue d'élargir notamment le Conseil de sécurité, considérant avec raison le caractère anachronique de sa composition actuelle qui interdit à certains géants comme l'Inde ou le Brésil (ou encore le Japon[258]) de bénéficier du statut et des prérogatives de membre permanent. Il est certain que si la proposition semble en théorie parfaitement cohérente, elle constitue aussi une atteinte aux privilèges des cinq permanents et, surtout, elle pourrait contribuer à complexifier et handicaper plus encore le fonctionnement du Conseil. Toutefois, même une telle réforme serait insuffisante pour redonner son sens à une organisation dont la Charte constitutive fut élaborée aux lendemains de la seconde guerre mondiale, juste avant la guerre-froide ; (il faut à ce propos rappeler qu'en paralysant pendant quelques décennies le Conseil

[258] Le cas de l'Allemagne est un peu particulier du fait de la présence de deux voisins européens comme membres permanents du Conseil de Sécurité.

de sécurité en imposant son veto à toute proposition contraire à ses intérêts, l'URSS avait déjà démontré les dysfonctionnements intrinsèques de l'ONU).

En définitive, la question essentielle qui est ou doit être posée est celle de l'efficacité et de l'effectivité du multilatéralisme. Il ne s'agit bien évidemment surtout pas de remettre en question le principe, qui constitue le fondement de la démocratie à l'échelle mondiale, mais d'en assurer le bon fonctionnement afin d'apporter les réponses attendues par les peuples et dont les préceptes sont inscrits dans la Charte des Nations-Unies : promouvoir les Droits de l'Homme et les libertés fondamentales et cesser les coupables bienveillances envers les régimes brutaux ; préserver la sécurité et, pour ce faire, s'engager clairement dans la lutte et l'élimination des principales sources d'insécurité que sont le terrorisme et la dissémination des armes de destruction massive ; encourager le développement durable et, de ce fait, engager fermement les Etats à s'inscrire dans la dynamique d'échange stimulée par la mondialisation ; enfin, défendre activement et promouvoir la démocratie de par le monde[259] ! L'on peut toutefois s'interroger sur la capacité des grandes organisations inter-gouvernementales à satisfaire de tels objectifs lorsque l'on sait que les Etats non-démocratiques ont un droit de vote égal aux autres au sein des instances délibératoires, et qu'ils ont bien sûr tendance à se coaliser lorsqu'un projet va dans une direction qui leur semble contraire aux intérêts du régime et de l'élite en place[260] !

Le multilatéralisme n'est pas une fin en soi, et les institutions multilatérales n'ont de sens que si elles constituent un moyen efficient qui permette une prise de décision

[259] Voir à ce propos *U.S. Multilateral Diplomacy and the UN : Our Principles and Priorities,* Bureau des Affaires des Organisations Internationales (BIOA), Département d'Etat, Washington DC, 2004 : www.state.gov/p/io/c9703

[260] Kim R. Holmes, Sous-secrétaire d'Etat aux Affaires des organisations internationales faisait remarquer, dans uns un discours prononcé le 17 février 2004 à la Fondation Héritage sur le thème de la promotion des libertés économiques, que les nations non-démocratiques « votent à l'unissons pour bloquer les idées sensibles sur le développement économique, mais aussi les propositions sur la réforme des Nations Unies susceptibles d'affaiblir leur prise sur le processus de décisions de l'ONU sur les questions de budget et de développement économique » : Kim R. Holmes, *Promoting Economic freedom at the United Nations*, Département d'Etat, Washington DC, 2004, p. 3 (traduction de l'auteur) : www.state.gov/p/io/rls/rm/2004/29549.htm

adaptée et conséquemment performante dans son contenu comme en termes de réalisations. S'accrocher à un système ou à un mode de fonctionnement devenant de toute évidence progressivement, mais rapidement, obsolète – pour ne parvenir in fine qu'à paralyser le processus décisionnel mondial – constitue une approche alors parfaitement irresponsable et qui, à l'évidence, va à l'encontre des intérêts de la communauté des Etats et des peuples. On l'a dit, **le seul critère valide concernant l'organisation et le mode opératoire de la gouvernance mondiale doit être l'efficacité du processus décisionnel et de l'exécution, ainsi que la qualité de ces derniers selon qu'ils permettent ou non de contribuer au mieux-être des peuples, assurant le développement et la sécurité globales de manière favorable et satisfaisante**.

Compte tenu des enjeux globaux qu'il nous faudra inévitablement affronter du fait de la mondialisation, dans quelque domaine que ce soit (développement durable, super-terrorisme et prolifération des ADM, risque écologique ou sanitaire…), il est urgent de chercher à re-dynamiser le processus décisionnel multilatéral et, pour ce faire, d'en réviser, si nécessaire, les modalités. Il faut en effet à tout prix éviter que ce dernier ne devienne victime d'une impotence croissante et néfaste pour sombrer finalement dans l'inanité la plus totale et contre-productive. La seule possibilité reste alors l'adaptation du système multilatéral à la réalité géopolitique et géoéconomique globale. Le système multilatéral est en effet aujourd'hui bâti sur un leurre extraordinaire qui ne correspond en rien à la nature objective du système au sein duquel nous évoluons , à savoir : le postulat de l'égalité des Etats qui, hors la dimension juridique, reste politiquement, économiquement, militairement et diplomatiquement rigoureusement artificiel. Correspondant à la vision « wilsonienne » – du nom de l'ancien président des Etats-Unis et l'un des principaux instigateurs de la reconstruction de l'Ordre politique mondial aux lendemains de la première guerre mondiale (avec le succès que l'on sait !). Ce postulat fut repris par l'administration Roosevelt et les pères fondateurs de l'ONU, s'inspirant ici du modèle pourtant peu glorieux (quels que fussent par ailleurs ses mérites) de la défunte Société Des Nations[261]. Toutefois, ces derniers n'eurent pas la naï veté d'appliquer pleinement les principes normatifs dont ils se réclamaient et accordèrent la réalité des pouvoirs décisionnels au «club » relativement fermé du Conseil de Sécurité et de ses membres permanents. Ce qui signifie que le multilatéralisme «égalitaire » fondé sur le partage équitable des tâches et responsabilités[262], auquel on voudrait nous faire croire (ou rêver), n'a en vérité jamais existé !

La réalité profondément asymétrique de l'Ordre mondial ne peut à l'évidence être ignorée et doit nécessairement transpirer au travers des institutions et des modalités de fonctionnement du processus décisionnel. L'Union Européenne en donne un bon exemple avec la procédure de vote dite à la « majorité qualifiée » au sein du Conseil des Ministres. Elle a en effet conçu une formule par laquelle la répartition de voies se veut proportionnelle à la puissance des Etats-membres, ou plus exactement à leur réalité démographique respective. D'autres critères, ou une combinaison de critères, pourraient ainsi être retenus, comme par exemple la contribution financière au budget des institutions inter-gouvernementales qui reflète clairement quant à elle l'asymétrie du système international[263]. De telles propositions pourraient être considérées comme étant malvenues ou « choquantes » par tous ceux qui se prétendent «défenseurs» du Tiers-Monde, mais elles ont le mérite de prôner une solution se voulant plus équitable parce que respectueuse de l'équilibre des puissances ; et soyons-en certains : c'est le seul moyen de libérer le processus multilatéral de ses faiblesses et de son inefficacité actuelles. Dans le cas contraire, comment ne pas imaginer voir croître son

---

[261] La SDN était constituée d'un Conseil – formé de quatre membres permanents (France, Japon, Royaume-Uni, Italie ; le Congrès américain ayant refusé de signer le Traité de Versailles, l'Amérique ne fut pas membre de la SDN) et quatre membres temporaires –, d'une Assemblée Générale ainsi que d'un Secrétariat. Les décisions du Conseil et de l'Assemblée étaient prises à l'unanimité (art. 5), ce qui paralysa l'organisation car en cas de crise, les différentes parties devaient décider et agir ensemble, ce qui se révéla parfaitement utopiste et donc contre-performant.

[262] Voir à ce propos Dominique de Villepin, *Un autre monde*, l'Herne, Paris, 2003.

[263] Premiers contributeurs des Nations Unies, la part des Etats-Unis correspond à 22 % du budget régulier, contre 6,4 % pour la France, 5,54 % pour le Royaume-Uni, 1,53 % pour la Chine et 1,2 % pour la Russie. En 2001, alors que la contribution américaine au budget régulier de l'ONU s'élevait à $612 millions, la contribution totale des Etats-Unis au système des Nations Unies s'élevait à $3,5 milliards ; Nyle Gardner & Baker Spring, *Reform the United Nations*, The Heritage Foundation, Washington D.C., novembre 2003 : www.heritage.org/Press/Commentary/ed112503b.cfm?RenderforPrint=1

impotence, au grand dam de la société Monde. Car l'on a plus besoin que jamais d'un **multilatéralisme efficace** pour porter les réponses adaptées aux enjeux toujours plus complexes et globaux auxquels l'on doit faire face !

Afin de renforcer la crédibilité du système multilatéral, une autre exigence à satisfaire consiste à s'assurer que les principes fondamentaux et l'éthique à laquelle ils se rattachent président effectivement à l'ensemble des décisions et de l'action engagée. **La démocratie, la liberté, l'échange sont les valeurs qui contribuent à la paix, à la croissance e t au développement. Elles doivent donc constituer des objectifs inviolables et incontournables de la gouvernance, au nom de l'intérêt général de la communauté internationale**. Il est en effet inacceptable de voir ces principes proclamés pour être ensuite oubliés, détournés ou jetés en pâture à des gouvernements récalcitrants et anti-systémiques ou à des ONG dogmatiques (fort heureusement peu nombreuses, mais actives) qui parviendront à imposer leurs visions pour dénaturer le sens de l'engagement collectif. On ne peut ni ne doit se contenter de voir ces principes essentiels transpirer de la démarche multilatérale ; ils doivent au contraire s'inscrire en lettres d'or au cœur de tout le processus et de son fonctionnement. C'est à cette seule condition que, résolue dans son action et solide dans ses convictions et sa détermination, la dynamique multilatérale pourra asseoir sa crédibilité, confirmant sa cohérence, son efficience et son effectivité.

Bref : réalisme dans l'organisation et le fonctionnement, détermination de l'engagement face aux valeurs et principes sur lesquels se fonde la raison d'être du principe multilatéral.

UN ORDRE INTERNATIONAL MULTIPOLAIRE OU UNIPOLAIRE ?

Les fondements de la puissance

D'aucuns arguent avec assurance de ce qui n'est finalement qu'un vœu pieux ne reflétant aucunement la réalité géopolitique actuelle, à savoir que le monde de l'après guerre-froide, depuis la rupture de l'ère bipolaire, serait (ou devrait être ?!) multipolaire ; en conséquence de quoi la dynamique multilatérale devrait alors fonctionner sur le respect absolu d'une stricte égalité théorique des Etats. Les gouvernements qui mettent la chose en exergue, en justifiant leur démarche par leur souci de préserver l'intérêt général et l'équilibre international, oublient toutefois de préciser qu'ils sont parfois eux-mêmes « plus égaux » que d'autres (puissances économiques régionales ou membres permanents du Conseil de sécurité) et qu'ils se plaisent pourtant à jouir et user eux aussi de leur puissance (même relative) et de leurs privilèges lorsque l'occasion se présente ou que la nécessité l'impose. Mais le postulat sur lequel repose cette approche est de toute façon très largement inexact si l'on considère, entre autres, la puissance économique, commerciale et financière, mais encore technologique et scientifique, ou militaire et culturelle (par le rayonnement médiatique de ses acteurs économiques ou autres) des Etats-Unis d'Amérique comparée à tous les autres membres de la communauté internationale.

Comme le fit très bien remarquer Hubert Védrine, ancien Ministre des Affaires Etrangères de la République française, l'Amérique est aujourd'hui bien plus qu'une simple puissance et il serait urgent d'écarter ici les illusions trompeuses échafaudées après la fin de la guerre-froide sur l'état du monde[264]. N'ayons pas peur des mots : l'Amérique est aujourd'hui non seulement la plus grande puissance parmi les Nations, mais aussi (soyons objectifs) la Nation la plus puissante que l'histoire mondiale ait

[264] Alors Ministre des Affaires Etrangères du gouvernement Jospin, Hubert Védrine lança le concept d'hyperpuissance pour souligner déjà, bien avant l'élection de Georges W. Bush Jr., ce qu'il dénonçait comme l'arrogance de la puissance américaine dans l'ère qui suivit la guerre-froide ; voir à ce sujet Robert Kagan, *Of Paradise and Power : America and Europe in the New World Order*, Knopf, NY, 2003, p. 43 et suivantes ; voir aussi : Hubert Védrine, *Face à l'hyperpuissance : textes et discours*, Fayard, Paris, 2003.

jamais connue. Comme le Royaume-Uni un siècle plus tôt, l'hyperpuissance veut aussi véhiculer ses valeurs, qui passent par la promotion du marché, de l'Etat de Droit, et des formes représentatives de gouvernement, adoptant (certes) un comportement impérial[265]. La question fondamentale, sur laquelle s'affronteront réalistes et utopistes, concerne alors le caractère inéluctable ou non du lien existant entre la situation qui est celle de l'hyperpuissance (prenant en compte ses capacités et moyens), avec le caractère «inévitablement » impérial de ses politiques et, tout simplement, son rôle et son influence spécifiques sur le système mondial.

Le concept de puissance repose non seulement sur un certain nombre de caractéristiques concrètes (attributs ou moyens), mais aussi sur la capacité ou la volonté de l'acteur à user ou à faire croire qu'il pourrait employer ces moyens pour parvenir à ses fins (influence). En ce qui concerne les attributs de la puissance, ceux-ci se déclinent sous de multiples aspects et fonctions : importance du territoire et de la démographie, situation économique et capacité productive et financière, développement technologique et scientifique, forces armées et potentiels défensifs ou offensifs, cohésion nationale, rayonnement culturel, cohérence politique et crédibilité diplomatique.... Ces attributs évoluent bien évidemment selon les époques. Il fut un temps très proche, peu après la guerre-froide, où il était presque coutumier de considérer que la puissance ne dépendait plus (ou presque plus) que de la richesse créée et du potentiel commercial et financier, pour devenir moins coercitive et se dégager des contraintes naturelles (géographiques, physiques, voire démographiques). Joseph Nye oppose deux visions de la puissance : le « Soft Power », ou pouvoir de persuasion, et le « Hard Power », ou puissance coercitive[266]. Cette vision manichéenne tend à faire abstraction des contraintes conjoncturelles objectives qui peuvent influencer l'usage que l'on fera de la puissance ; la question n'est d'ailleurs pas d'opposer deux définitions de la puissance, mais plutôt de constater l'existence de deux visions ou options concernant

[265] Sur le parallèle et les différences entre les impérialismes britannique et américain, cf. Niall Ferguson, *Colossus : The Price of America's Empire*, Penguin Press, Londres, 2004.
[266] Voir notamment Joseph S. Nye, *Le leadership américain*, Presses Universitaires de Nancy, 1992 ; *Soft Power : The Means to Success in World Politics*, PublicAffairs, NY, 2004.

l'utilisation que l'on peut ou doit en faire. Seules les orientations politiques, l'action du pouvoir, et son habileté à se servir de la puissance dont il dispose peuvent varier ; ainsi, même si les responsables politiques décidaient pour un temps de se refuser à utiliser l'ensemble des attributs de la puissance pour la réalisation des objectifs qu'ils se sont fixés, les fondements constitutifs de cette puissance resteraient. On l'a dit plus haut, la puissance effective se compose de ses attributs constitutifs et de l'usage que l'on en fait ! La puissance est un tout, et plus que jamais elle ne saurait se résumer à quelques dimensions seulement. La puissance économique et technologique du Japon, par exemple, quoique réelle et consistante, reste toutefois insuffisante pour accorder à ce pays l'influence et le poids nécessaires pour peser de manière déterminée, voire absolue, sur l'évolution du système mondial.

Bien que ses attributs soient multiples, les fondements de la puissance d'un Etat restent liés à quelques qualités bien précises qui, selon nous, assureront sa capacité d'autonomie relative (il n'est pas question de prétendre qu'un Etat puisse aujourd'hui faire abstraction des autres comme du reste de la communauté mondiale) et son influence. Universitaire de renom, Susan Strange définissait la puissance autour de quatre piliers que sont la sécurité, l'économie (ou production), les finances, et la culture[267]. Selon cette définition, la puissance se structure autour des trois dimensions : économique (production et finance), sécuritaire et culturelle ; il manque cependant une variable pourtant essentielle dans un monde où le progrès et l'échange sont les clefs de la croissance et du succès, et qui conditionne les trois précédentes : l'innovation et le développement technologique et scientifique. Ainsi, quels que soient l'Etat et ses caractéristiques, la puissance se structure et s'évalue à partir de ses fondements constitutifs que sont : **la création de richesse et le pouvoir financier** ; **l'innovation et le développement technologique** ; **la défense** (c'est-à-dire la capacité à assurer la sécurité du territoire comme des intérêts sis à l'extérieur de ce même territoire) ; et **le rayonnement culturel** (pouvoir d'attraction culturel et capacité médiatique à relayer ou « imposer » normes, valeurs

---

[267] Susan Strange, *States and Markets*, Blackwell Publishers, Oxford 1988.

et comportements). Bien sûr, toutes ces dimensions sont pleinement interdépendantes, se complètent et interagissent pour structurer le socle de la puissance ; libre ensuite à l'autorité de décider, selon le contexte, de l'usage qu'il faut ou que l'on peut en faire.

L'hyperpuissance

Dans quelque secteur d'activité que ce soit – économique, militaire et stratégique, technologique et culturel – l'Amérique est aujourd'hui, qu'on le veuille ou non, clairement en position de leadership, ayant en réalité souvent plusieurs longueurs d'avance sur ses rivaux, ce qui lui octroie une position tout à fait particulière et même exceptionnelle au sein du concert des Nations, compte tenu de son potentiel et de ses capacités, et de son influence.

Militairement, tout d'abord. Point n'est ici besoin de revenir en détail sur la force de frappe des Etats-Unis ; première puissance nucléaire, elle dispose aussi d'une armée technologiquement extrêmement performante et, outre la dissuasion classique, sa capacité à déployer ses forces hors de son territoire est de loin supérieure à tout autre pays. La défense est effectivement une composante essentielle à toute puissance qui veut ou doit s'affirmer, car la défense de ses intérêts exige alors bien plus que le strict contrôle du territoire ou même des intérêts nationaux situés hors du sol national. C'est d'ailleurs la raison pour laquelle, quelles que soient ses caractéristiques, toute très-grande-puissance (par rapport aux Nations qui l'entourent) cède inévitablement à des tendances impériales. Celles-ci exigent bien entendu un minimum de moyens, une capacité suffisante à les déployer en temps voulu, et bien sûr la volonté du gouvernement soutenu dans son engagement par la population nationale (la cohésion nationale étant, on l'a dit, une composante importante de la puissance). En 2003, les Etats-Unis comptaient plus de 370 000 soldats stationnés hors de leurs frontières sur tous les continents, soit plus du quart des forces armées américaines actives, lesquelles totalisent 1,4 millions d'hommes et de femmes. Certes, les opérations en Afghanistan et en Irak comptent pour beaucoup, avec respectivement 11 000 et 120 000 (138 000 en 2004) soldats américains déployés dans ces deux pays; 80 000 hommes sont basés en permanence au Japon et en Corée du Sud, sans oublier l'Allemagne, le Royaume-Uni, l'Italie, Koweï t, le Qatar, l'Islande, la Belgique, la Turquie, sans oublier le Honduras, l'Ouzbékistan, le Kirghizstan ou la Norvège… En tout, l'Amérique possède dix fois plus de militaires déployés à l'étranger que le Royaume-Uni, qui se positionne pourtant en deuxième place (et dont le plus large contingent des 38 000 hommes stationnés à l'étranger se situe en Allemagne, le second en Irak) ; le nombre de soldats russes stationnés en dehors de la fédération correspond à 5 % seulement du contingent américain à l'étranger, et ceux-ci sont exclusivement positionnés dans les ex-républiques soviétiques ; les troupes françaises à l'étranger, enfin, ne représentent que 3,25 % seulement de la totalité des forces américaines stationnées en dehors du sol national[268]. Ces chiffres à eux seuls témoignent à la fois de la capacité et de l'engagement des Etats-Unis. Et cela est bien sûr sans compter avec les troupes navales embarquées sur toutes les mers du monde, qui donnent à Washington une force de propulsion exceptionnelle et lui accorde de ce fait une position stratégique incomparable. Les opérations dans le golfe persique, au Kosovo, en Afghanistan ou en Irak ont permis de démontrer la surprenante capacité des Etats-Unis à intervenir massivement en quelque coin de la planète, si leurs intérêts ou l'équilibre international l'exigeaient, affirmant clairement de ce fait leur primauté comme leurs responsabilités envers la paix et la stabilité de l'Ordre mondial.

Il faut avouer que le Budget consacré à la défense par les Etats-Unis d'Amérique est véritablement faramineux, et atteste de l'engagement américain, quels que soient d'ailleurs les aléas politiques et les priorités des gouvernements successifs. Ce budget dépasse en effet de très loin celui des autres protagonistes, totalisant 399,1 milliards de dollars en 2003 contre $65 milliards pour la Russie, $47 milliards pour la Chine, $42,5 milliards pour le Japon[269], $38,4 milliards pour le Royaume-Uni, et $29,5

---

[268] The Military balance 2003-2004, *International Institute for Strategic Studies (IISS)*, Londres, 2004.
[269] Bien que depuis le seconde guerre mondiale ce pays ne puisse développer une armée offensive, sa puissance économique et technologique lui permette cependant d'investir considérablement dans sa défense, encouragé en cela par les Etats-Unis dès le début des années

milliards pour la France[270]. Malgré des limites cependant avérées, mises en lumière lors de la pacification de l'Irak, l'armée américaine dispose d'une supériorité technologique plus que certaine qui, si elle ne peut répondre à tout, offre cependant d'évidents avantages en termes offensif et défensif, lui octroyant une puissance de feu et une force de frappe incomparable ainsi qu'une précision et une efficacité redoutables. La sophistication technologique n'explique cependant pas tout. Force est de reconnaître l'évolution significative et constante de la doctrine et des stratégies qui apportent à cette armée une flexibilité remarquable qui constitue encore un atout déterminant. Le Vice Amiral Cebrowski, responsable du Bureau chargé de l'évolution des forces armées au Département de la Défense (Office of Force Transformation) exprimait la chose de manière limpide : « La guerre en Afghanistan n'était pas planifiée d'avance – nous n'avions aucune intention d'aller là-bas avec nos forces armées. Mais la flexibilité et l'adaptabilité de l'armée ont rendu la chose possible moins d'un mois après l'attaque du 11 septembre. C'est en soi l'histoire de la transformation [évolution] des armées. A l'évidence, il n'y a pas si longtemps, nous n'aurions pu planifier une telle campagne si rapidement et l'exécuter de manière si expéditive »[271].

Il serait toutefois présomptueux et inconscient de présenter cette armée, malgré ses potentialités extraordinaires, comme étant invincible. La guerre du Vietnam a démontré la nécessité d'un soutien populaire résolu, les faiblesses pouvant émaner de l'intérieur, particulièrement dans une démocratie. La pacification de l'Irak a aussi révélé les failles d'une armée qui, malgré sa performance et sa puissance redoutable, n'est pas nécessairement préparée pour les missions de police. Mais tout cela ne doit pas faire oublier sa prépondérance intrinsèque et ses qualités qui en font à ce jour une force inégalée et, conséquemment, un élément constitutif déterminant de l'hyperpuissance. De ce fait, les défis

---

cinquante, suite à la guerre de Corée et la signature du traité de sécurité nippo-américain de 1951 et des accords complémentaires de 1952-54 ; pour plus d'information à ce sujet, cf. : François Joyaux, *La nouvelle question d'Extrême-Orient (T1) : l'ère de la guerre froide*, Payot, Paris, 1985, p. 194 et suivantes.

[270] Données de l'IISS reprises sur le site cartographique de l'Institut d'Etudes Politiques de Paris : www.sciences-po.fr/cartographie

[271] "Cebrowski Sketches the Face of Transformation", *American Forces Information Service New Articles*, Département de la Défense, Washington DC, décembre 2003 : www.defenselink.mil/news/Dec2003/n12292003_200312291.html (traduction de l'auteur)

les plus délicats et redoutables menaçant la sécurité des Etats-Unis ne proviendront pas, dans un avenir relativement proche tout au moins, des autres puissances et Etats rivaux. Ce sont au contraire les pays faibles, perclus dans le non-sens économique, le désastre social et l'aberration politique (au régime autoritaire et dotés de gouvernants peu scrupuleux) qui peuvent constituer une menace, que ce soit en abritant ou soutenant le super-terrorisme et ses ambitions pathogènes, en voulant conforter leur légitimité et pérennité par l'obtention d'armes de destruction massive, ou tout simplement en adoptant des comportements résolument hostiles à la démocratie mondiale, à la stabilité de l'Ordre international, ou au marché[272]. C'est dans cet esprit que le gouvernement américain a axé sa priorité sécuritaire sur la lutte contre le terrorisme et la diffusion des ADM, ce qui constitue en soi une profonde évolution en comparaison des objectifs stratégiques antérieurs. Il reste cependant évident que, si la sécurité des Etats-Unis dépend de la stabilité de l'Ordre mondial, de sa marche vers la démocratie et le développement des échanges économiques et culturels, c'est aussi (et surtout) dans cette direction que l'effort doit être poussé. En d'autres termes, **la sécurité et l'avenir de l'hyperpuissance dépendront de sa capacité et de sa détermination à soutenir la démocratie, l'Etat de Droit ainsi que la libéralisation de l'économie et de la société mondiales**.

La puissance des Etats-Unis d'Amérique ne repose fort heureusement pas que sur son seul potentiel militaire. L'économie américaine connaît, certes, des hauts et des bas ; elle a des fai-blesses parfois surprenantes, mais elle reste cependant la première économie mondiale et, surtout, elle est certainement l'économie la plus mondialisée (intégrée) qui soit, tant ses entreprises et son activité sont partie prenante de l'économie Monde. En effet, au-delà de la simple dimension que constitue le commerce extérieur (traditionnellement déficitaire, particulièrement du fait des échanges transpacifiques qui, rappelons-le, surpassent en volume les échanges transatlantiques), les entreprises, banques et autres prestataires de service américains sont présents sur tous les

[272] Chuck Hagel, "A Republican Foreign Policy", *Foreign Affairs*, Washington DC, juillet-août 2004.

marchés. De plus, parmi les plus puissantes entreprises transnationales l'on retrouve en grande partie des compagnies américaines[273]. La puissance financière de l'Amérique est indéniable : la bourse de New-York ne cesse de dicter l'orientation aux autres grandes places boursières de la planète. Mais si la croissance économique américaine n'est en rien comparable à celle de la République Populaire de Chine par exemple, le Produit National Brut américain lui surpasse encore de loin celui de tous ses challengers, et surtout, il n'est en rien comparable à celui de la Chine si l'on regarde la répartition de la richesse par habitant. Il ne faut pas oublier que cette croissance chinoise spectaculaire, qui attire si bien les capitaux appâtés par les perspectives de développement et des coûts de production comparativement très bas, est essentiellement alimentée par des investissements étrangers, américains notamment[274] !

Le dynamisme de l'économie américaine repose dans une large mesure sur la liberté d'initiative et la flexibilité dont bénéficient les entreprises. La compétition féroce que se livrent ces dernières, en plus d'un héritage scientifique désormais assuré par la détermination historique de l'Etat à stimuler la recherche et le développement – attirant au passage depuis fort longtemps une partie de l'intelligentsia scientifique mondiale –, ont permis à l'Amérique d'acquérir un leadership technologique et scientifique patent[275]. Cela constitue, bien évidemment, un atout indéniable et déterminant dans un univers globalisé où la compétition et le progrès reposent très largement sur les avancées technologiques, surtout en matière de communication e t d'échange. Ainsi, au cours de la décennie précédente, alors que les gouvernements européens s'efforçaient pour beaucoup de soutenir les secteurs fragilisés (et vieillissants) par la crise économique (hypothéquant ainsi l'investissement vers les secteurs nouveaux et porteurs d'avenir), et alors que le Japon souffrait de son marasme écono-

[273] Rapport sur l'investissement dans le monde, 2003, *CNUCED*, NY, 2003 : www.unctad.org/fr/docs/wir2003overview_fr.pdf

[274] Hors le territoire de Hong Kong et les îles Vierges, qui servent de plaques tournantes, les Etats-Unis sont la première source d'IDE en Chine devant le Japon, Taiwan et la Corée du Sud (données 2002) : *Foreign Investments in China*, The US-China Business Council, Washington DC, 2003 : www.uschina.org/statistics/2003foerigninvestment.html

[275] L'Etat joue ici pleinement son rôle incitateur, sans pour autant se substituer à l'initiative privée (qu'il encourage !), comme en témoignent les nombreuses structures de recherche indépendantes, à Silicon Valley ou ailleurs.

mique, l'Amérique renforçait son avancée technologique et sa maîtrise des nouvelles industries, particulièrement dans le domaine stratégique des nouvelles technologies de l'information et des communications.

Convaincu de la nécessité de préserver ou d'encourager son avance technologique et scientifique, Washington poursuit inlassablement et résolument ses efforts en ce sens, comme en attestent la relance du programme spatial et l'effort engagé dans le développement des nanotechnologies (qui seront à n'en pas douter les clefs d'une nouvelle révolution industrielle dans les années à venir)[276]. Peut-être plus significative encore, la volonté non seulement de soutenir l'innovation mais aussi d'en concrétiser et rentabiliser les résultats, comme le révèle cette citation mise en exergue sur un document de l'Institut national des normes et technologies et du Département du Commerce : « les limites ultimes de la croissance ne résident peut-être pas tant dans notre capacité à générer de nouvelles idées, que dans notre capacité à transformer une abondance d'idées potentielles – en train de germer – sous des formes utilisables »[277].

Premier pays, et de très loin, par le nombre de serveurs Internet (115 millions en 2002) mais aussi par le nombre d'abonnés (165 millions en 2002 contre 56 pour le Japon, 46 millions pour la Chine… et seulement 17 millions pour la France, alors en 9e position, et un chiffre équivalant pour le Canada avec cependant moitié moins de population), les Etats-Unis possèdent un réseau de télécommunications unique au monde avec plus 1500 chaînes de télévision et une couverture satellitaire qui permet aux grands médias comme CNN d'être présent sur la quasi-totalité de la planète[278].

---

[276] Sachant les retombées importantes en terme scientifique de telles initiatives, le Président Bush annonça en janvier 2004 une relance ambitieuse du programme spatial de la NASA ayant pour objectif de confirmer l'avance américaine dans ce domaine, et lança en décembre 2003 "l'Initiative nationale sur les nano-technologies", par laquelle le gouvernement fédéral s'engageait à débloquer $3,7 milliards sur quatre ans, en plus des fonds débloqués par les Départements de la Défense, de la Sécurité intérieure et l'Institut National de la Santé : *Remarks by Phillip J. Bond, Undersecretary of Commerce for Technology*, Département américain du Commerce, discours effectué à Chicago à l'occasion de "Nanocommerce 2003" le 9 décembre 2003 : www.technology.gov/speeches/PJB_03209.htm

[277] *Between Invention & Innovation ; an Analysis of Funding for the Early-Stage Technology Development*, Institut national des normes et technologies (NIST), Département du Commerce des Etats-Unis, novembre 2002, p. 27 : www.atp.nist.gov/eao/grc02-841/grc-841.pdf (traduction de l'auteur)

[278] Pour les données, cf. *The CIA World Factbook*, Central Intelligence Agency, Washington DC, 2004 ; ainsi que le site cartographique de Sciences-po Paris : www.sciences-po.fr/cartographie

Cette suprématie dans le domaine des communications, des médias, des réseaux et fournisseurs d'accès Internet, offre à l'Amérique des relais stratégiques qui lui permettent, tout secteur ou domaine confondus, d'imposer ses valeurs et son modèle culturel de par le monde comme aucune puissance avant elle n'a pu le faire. Le phénomène n'est pas sans conséquences pour le rayonnement et l'influence globale de l'hyperpuissance et constitue pour elle un atout considérable. Intrinsèquement liée au développement pour ne pas dire à l'explosion des nouvelles technologies qui en sont le vecteur, l'influence culturelle américaine atteint en profondeur (quoique de manière et d'intensité nuancées) toutes les sociétés, affectant non seulement les modes vestimentaires, musicales ou gastronomiques, mais aussi les styles de vie ainsi que les normes et valeurs culturelles ; au point que certains plutôt que de parler de mondialisation culturelle préfèrent parler d'américanisation, voire (alors un brin critique) de « McDonalisation »[279]. L'on comprend dès lors l'hostilité que vouent à la mondialisation les ennemis des Etats-Unis, puisque celle-ci favorise largement la diffusion des valeurs et principes essentiels prônés par l'Amérique (dans ce que certains qualifient parfois de démarche « messianique »), comme l'Etat de Droit ou la libéralisation du marché, ou encore la défense des Droits fondamentaux, mais aussi la « société de consommation » tant décriée et pourtant tellement attractive… Oui ! la mondialisation contribue à encourager l'influence américaine sur la marche du monde.

[279] Comme le démontre fort justement Ulrich Beck, commentant les travaux de Kevin Robins (« Tradition & Translation : National Culture and its Global Context », in J. Corner & S. Harvey, *Enterprise and Heritage : Cross-currents of National Culture*, Londres 1991), cette thèse, selon laquelle la mondialisation culturelle entraînerait à terme la disparition des cultures nationales, est sans doute excessive parce que ne tenant pas compte des résistances locales et de ce que l'on pourrait nommer comme le phénomène de métissage culturel fait d'imprégnation des cultures globales et locales ; Ulrich Beck, *What is Globalization ?*, Polity, Cambridge (GB), 2000, p. 42-47.

L'imperium

La puissance américaine constitue une réalité qui surpasse effectivement, et de très loin, l'ensemble de ses partenaires au sein de la communauté des Nations. Or, face à une telle asymétrie, comment ne pas considérer les tendances inévitablement unipolaires de l'Ordre Mondial ? Comment ne pas admettre cette évidence selon laquelle, compte tenu de sa spécificité géopolitique, les réalités et enjeux que doit affronter l'hyperpuissance soient incontestablement différents des autres Etats, et que ses responsabilités et devoirs ne puissent être similaires ni comparables, même aux autres « puissances » ? Pourrait-on imaginer que l'Amérique reste indifférente aux choses de ce monde et qu'elle choisisse de se replier sur elle-même pour renouer avec des traditions isolationnistes[280], comme elle le fit après la première guerre mondiale et durant tout l'entre-deux guerres, avec les conséquences que l'on sait ?

On l'oublie trop souvent, mais la tendance est pourtant profondément ancrée dans les traditions politiques et dans le socle culturel américain, et joue encore un rôle important dans la vie politique en contraignant et limitant souvent la volonté et l'engagement des Etats-Unis, particulièrement en ce qui concerne ses interventions extérieures, surtout si elles s'avèrent coûteuses (humainement, notamment) et longues. Selon les pères fondateurs, en effet, la bonne politique étrangère d'une Nation éprise de liberté devait se résumer au "libre échange avec tous, et [l'établissement] d'alliances avec aucun" ; cette stratégie de république marchande se fondait sur la réalité géopolitique "insulaire" que connaissait alors l'Amérique et qui avait pour résultat d'asseoir la sécurité des Etats-Unis sur cette frontière naturelle.[281] C'est pourquoi, tous les engagements militaires américains du

---

[280] Si les Etats-Unis se replièrent longtemps sur eux-mêmes politiquement parlant, pour ne pas être entraînés dans les conflits européens, ils ne s'engagèrent jamais cependant sur le chemin de l'auto-suffisance, bien au contraire ; en ce sens, il faut relativiser le terme "isolationniste" pour n'en garder que la seule dimension politique.

[281] Dans son discours d'adieu en 1796, le général George Washington, père de l'indépendance et premier Président des Etats-Unis d'Amérique faisait déjà les recommandations suivantes : "La grande règle de conduite en ce qui nous concerne face aux Nations étrangères est, en étendant nos relations commerciales, d'établir avec aussi peu de relations politiques que possible. [...] Il ne peut y avoir de plus grande erreur que d'espérer ou de calculer sur les faveurs qu'une Nation peut accorder à une autre..." ; extrait tiré de Theodore J. Lowi & Benjamin Ginsberg, *American Government*, WW. Norton & Co., NY, 2002, p. 368. (traduction de l'auteur)

XIXe siècle jusqu'au début du XXe siècle (première guerre mondiale incluse) furent motivés par des raisons économiques, principalement liées à la nécessité de préserver les relations commerciales.

Mais cette «insularité» est aujourd'hui largement relativisée, comme l'ont illustré les dramatiques événements du 11 septembre 2001. Qui plus est, de par sa prépondérance, l'hyperpuissance a des responsabilités géopolitiques indubitables, ne serait-ce que pour maintenir un équilibre international nécessaire à la défense de ses propres intérêts, qui la démarque du « commun ». Cette «responsabilité» intéresse aussi très directement tous les gouvernements et Nations conscients de ce que la défense de l'Ordre mondial est une composante essentielle de leur propre sécurité. Souvenons-nous combien les gouvernements européens ont espéré l'engagement américain aux lendemains de la seconde guerre mondiale pour assurer la sécurité des Nations concernées face à l'affirmation de la menace soviétique[282].

Ce simple constat revient à expliquer et peut-être aussi à légitimer le caractère inévitablement impérial de ses politiques et parfois, aussi, de son comportement. Cela n'est d'ailleurs pas vraiment nouveau, et les frictions qui opposent Washington à certains de ses alliés traditionnels, notamment européens – heurtés par ce qu'ils considèrent comme l'arrogance américaine – sont en fait largement antérieures au 11 septembre ou à la venue de l'administration Bush Jr. : « Aujourd'hui, beaucoup d'Européens voient les années Clinton comme une période d'harmonie transatlantique, mais c'est durant ces années que les Européens commencèrent à se plaindre de la puissance et de l'arrogance

---

[282] Suite à la signature du Traité de Bruxelles entre la France, le Royaume-Uni et le BeNeLux, "les Européens réaliseront que leur sécurité face à l'Union soviétique n'est guère assurée si les Etats-Unis et le Canada ne sont pas lies à eux", "Les Européens, notamment les Français, auraient souhaité l'adhésion des Américains au Traité de Bruxelles", toutefois les Américains s'y refusèrent parce que l'article 4 spécifiait qu'en cas d'agression contre l'un des membres l'intervention des autres parties était obligatoire, ce qui était contraire à la constitution des Etats-Unis stipulant que la déclaration de guerre est une prérogative du Congrès (Sénat). Il faudra donc attendre "devant les demandes toujours plu pressantes des Européens de l'Ouest" que le gouvernement Truman soit convaincu de la nécessité de s'engager à assurer la sécurité des démocraties libérales européennes, pour qu'il engage une ferme bataille avec le Congrès afin de le convaincre à adopter une résolution qui permettra d'aboutir à la signature du Traité de l'Atlantique Nord dont l'article 5 crée le principe de défense mutuelle, assurant enfin la protection de l'Europe occidentale par les Etats-Unis : Rémi Hyppia, *L'OTAN dans l'après-guerre froide*, Harmattan, Montréal, 1997, p. 21-24.

américaine dans le monde de l'après guerre-froide »[283]. Il faut en effet se souvenir des critiques formulées dans les années 1990, notamment à l'encontre du Secrétaire d'Etat, Madeleine Albright, et de sa prétendue suffisance lorsqu'elle donnait des leçons de politique étrangère ou qu'elle utilisait un ton parfois considéré comme menaçant devant ses partenaires. A-t-on oublié les nombreuses frictions autour des questions relatives à la situation dans l'ex-Yougoslavie, notamment du fait de l'imposition par Washington des stratégies à suivre dans la guerre contre la Serbie, à cause l'impotence des Européens incapables de rétablir la sécurité sur leurs marches ? Il faut aussi se souvenir que c'est l'administration Clinton qui refusa la première que les troupes américaines soient passibles d'être traduites devant la nouvelle Cour pénale internationale à la création de laquelle l'Amérique avait pourtant largement contribué.

L'impérialisme (ou du moins certaines tendances impériales transpirant d es politiques et d'un certain comportement) est une conséquence inhérente à l'asymétrie qui caractérise l'Ordre mondial de l'après guerre-froide. Au-delà des excès qu'il peut incontestablement générer, ses conséquences et son impact ne sont pas nécessairement globalement négatifs, bien au contraire. Tout dépend en fait des caractéristiques de la puissance « impériale » et de la nature de l'impérialisme en question, de ses conséquences sur le monde, des valeurs qu'il véhicule ou veut imposer. Si la connotation négative attribuée au concept lui-même atteste de ce que les expériences passées ne furent pas toujours très heureuses, on peut aussi estimer qu'il n'en va pas nécessairement de même aujourd'hui, surtout si les conséquences de l'influence impériale s'avèrent favorables à la promotion et à la défense des Droits fondamentaux, à la stabilité et la paix, ainsi qu'au développement et à l'amélioration générale des conditions de vie. Un rien provocateur, Niall Ferguson prétend même que l'existence d'un tel Empire pourrait être «plus nécessaire que jamais au XXIe siècle [afin de] contenir les épidémies, déposer les tyrans, mettre fin aux guerres locales et éradiquer les organisations terroristes »[284]. En effet, en l'état actuel, comment espérer

---

[283] Robert Kagan, *Of Paradise and Power : America and Europe in the New World Order*, Knopf, NY, 2003, p. 43. (traduction de l'auteur)

[284] Niall Ferguson, *Colossus : The Price of American Empire*, Penguin Press, Londres, 2004.

vaincre les fléaux qui nous menacent sans la détermination de l'hyperpuissance ? Détermination qui, en passant, repose non seulement sur l'implication de son gouvernement, mais aussi de l'ensemble des forces qui la composent, qu'elles soient issues de la société civile ou qu'il s'agisse des entreprises transnationales, car la puissance américaine ne se résume pas à la simple autorité publique.

L'économie mondiale et le développement exigent, on l'aura compris, un minimum de stabilité et de garanties, notamment concernant la libéralisation et le développement des échanges, la sécurisation de l'accès aux produits stratégiques afin de pérenniser la croissance[285], l'Etat de Droit et, tout simplement, le maintien d'un ordre mondial stable, démocratique et ouvert, préservé de toutes les forces qui pourraient chercher à le déstabiliser. Contrairement au rêve des idéalistes pacifistes, si la paix est plus qu'un noble projet mais un objectif nécessaire, elle n'est concevable que si ses adversaires peuvent être contenus ou éradiqués. Le sage romain avait déjà compris que, pour assurer la paix, il faut préparer la guerre : « si vis pacem, para bellum ». Mais aujourd'hui cela est impossible sans la caution, et donc l'engagement, de l'hyperpuissance. Il faut bien en convenir, aucun pays, sauf celui qui s'impose aujourd'hui de facto comme étant en quelque sorte la « république impériale », n'a les capacités (et la détermination) suffisantes pour défendre la démocratie mondiale, la liberté et le marché[286]. Il ne faut pas se cacher la réalité : nous avons besoin d'elle, de ses capacités inégalées et de son implication active dans les affaires de la planète ; le réalisme politique voudrait donc que l'on agisse en conséquence, avec pragmatisme et clairvoyance, à ses côtés, pour la défense de l'intérêt général. **La « Pax Americana » vaut certainement mieux que le chaos, et elle en constitue le plus sûr remède !**

Bien évidemment, les grandes puissances (et tout particulièrement l'hyperpuissance) perçoivent le monde et ses enjeux de manière différente de leurs partenaires. Leur analyse et percep-

---

[285] Nous avons pu voir, dans un chapitre précédent l'importance pour l'économie mondiale de sécuriser l'accès aux réserves d'hydrocarbures, faute de quoi l'activité économique et l'équilibre – non seulement des Etats-Unis mais de la planète – seraient gravement menacés.

[286] Jim Garrison, *America as Empire : Global Leader or Rogue Power ?*, Berrett-Koehler, San Francisco, 2004.

tion des risques et des menaces est en fait très largement influencée par deux critères particuliers : le premier étant que la défense de leurs intérêts dépasse largement le périmètre du territoire national, le second tenant à leur capacité d'intervention (militaire, économique ou autre) qui tend à susciter une inclination évidente à considérer le recours à la force lorsque nécessité se fait sentir. En d'autres termes, les puissants ont parfois tendance à recourir à la force plus qu'ils ne le devraient peut-être, alors que les autres ont au contraire le réflexe inverse[287]. Considérant leur différence géopolitique, l'on comprend alors les pulsions contraires qui animent Américains et Européens et alimentent leur différend. Il faut cependant savoir raison garder ! La polémique autour du « recours abusif » à la force encouragé par les « faucons » « néo-conservateurs » de l'entourage du Président Bush Jr., et les répercussions supposées dramatiques pour les Etats-Unis d'une telle politique, stigmatisée par la décision « unilatérale » (quoique soutenue par un certain nombre de gouvernements) d'intervenir en Irak début 2003[288], fut très largement exagérée et alimentée des deux côtés de l'Atlantique par les adversaires de cette administration pour des motivations subjectives qui n'étaient pas, loin s'en faut, sans évidentes arrière-pensées.

Sans vouloir justifier cette intervention, ou la façon dont elle fut engagée, il est toutefois excessif de qualifier d'abusive une offensive contre un régime dictatorial et criminel, considéré comme « l'un des plus sanguinaires que le monde ait jamais connu »[289] (il faut se souvenir des kurdes gazés, des chi'ites massacrés, et de l'arbitraire répressif quotidien), sachant qu'il entretenait clairement par ailleurs des visées hostiles au maintien de l'équilibre régional, voire des relations coupables avec les réseaux terroristes. Faut-il oublier que ce régime hostile, qui avait préalablement fait usage d'armes chimiques contre les populations civiles et dont les ambitions nucléaires étaient patentes (du moins jusqu'à la première guerre du Golfe), était toujours suspecté de posséder des armes de destruction massive (ADM) et que, pour

[287] Voir à ce propos l'analyse de Robert Kagan, *Of Paradise and Power : America and Europe in the New World Order*, Knopf, NY, 2003, p. 26-27.

[288] Cf. notamment Joseph Nye, *Soft Power : The Means of Success in World Politics*, PublicAffairs, NY, 2004 ; Jim Garrison, *America As Empire : Global Leader or Rogue Power ?*, Berrett-Koehler, San Francisco, 2004 ; Pascal Boniface, *La France contre l'Empire*, Robert Laffont, Paris, 2003.

[289] Hans Blix, *Irak, les armes introuvables*, Fayard, Paris, 2004, p. 415.

entretenir le flou, il se refusa des années durant à respecter les résolutions et décisions des Nations-Unies et à collaborer franchement avec les inspecteurs de l'Agence internationale de l'Energie Atomique et de l'ONU (Commission spéciale des Nations-Unies – UNSCOM –, remplacée en 2000 par la Commission de contrôle, de vérification et d'inspection des Nations-Unies pour l'Irak – COCOVINU) ? Enfin et surtout, il faut garder en mémoire le fait que, dans un tel contexte, aux lendemains des attentats du 11 septembre, les inspecteurs de la COCOVINU étaient incapables de donner l'assurance de l'inexistence d'ADM en Irak[290]. Comme l'a rappelé fort justement l'ancien Président de la COCOVINU, Hans Blix, dans ses mémoires récemment publiés : « En dépit des vives préoccupations que suscitait dans le monde (et notamment aux Etats-Unis) la diffusion des ADM, il n'aurait pas été envisageable de développer une politique comprenant l'éventualité d'une guerre contre l'Irak sans les attentats terroristes du 11 septembre 2001. Avant cet événement, aucune inquiétude sérieuse ne s'était manifestée, ni aux Etats-Unis ni ailleurs, sur le maintien d'un programme d'armements nucléaires en Irak. [...] Mais il y avait une conjonction théorique entre "terroristes" et "armes de destruction massive" – même les armes nucléaires –, et il y avait eu une conjonction concrète entre l'Irak et ces armes-là. C'est ce rapprochement qui, dans la fureur provoquée par les attentats terroristes, semble avoir persuadé le gouvernement américain qu'il devait compléter l'élimination d'Al Qaï da et du régime Taliban en Afghanistan par celle de Saddam Hussein et des ADM qu'était censé posséder l'Irak »[291]. Or, l'incompréhension manifeste de nombreux Européens devant la réaction américaine vient justement de ce qu'ils n'ont pas compris l'impact psychologique des événements du 11 septembre sur les Etats-Unis et les conséquences sur la perception des problèmes sécuritaires que cela put avoir. Jusqu'alors protégée par son « insularité », l'Amérique devenait une citadelle assiégée. Enfin, pour conclure sur cette affaire, il faudrait encore rappeler com-

[290] Voir à ce sujet la déclaration de Hans Blix, Chef des inspecteurs en désarmement de l'ONU (COCOVINU) devant le Conseil de Sécurité des Nations-Unies le 14 février 2003 : « Hans Blix's briefing to the security council », *Guardian Unlimited*, Manchester, 2004 : www.guardian.co.uk/Iraq/Story/0,2763,895882,00.html

[291] Hans Blix, *Irak, les armes introuvables*, Fayard, Paris, 2004, p. 432-433.

bien la stabilité du Moyen-Orient, en tout état de cause fragilisée par les politiques de Saddam Hussein, conditionne la consistance de l'Ordre mondial et la pérennité de son économie.

Indépendamment du problème soulevé par les erreurs analytiques commises sur la réalité des ADM irakiennes, la question essentielle est de savoir s'il est un devoir d'agir pour défendre la sécurité nationale et la démocratie mondiale – même au prix d'une offensive militaire –, ou si celles-ci peuvent se contenter de messages radieux et, finalement, d'une passivité que l'on pourrait, le cas échéant, rétrospectivement considérer comme gravement coupable. La guerre déclarée contre le terrorisme et les Etats voyous susceptibles de déstabiliser l'Ordre mondial n'est-elle pas légitime ? Et si la réponse est affirmative, comment ne pas considérer l'emploi de la force comme étant potentiellement nécessaire ? Certes, l'on pourra toujours polémiquer sur telle initiative ou tel refus d'action, la pertinence de telle décision à un moment précis ou dans telles circonstances particulières... Mais on ne peut dès lors rejeter le principe de l'action, ni de l'action préventive... Et cela, même s'il faut passer outre les récriminations de quelques-uns, fussent-ils amis et « alliés ». C'est l'inaction qui, au contraire, serait dès lors très gravement fautive !

Toutefois, si la suprématie américaine est un fait bien réel, elle se traduit parfois par une tendance hégémonique pesante, responsable de certaines maladresses malheureusement contre-productives dans la gestion de ses relations avec la communauté des Nations, et qui nuisent parfois gravement à l'image de l'Amérique et à sa politique. Comme le fait très justement remarquer le Directeur du Centre d'études stratégiques de l'Ecoles des hautes études internationales de l'Université John Hopkins, il est sans doute urgent que les dirigeants américains apprennent « l'art de la gestion et de la diplomatie impériale », alliant pouvoir et séduction e n s'efforçant d'éviter tout propos abrupt inutile avec leurs partenaires[292].

Mais au-delà de tout débat sémantique sur le thème de l'impérialisme américain, il faut reconnaître que celui-ci se démarque très largement de ses «prédécesseurs». Rome, la Chine, la

[292] Eliot A. Cohen, « History and the Hyperpower », *Foreign Affairs*, Washington DC, juillet-août 2004.

Perse... imposèrent leur joug à bien des peuples et leur amenèrent aussi parfois la prospérité ; mais ceux-ci étaient contraints d'intégrer un système tributaire formel les privant théoriquement de toute liberté ou de toute réelle indépendance. L'impérialisme américain, quant à lui, véhicule les valeurs de démocratie et de liberté, et encourage l'échange, le respect du Droit, la bonne gouvernance et la promotion des Droits de l'Homme et de la femme. Il se constitue ainsi comme le véritable moteur de l a démocratisation et de la libéralisation à l'échelle mondiale ; d'où l'on peut conclure que, loin de former une menace pour la liberté des peuples et l'indépendance des Nations ou encore pour leur développement économique et social, il en constitue plutôt le principal vecteur.

L'unipolarité « relative »

Si toute politique ou stratégie doit viser un but en fonction de contraintes objectives et de l'impact escompté de celles-ci sur la démarche engagée, il devrait donc être exclu d'agir ou de décider sans chercher préalablement à bien connaître l'environnement dans lequel on évolue, et sans en apprécier précisément les fondements géopolitiques et le sens profond. Or, l'incontestable suprématie de l'hyperpuissance et l'influence qui est la sienne sur l'avenir du monde génèrent indubitablement **une tendance unipolaire dont l'impact est naturellement décisif sur l'organisation et le fonctionnement de la gouvernance mondiale**. Prétendre le contraire témoignerait d'un gravissime défaut de clairvoyance ou d'une coupable subjectivité, et ne pourrait mener à rien de bon : pour combattre un fait, il faut tout de même en admettre la réalité.

Cette tendance unipolaire doit donc, en toute cohérence, déterminer l'action des différents acteurs et la politique étrangère des gouvernements. Toutefois, ceux-ci ne sont pas nécessairement contraints à s'enfermer dans une perspective dialectique qui se confinerait à l'opposition et la résistance ou à son contraire, pour finalement se complaire dans une logique manichéenne inévitablement déstabilisante et dont il faudra bien sortir un jour.

Il leur serait en fait plus profitable d'agir dans un esprit pragmatique, n'ayant pour finalité que la poursuite des intérêts (spécifiques et collectifs) bien compris. Il en va de l'avenir des Nations et de l'humanité. Mais pour ce faire, il faut au préalable comprendre le sens profond de l'univers au sein duquel l'on se meut. Or, s'il est une règle propre à tout système, et s'imposant à chacun de ses éléments constitutifs, c'est probablement que l'on ne peut faire abstraction de sa logique inhérente ! De fait, les caractéristiques intrinsèques d'un Ordre unipolaire découlent non seulement d'une organisation asymétrique, mais de la prééminence déterminante (et incontournable) d'un acteur.

Primus inter pares, l'Amérique n'est toutefois pas le « Big Brother » orwellien de la communauté internationale ; elle se démarque des puissances impériales du passé non seulement par les valeurs qu'elle véhicule mais aussi par l'inflexion qu'elle cherche à donner au système et à la société mondiale. L'impérialisme américain, s'il en est, est un **impérialisme libéral et démocratique** ; il s'inscrit donc (fort heureusement !) contre toute forme d'organisation et de gouvernance dictatoriale. Et cette logique s'applique bien entendu à l'Ordre mondial ; **en conséquence de quoi la tendance unipolaire, bien qu'effective, puisque fondée sur la primauté objective de l'hyperpuissance, ne saurait se traduire par une domination institutionnalisée sclérosante, ni même par la volonté d'en arriver à une telle situation, laquelle serait de toute façon parfaitement contraire aux idéaux et fondements de la Nation américaine, comme à ses intérêts**. Depuis l'origine, l'Amérique est profondément convaincue des vertus du libéralisme, tant sur le plan économique que politique. D'autre part, l'histoire a maintes fois démontré les réticences du peuple américain à tout engagement politique international dont il redoute toujours les conséquences. Or l'on connaît l'impact des questions de politiques intérieures sur la conduite de la politique étrangère américaine.

Aussi, malgré sa puissance et la position qui est la sienne, en dépit des responsabilités qui en découlent et des forces qui la poussent à assumer son leadership pour maintenir la cohésion et la stabilité de l'Ordre mondial, l'Amérique est instinctivement réticente à toute forme d'impérialisme[293]. Cela contribue largement à contenir les ambitions impériales de l'hyperpuissance. Ce qui, conséquemment aussi, fragilise son influence politique au sein de l'arène internationale. Fondé sur des éléments parfaitement concrets, l'impérialisme américain reste donc malgré tout encore étrangement virtuel, puisque se refusant souvent à assumer pleinement sa suprématie politique. La situation est ainsi quelque peu paradoxale : en effet, alors que toutes les caractéristiques du système mondial, et notamment sa profonde asymétrie, tendent vers une réalité unipolaire évidente, celle-ci n'a toutefois aucune traduction institutionnelle, juridique ni politique précise. La gouvernance mondiale est ainsi largement marquée par l'ambiguï té résultant de cette curieuse situation (au regard des conjonctures géopolitiques historiquement comparables) qui consiste en la juxtaposition d'une réalité objective qu'est la suprématie de l'hyperpuissance, avec des principes et modalités de fonctionnement multilatéraux.

Outre les spécificités propres à la démocratie américaine, ses traditions et son héritage culturel et politique, d'autres éléments expliquent aussi cette situation que l'on serait tenté de décrire comme un «Ordre unipolaire relatif». Le XXe siècle fut caractérisé par une volonté d'émancipation des peuples et la résistance aux empires politiquement et juridiquement organisés, quels qu'ils soient et quelle que soit leur nature. Dans ce contexte, et parce qu'elle a toujours dénoncé ces derniers au nom du Droit des peuples à l'autodétermination (et parce qu'elle est elle-même née d'une guerre d'indépendance), l'Amérique pouvait difficilement tenter de reproduire ce qu'elle dénonçait par ailleurs[294]. Qui plus est, si en globalisant les enjeux la mondialisation appelle des réponses et une action unitaires, en magnifiant les interdépendances et en complexifiant les interactions, elle encourage l'implication nécessaire de tous.

L'Ordre mondial est aujourd'hui plus complexe que jamais et, du fait de la mondialisation et des mutations qui en

---

[293] La littérature est extrêmement riche sur ce sujet ; voir notamment, parmi les ouvrages déjà cités, Niall Ferguson, *Colossus : The Price of America's Empire*, Penguin Press HC, London, 2004 ; James Rosenau, « Governance in a Global Order », in David Held & Anthony McGrew, *Governing Globalization : Power, Authority and Global Governance*, Polity, Cambridge (GB), 2003, p. 76.
[294] Jonathan Schell, « America's Vulnerable Imperialism », *Yale Global Online*, Yale University, New Haven (Connecticut), 2003 : www.yaleglobal.yale.edu/display.article?id=2873

résultent, sa dynamique est aussi rapidement évolutive. Cela explique les difficultés académiques à le cataloguer précisément, et surtout les controverses diplomatiques et la volonté de certains d'exploiter ou orienter son devenir et les formes qui le caractériseront dans les décennies à venir. Multipolarité ou unipolarité ? Quelles seront les incidences sur le processus décisionnel et ses orientations multilatérales ou unilatérales ? Chaque question pose un certain nombre de difficultés méthodologiques et engendre un risque de confusion regrettable. La seule certitude sur laquelle tout le monde s'entend est le constat de l'extraordinaire mutation de l'équilibre international aux lendemains de la fin de la guerre-froide, entraînant la disparition du système bipolaire et l'avènement d'une ère nouvelle marquée par l'existence d'une seule « super-puissance ». Cela présupposait-il une organisation unipolaire ou au contraire l'ouverture d'un monde multipolaire ?

Le premier écueil sur lequel bute l'analyse vient généralement d'un postulat non formulé et non vérifié ; il s'agit de l'idée selon laquelle un système multipolaire serait tout naturellement préférable parce que plus juste et plus serein que toute autre forme d'organisation. L'histoire a pourtant montré les difficultés à instaurer, en de telles conditions, un processus décisionnel véritablement fonctionnel et efficace. Le concert des Nations reste caractérisé par les différences et divergences politiques, économiques et culturelles, accouchant plus souvent d'une cacophonie que d'une symphonie. Qui plus est, il ne faut pas céder à l'illusion selon laquelle un tel système serait nécessairement plus équitable pour tous, car les écarts entre « les » puissances et les Nations plus faibles subsistent et ne manquent pas de se répercuter politiquement.

Certes, la vision d'un univers caractérisé par l 'existence d'une hyperpuissance qui, seule, s'impose par ses moyens et son influence, tend tout naturellement à encourager (tant qu'elles le peuvent) les puissances « secondaires » à résister pour tenter de contenir celle-ci. Mais, quelles seraient les conséquences d'un tel système multipolaire ? Ne risquerait-il pas d'aboutir à une rivalité malsaine du fait de la compétition que ne manqueraient pas de se livrer les « grands ». Peut-on, par exemple, imaginer que des pays comme la France, la Chine populaire et la Russie (sans oublier pour autant l'Amérique, et d'autres puissances émergeantes) ne soient pas, à un moment donné, dépassées par les contradictions culturelles et politiques qui les opposent ainsi que par leurs ambitions respectives ? Peut-on encore ignorer le risque de voir un jour l'une d'entre elles, plus dynamique et productive, affirmer progressivement à son tour sa suprématie et se satisfaire alors d'une réalité géopolitique à nouveau unipolaire, mais dont elle serait cette fois-ci le cœur ? Et que dire des risques que ferait peser une telle situation si le nouveau champion s'inscrivait différemment en matière d'éthique, de respect du Droit des peuples ou des Droits fondamentaux, et voulait imposer une logique unipolaire stricte, cette fois-ci ?

L'autre écueil vient de la symétrie apparemment évidente, mais pourtant erronée, entre Ordre unipolaire et dynamique unilatérale, d'une part, et Ordre multipolaire et dynamique multilatérale, d'autre part. La confusion est ici dangereuse : un système multipolaire peut en effet engendrer une compétition entre les puissances et une rupture se caractérisant par l'adoption par un ou quelques Etats d'une stratégie unipolaire de rejet, affaiblissant alors plus ou moins considérablement la dynamique multilatérale ; d'un autre côté, rien n'empêche la seule puissance véritablement dominante au sein d'un système donné d'adopter une stratégie multilatérale, encourageant alors ses partenaires à assumer leurs responsabilités[295]. L'argument théorique selon lequel l'organisation multipolaire serait nécessairement préférable parce que suscitant un processus fonctionnel multilatéral et efficace est donc fallacieux, et il n'est d'ailleurs pas évident que les pays dont les gouvernements veulent travailler ardemment en ce sens en tireraient, le cas échéant, le bénéfice escompté !

Les difficultés à clairement caractériser l'ordre actuel et les contradictions et instabilités qui en découlent tiennent ainsi à de multiples causes, et notamment aux spécificités de la démocratie américaine qui semblent interdire l'instauration d'un « régime » unipolaire strict, c'est-à-dire un système où le fonctionnement et l'organisation du processus décisionnel mondial cor-

---

[295] John Van Oudenaren, « Unipolar Versus Unilateral », *Policy Review*, Hoover Institution, Washington DC, avril 2004 : www.policyreview.org/apr04/oudenaren_print.html

respondraient à une réalité géopolitique et économique clairement unipolaire. La chose est sans doute par ailleurs heureuse en ce qu'elle préserve la démocratie mondiale d'une organisation qui pourrait lui être contraire, mais elle contribue aussi à sérieusement compliquer la gouvernance mondiale. Aussi, devant les caractéristiques apparemment duales ou mitigées qui se reflètent de la réalité géopolitique globale actuelle et du fonctionnement de la gouvernance mondiale, certains crurent bon de définir l'Ordre contemporain comme un hybride, teinté de caractères unipolaires et multipolaires parce que fondé sur l'existence d'une seule superpuissance cohabitant toutefois avec plusieurs grandes puissances[296]. Une telle perspective reviendrait à rejeter finalement la dimension unipolaire, et tout ce qu'elle implique ; mais elle ne correspond cependant pas à la réalité, car l'asymétrie systémique actuelle éloigne considérablement l'hyperpuissance des autres acteurs qui ne peuvent, en l'état, se présenter comme de quelconques challengers. **L'unipolarité, même si elle n'est pas totalement assumée, est effective**.

De fait, bien que l'impérialisme libéral américain se démarque des formes précédentes en tolérant, voire en encourageant, l'expression des nombreux représentants de la communauté mondiale et surtout en refusant d'assumer unilatéralement les responsabilités internationales dans leur globalité, la réalité impériale qui découle naturellement de la prééminence des Etats-Unis n'en reste pas moins vraie. Elle constitue en fait une donnée essentielle pour la compréhension et l'organisation d'une société planétaire toujours plus globale quoique multiple, réalité avec laquelle il faudra nécessairement apprendre à composer pour conforter la cohérence, la pertinence et l'efficience de la gouvernance planétaire. Et sur ce point, nous ne pouvons ni ne devons tricher, car il en va du devenir de l'humanité !

Il faut donc savoir résister aux tentations qui, sous des prétextes a priori légitimes, encouragent in fine la division et l'incohérence d'une gouvernance mondiale qui deviendrait alors impossible. Si l'approche multilatérale est dans le contexte présent et de manière générale préférable à toute option contraire, il

---

[296] Samuel P. Huntington, « The New Dimension of Power », *Foreign Affairs*, Council on Foreign Relations, Washington DC, mars-avril 1999 : www.foreignpolicy2000.org/library/issuebriefs/readingnotes/fa_huntigton.html

faut cependant tenir compte de la réalité géopolitique unipolaire qui est indubitablement en contradiction avec le principe de stricte égalité politique, réalité qui ne manquera pas de se rappeler à nous quoi qu'il advienne.

PROSPECTIVE DE L'EQUILIBRE MONDIAL

Il est périlleux, pour ne pas dire impossible, de déterminer ce que nous réserve l'avenir, et tous ceux qui se sont un jour risqués à cet exercice se sont finalement trompés, avec plus ou moins de gravité. Qui aurait, par exemple, pu imaginer les conditions et l'amplitude de l'effondrement de l'Union-soviétique et du Bloc de l'Est avant son implosion. Même madame Hélène Carrère d'Encausse, qui fut parmi les premiers à envisager sérieusement la chose, s'est pourtant trompée quant à la manière dont elle devait survenir. Il faut ainsi se méfier des vérités établies ou des modes conjoncturelles qui prédisent ce qui n'adviendra pas ou négligent ce qui peut arriver. Les exemples sont multiples et la communauté scientifique en est souvent victime, malgré les outils dont elle dispose, ignorant ici les risques de crise en Asie, et là qu'une autre crise pouvait remettre en question un certain nombre de certitudes concernant la « nouvelle économie ». Mais comment ne pas tenter de découvrir les clefs de l'avenir, ne serait-ce que pour s'y mieux préparer, toute attitude contraire serait irresponsable, surtout dans un univers en constante évolution ? C'est pourquoi, s'il faut rester prudent et modeste quant aux prévisions que l'on établira, il est toutefois nécessaire de s'interroger sur ce que pourrait être l'avenir et risquer ainsi quelques réflexions prospectives, ne serait-ce que pour guider l'action présente.

L'on peut ainsi s'avancer sans trop de risque en présupposant une forte probabilité en faveur d'une modification plus ou moins substantielle de l'équilibre international dans les décennies à venir. En effet, si l'Ordre mondial n'est plus ce qu'il était voici un peu plus d'une décennie, il est fort à parier que son évolution se poursuive, d'autant que le processus de mondialisation encourage l'affirmation de nouveaux acteurs et la transformation de l'organisation comme du processus décisionnel global. Mais au-delà de la question organisationnelle et fonctionnelle concernant la gouvernance mondiale, l'on peut aussi supposer que l'équilibre entre les différentes catégories d'acteurs, entre les Etats et, au premier chef, entre les plus puissants d'entre eux, puisse connaître une mutation potentiellement plus ou moins profonde.

La croissance asiatique spectaculaire a déjà des incidences économiques considérables sur les flux internationaux et contribue, comme nous l'avons vu précédemment, à recentrer progressivement les polarités économiques de la planète. Comment imaginer alors que cette dynamique ne se traduise pas rapidement en termes géopolitiques et militaires ? Avec une croissance annuelle moyenne d'environ 8 à 9 % [297] depuis un peu plus de deux décennies, la Chine se transforme économiquement quotidiennement pour devenir une Nation moderne et puissante, susceptible de constituer un jour prochain un véritable challenger pour les Etats-Unis. Certes, les risques de dérapage et de surchauffe économique sont réels ; ils se caractérisent notamment par d'importantes difficultés dans le secteur bancaire (dettes massives) et dans le système d'approvisionnement (goulots d'étranglement liés aux insuffisances infrastructurelles en matière de transport), par l'instabilité causée par les migrations intérieures dues surtout à l'exode rural et le chômage massif qui en résulte, cette situation pouvant provoquer de graves mouvements de révolte potentiellement dangereux pour le régime et pour l'économie du pays, ainsi que par la corruption plus que rampante qui contribue à gangrener le pays… Bref, nous ne sommes effectivement pas à l'abri d'une catastrophe dont on oserait d'ailleurs imaginer les répercussions économiques et sécuritaires pour la planète[298].

Toutefois, la Chine populaire a déjà démontré par le passé son pragmatisme et sa capacité à gérer les crises qui ris-

---

[297] Croissance du PIB chinois : 9 % en 2003, 8 % en 2002, 7 % en 1999, 13 % au début de la décennie.

[298] James F. Hoge, Jr., « A global Power Shift in the Making », *Foreign Affairs*, Council on Foreign Relations, Washington DC, juillet-août 2004 :
www.foreignaffairs.org/20040701facomment83401/james-f-hoge-jr/a-global-pow …

quaient de l'affaiblir. Il est depuis quelques années évident que, depuis l'affaissement de la Russie aux lendemains de la guerre-froide, elle veut utiliser sa croissance économique pour se positionner comme superpuissance militaire régionale tridimensionnelle (terre, air, mer) et s'affirmer militairement et géopolitiquement. Ainsi faisant, Beijing se donne les moyens d'affirmer ses prétentions régionales et ses revendications en Mer de Chine du Sud (souveraineté sur les îles Spratlys et Paracels et sur l'ensemble de ce vaste territoire maritime aux riches réserves extraterritoriales de pétrole) et sur Taïwan, développant ainsi sa capacité d'intervention en haute mer (bâtiments de surface et aéronefs à long rayon d'action) et ses missiles balistiques. Toutefois, le budget de la défense de la République populaire reste très en-deçà de celui des Etats-Unis (5 % des dépenses militaires américaines en 2000, mais certains experts estiment ces données comme étant 3 fois inférieures à la réalité), et le programme de modernisation de l'Armée populaire demeure extrêmement dépendant de l'assistance technique de la Russie et des anciennes républiques soviétiques[299]. Qui plus est, le déficit de la balance commerciale américaine dans les relations commerciales bilatérales et le potentiel hautement attractif de l'économie chinoise qui ne cesse d'attirer les capitaux américains et menace ainsi le potentiel industriel des Etats-Unis, l'impact des besoins énergétiques croissants de la Chine sur l'approvisionnement et la consommation énergétique américaine… sont autant d'inquiétudes qui font craindre que le développement de la République populaire ne se fasse aux dépens de l'hyperpuissance. Illustrant ce propos, Roger Robinson, chef de la Commission d'enquête sur les relations économiques et sécuritaires sino-américaines, déclarait ainsi au Congrès, le 15 juin 2004 : « Un certain nombre de tendances dans les relations américano-chinoises actuelles ont des implications négatives à long terme pour les intérêts économiques et la sécurité nationale »[300].

---

[299] Pour une information et une analyse détaillées, voir le rapport au Congrès : *Annual Report on the Military Power of the People's Republic of China*, Département de la Défense, Washington DC, juillet 2003 : www.defenselink.mil/pubs/20030730chinaex.pdf

[300] Citation reprise in Ian Williams, « US feels heat of dragon's breath », *Asia Times On line*, Hong Kong, 22 juin 2004 : www.atimes.com/atimes/China/FF22Ad06.html

Si la question de la montée en puissance de la Chine paraît plus ou moins scellée, il faut alors s'interroger sérieusement sur les conséquences qu'aurait une telle évolution sur l'Ordre planétaire, la démocratie et le marché mondial. Il est évident que la mondialisation encourage les opportunistes qui , comme la Chine, cherchent logiquement à profiter de la situation pour conforter non seulement leur potentiel économique mais aussi technologique et scientifique, d'où l'on peut conclure que la mondialisation encourage logiquement l'affirmation de tels protagonistes. Mais quels en seraient les effets sur la liberté et la démocratie, et donc sur l'équilibre mondial et la dynamique globale ? La confrontation avec l'hyperpuissance pourrait alors sembler inéluctable, et si un conflit ouvert paraît peu probable de par ses répercutions potentiellement désastreuses pour les protagonistes comme pour le reste de la communauté internationale, une rivalité constante prenant éventuellement les formes d'une guerre-froide pourrait par contre constituer une hypothèse réaliste[301]. Quelles seraient alors les conséquences pour l'Ordre mondial et la gouvernance d'une telle rivalité ? Quel serait l'impact sur le processus d'élargissement de la gouvernance qui veut inviter les nouveaux acteurs à une participation et à un engagement plus actif et responsable, cela, rappelons-le, dans le but de moderniser et dynamiser le processus décisionnel mondial pour maximiser son efficience au profit de l'humanité ?

L'on peut évidemment penser et espérer raisonnablement que la mondialisation et l'intégration économique de la Chine au sein de l'économie monde encourageront une plus grande ouverture de la société chinoise et, pourquoi pas, un assouplissement politique qui pourrait contribuer à conforter son engagement en faveur de la démocratie globale. Mais c'est faire abstraction des leçons de l'histoire récente qui a démontré au contraire les capacités du régime à maintenir sa mainmise sur le pays en préservant son caractère dictatorial, malgré les mutations socio-économiques ou les mouvements de révolte ici ou là ; c'est aussi oublier l'histoire multimillénaire de ce vieux pays aux traditions confucéennes bien ancrées, encourageant discipline et soumission

[301] Gérald Fouchet, « Vers une nouvelle guerre-froide Chine-USA », Institut International d'Etudes Stratégiques, Paris, 2001 : www.strategiesinte rnational.com/f3chineusa.htm

envers l'autorité, dont la légitimité sort renforcée par l'amélioration générale des conditions, à l'image de l'Empereur sacrifiant au Mandat céleste[302]. Certes, la société chinoise évolue du fait de la croissance et de l'ouverture , mais compte tenu de sa masse énorme, tout changement en profondeur peut être plus long et difficile que l'on voudrait l'imaginer. Enfin, n'oublions surtout pas que si la Chine n'a aucune tradition démocratique, elle a par contre depuis toujours cultivé une perception très originale de l'univers et de son organisation: « Zhong guo » (Chine en chinois) signifie littéralement pays du milieu, expression qui traduit parfaitement une vision extrêmement sino-centrique qu'elle a du monde « qui l'entoure » . Pour les Chinois, en effet, la Chine reste l'épicentre d'un monde qui tourne autour d'elle et dont elle est, traditionnellement, le cœur et la vraie civilisation[303]. Par ailleurs, elle a souvent démontré son mépris du Droit des peuples, comme pourraient en témoigner les Tibétains, et l'aversion du régime (comme de ses prédécesseurs) pour la liberté d'expression constitue malheureusement un fait patent et reconnu jusqu'ici intangible. Ainsi, tout engage à s'inquiéter de ce que pourrait-être l'avenir de la démocratie mondiale si l'Empire du Milieu, convaincu de recouvrer enfin la place qui lui est due après un siècle et demi d'humiliation, s'affirmait effectivement comme le pays le plus puissant de la planète.

Pour spéculatives qu'elles soient, ces interrogations méritent pourtant d'être prises en compte par tous les gouvernements, particulièrement par ceux des démocraties occidentales naturellement soucieux de préserver l'intérêt futur de leur Nation

---

[302] La société traditionnelle chinoise est fondée sur la piété filiale qui assure la stabilité et l'harmonie et l'immuabilité au sein de la famille comme de l'Empire (le fils du ciel – Tian zi – correspondant, sur un plan national, à l'aîné – Jiazhang – qui assurait la fonction de chef de famille sur les plans sociologique, économique, religieux). Ce principe organisationnel permet de légitimer l'autorité tant qu'elle assume sa fonction (mandat céleste) et toute démocratisation – sans être impossible – entre à l'évidence en contradiction avec lui ; sur l'organisation de la société chinoise traditionnelle, voir notamment Jacques Pimpaneau, *Chine : culture et traditions*, Editions Philippe Picquier, Paris, 1990.

[303] Jésuite et sinologue reconnu, Claude Larre, alors directeur de l'Institut Ricci (Centre d'études chinoises) résumait ainsi : "Les Chinois, paysans de la grande plaine du Nord, longtemps isolés aux confins orientaux de l'Eurasie, ont construit patiemment une civilisation qu'ils opposaient à la 'barbarie' des peuples plus instables qui les entouraient. [...] Rien de plus insupportable à un esprit chinois que le contact avec des individus qui ne sont pas policés. [cette image] reflète ce que les meilleurs historiens chinois refuseront d'avaliser mais qui est au fond de ce complexe de supériorité que le monde occidental a reconnu chez les Chinois et leur a vivement reproché" : Claude Larre, *Les Chinois, esprit et comportement des Chinois comme ils se révèlent par leurs livres et dans leur vie, des origines à la fin de la dynastie Ming*, Le spectacle du monde, Paris, 1981, p. 451-452.

et l'avenir du système global. La politique étrangère d'une Nation ne se bâtit pas sur les humeurs du moment, mais sur une perception globale de ce qu'est et de ce que pourrait devenir le système qui l'entoure, guidée par l'appréciation de ses intérêts bien compris, immédiats et à long terme. Aussi faut-il dépasser notre image actuelle de ce pays, souvent limitée par des prismes exotiques et généralement réduite à la seule dimension de son marché, aussi gigantesque soit-il. La Chine forme un tout complexe, encore profondément méconnu en dépit de nos certitudes approximatives ; sa culture et son histoire nous sont étrangères. Quelles que soient ici nos prétentions, et malgré son ouverture (somme toute extrêmement récente), ce pays reste encore très largement hermétique ; suffisamment pour nous imposer une nécessaire prudence[304].

Au cours de ces dernières décennies, la Chine populaire a cependant fait preuve d'un pragmatisme remarquable dans la conduite de ses affaires intérieures comme extérieures, qui devrait l'incliner à éviter toute détérioration substantielle de ses relations avec l'Amérique, d'autant que celle-ci constitue un partenaire économique incontournable pour Beijing, que ce soit en terme de débouchés pour la production, ou comme source d'investissements. La mondialisation est donc à la fois le socle de la croissance chinoise et de l'affirmation de sa puissance, et le plus sûr gage pour la paix, le développement et la stabilité du système mondial.

Il faut enfin souligner que, malgré la croissance spectaculaire qui propulse la Chine à des niveaux inespérés, le développement technologique de ce pays (et donc sa compétitivité, sa productivité et, in fine, sa croissance économique et son développement au sens large) dépend encore très largement des investissements étrangers. Qui plus est, la nature même du régime, édifié sur le principe de la dictature du parti unique, ne contribue pas vraiment à pleinement libérer l'esprit d'initiative et la culture d'entreprise. En favorisant les entreprises du secteur public par l'accès privilégié au capital, à la technologie et au marché, et en attirant résolument les investissements étrangers jusqu'à permet-

---

[304] Voir, ente autres, François Julien, « L'Europe, la Chine : une alternative pour la pensée », *Questions internationales N° 6 : la Chine*, *La Documentation Française*, Paris, mars-avril 2004, p. 4-7.

tre aux entreprises étrangères de se tailler la «part du lion» au sein de l'industrie exportatrice ainsi que dans le marché intérieur, la Chine, malgré l'importance croissante de ses exportations, a aussi consolidé sa dépendance technologique, scientifique et économique[305]. Indirectement, et malgré la « fuite » de capitaux et les réalisations industrielles et commerciales concrétisées en Chine plutôt qu'aux Etats-Unis, cette situation est loin d'être totalement contraire aux intérêts de l'hyperpuissance ! Surtout si l'on considère celle-ci dans sa globalité, c'est-à-dire en incluant les entreprises américaines transnationales comme faisant partie intégrante de la puissance américaine à laquelle elles contribuent largement, en termes économique mais aussi culturel et politique.

***

L'Amérique est encore loin de son déclin, contrairement à ce qu'affirment ou laissent entendre certains, victimes de leurs propres illusions ou de leur irrationnelle hostilité. L'hyperpuissance est, comme nous avons pu le constater, aujourd'hui bien réelle. S'il est impossible de prédire de quoi demain sera fait et comment se déclinera l'Ordre mondial en 2050, si de nombreux scénarios nous échappent aujourd'hui – qui détermineront pourtant l'avenir plus lointain –, si l'on n'ose imaginer ce que pourraient devenir d'autres acteurs et régions comme l'Inde ou le continent africain et la manière dont ils influenceront l'évolution planétaire, l'on peut et doit en revanche identifier, sélectionner et encourager les orientations et tendances qui nous semblent rationnellement souhaitables ou tout simplement préférables (raisonnant en termes pragmatiques) pour notre avenir collectif.

Il nous appartient de protéger la liberté d'action (et l'initiative), la liberté de penser et d'échanger, afin d'assurer le développement durable de l'humanité. Il est de notre responsabilité d'encourager résolument la démocratie – et conséquemment l'Etat de Droit – parce qu'elle constitue le socle de la bonne gouvernance, seule option permettant, finalement, de garantir la

[305] George, J. Gilboy, «The Myth Behind China's Miracle», *Foreign Affairs*, Council on Foreign Relations, Washington DC, juillet-août 2004 : www.foreignaffairs.org/20040701faessay83405/george-j-gilboy/the-myth-behind- …

survie de l'espèce… Mais pour ce faire, il nous faut opérer avec conviction et détermination éclairées, et surtout ne pas succomber aux utopies malveillantes. L'avenir de la planète et de la société humaine est entre nos mains, et la cohésion que sauront ou non afficher les démocraties aura une importance incalculable. Aussi, parce que l'hyperpuissance est une réalité, et parce que l'impérialisme libéral travaille (en dépit de ses évidentes faiblesses et malgré les imperfections et erreurs parfois commises) à construire un monde qui peut rassembler l'humanité autour de valeurs et principes essentiels qu'elle partage finalement dans son immense majorité, il est de notre intérêt commun d'agir en cohérence, avec tous ceux pour qui la liberté, la démocratie et l'échange constituent un bien précieux pour l'humanité.

« Carpent tua Poma Nepotes »[306].

[306] Traduction : "La postérité cueillera tes fruits" (Virgile, *Egl*, IX, v. 50).

CONCLUSION

UN MONDE EPRIS DE LIBERTE

Toute société est naturellement dynamique, elle évolue, se transforme peu à peu au gré des interactions intra et extra sociétales. Il est aussi dans la nature humaine de chercher constamment à rehausser les conditions de vie, instaurant le progrès, dont les mécanismes reposent sur l'innovation, la création et la curiosité. Depuis les origines de l'espèce, l'homme n'a de cesse de perfectionner l'outil pour apprivoiser son environnement. Certes, le changement comme l'innovation peuvent parfois engendrer des maux plus forts que les bénéfices escomptés ; mais l'évolution est intrinsèque à toute vie, de la plus infime et insignifiante créature à la plus complexe d'entre elles. Si, comme toute chose, le progrès et l'évolution ont leurs ennemis (qui préfèrent la fausse sécurité que prodigue une immuabilité chimérique), ils font cependant (fort heureusement) partie intégrante de l'humanité.

Ainsi en va-t-il de notre histoire commune, perpétuellement animée par la volonté d'améliorer le quotidien, pour fuir la souffrance et la précarité ou tout simplement l'inconfort, libérant ainsi des forces mutagènes qui, irrémédiablement, transforment l'univers qui nous entoure et auquel nous appartenons ! Tout repose sur notre capacité à communiquer : l'échange est le moteur de l'évolution, il en va des sociétés comme de tout système. L'échange est au cœur de toute dynamique, qu'elle soit interne ou externe à un système, et quelle que soit sa nature (économique, politique, culturelle...).

Parce que la mondialisation n'est rien d'autre qu'une fantastique accélération de la dynamique d'échange, elle concourt donc, logiquement, au progrès de l'humanité. Trop souvent définie comme un processus strictement ou principalement économique, il s'agit en réalité d'un phénomène beaucoup plus complexe, du fait des caractéristiques polymorphiques de toute dynamique sociale, qui a le mérite de faciliter, comme jamais auparavant, l'établissement de liens culturels, politiques et économiques entre les peuples. Ainsi, la mondialisation contribue non seulement à rapprocher les hommes, mais elle encourage la dispersion du progrès au bénéfice de tous. L'espérance de vie et les conditions sanitaires, malgré des nuances importantes, certes, ne sont en rien comparables avec ce qu'elles étaient voici seulement un siècle. Jamais la création de richesse ne fut plus importante dans l'histoire de l'humanité, et jamais elle ne bénéficia à tant de citoyens de notre planète Terre. La croissance est à la portée de tous, même des plus faibles, à condition, bien sûr, de s'engager résolument dans une stratégie adaptée et cohérente, comme ont déjà su le faire de nombreux pays en développement déterminés à tenir le pari de l'ouverture et de l'intégration au marché mondial.

La mondialisation est une formidable opportunité, comme jamais il y en eut dans l'histoire de l'humanité toute entière. Mais encore faut-il savoir saisir sa chance, et pour ce faire, la seule solution, pour chaque Nation, est de perfectionner la gouvernance afin de s'adapter à un environnement en mutation constante et de mieux répondre aux défis qu'impose cette situation. Comme tout évolue, rien n'est acquis, rien n'est immuable ; ni l'infortune, ni le succès. Plus que jamais, du fait de la puissance des forces qui animent le changement, la responsabilité des gouvernements, comme des Nations dont ils émanent, est déterminante pour l'avenir de chaque société. Puissant ou non, économie industrialisée ou en développement, que les traditions économiques et politiques soient fermement ancrées dans le relief d'une longue histoire nationale ou qu'il s'agisse d'un jeune Etat nouvellement indépendant… tous doivent aujourd'hui faire preuve d'importantes facultés d'adaptation et du plus sûr pragmatisme.

Dans un monde où l'échange est source de progrès et de développement, le meilleur moyen de stimuler la croissance et d'en tirer pleinement partie tient à la capacité de chacun à se projeter au sein de la dynamique économique mondiale pour tirer profit de la division internationale du travail en jouant au mieux des avantages comparatifs. Cela exige cependant flexibilité, initiative, courage… Autant de qualités de la part d'une économie que seuls l'engagement et la participation du plus grand nombre peuvent offrir. La liberté d'entreprendre est au cœur du développement de toute société, parce qu'elle stimule les énergies et encourage l'innovation ; aussi, le gouvernement résolument déterminé à conduire son peuple sur la voie du développement durable sera bien éclairé de s'attacher à créer les conditions optimales pour encourager l'initiative, responsabiliser les différents acteurs de la société civile comme de l'économie.

La démocratie participative, telle qu'ici définie, constitue non pas une option mais un nécessaire fondement du développement ; or, seul l'Etat de Droit peut lui offrir les garanties suffisantes pour s'épanouir. Celui-ci est d'autant plus essentiel qu'il est aujourd'hui le meilleur garant de la stabilité sociale et politique (dont l'alternance démocratique constitue non pas le révélateur de faiblesses mais au contraire le témoin d'une vitalité qui ne peut que conforter un régime) qui est la condition incontournable du développement durable et de l'investissement, tant il est vrai qu'une économie se doit de s'assurer la confiance des investisseurs étrangers.

Parce qu'elle repose sur le respect du pluralisme et que celui-ci est le fondement de l'initiative, du progrès et du développement, parce qu'elle affirme les valeurs les plus heureuses pour l'homme que sont la liberté, le respect et la défense des Droits, l'ouverture sur l'autre et l'échange, la démocratie libérale est de très loin le modèle le plus acceptable, malgré ses imperfections (mais elle est toujours perfectible !). C'est d'ailleurs ce qui explique sa dispersion progressive à travers le monde, supplantant un à un des régimes oscillant entre l'autoritarisme et la dictature (parfois fondés sur des idéologies trompeuses instaurant de fausses démocraties et de vrais enfers), régimes qui ont trop longtemps caractérisé l'histoire de cette planète. Cela, pour apporter à l'humanité nouvelle à la fois espoir et possibilité d'épanouissement. Aussi n'est-elle pas un luxe ni un « plus », mais la seule réponse possible pour le développement de l'humanité, car elle seule détient les éléments qui pourront permettre de trouver les solutions aux problèmes du monde moderne, dans sa complexité croissante, à la fois toujours plus global mais pourtant multiple.

Promouvoir la démocratie et la liberté constitue ainsi plus qu'un simple engagement idéologique. Cela répond aux exigences très concrètes qu'impose la construction d'un monde que l'on veut bâti sur des fondations suffisamment stables pour résister aux forces du chaos comme aux pressions conjoncturelles que ne manquera pas d'engendrer la mutation progressive de notre environnement. Nous n'avons donc pas d'autre alternative. Mais, améliorer la gouvernance mondiale repose avant tout sur son perfectionnement au sein de chaque acteur de la communauté mondiale : Etats, organisations intergouvernementales, entreprises transnationales et ONG. Cela présuppose la détermination de chacun, quelle que soit la longueur du chemin à parcourir, à mettre en place et à appliquer les principes de «bonne gouvernance» que sont l'expression démocratique et le respect des pluralismes, la liberté, la transparence (ou l'Etat de Droit), l'ouverture et l'échange.

Cela exige aussi, bien évidemment, que chacun prenne pleinement conscience de l'urgence d'un engagement collectif et sans faille pour défendre résolument ces principes sur lesquels se fonde notre avenir, et peut-être même la survie de l'espèce. Il nous faut donc aussi adapter la gouvernance mondiale pour être en mesure d'affronter efficacement (et collectivement) les nouveaux défis que ce monde en profonde et constante mutation ne cessera de nous imposer : modifications climatiques ou risques écologiques, pandémies, super-terrorisme, prolifération des armes de destruction massive, explosion démographique, marginalisation de certaines économies… Autant de questions appelant des réponses que seul un comportement responsable, engagé et solidaire de la part de l'ensemble des membres et représentants de la communauté mondiale peut espérer apporter. Or, parce qu'elle permet de maximiser les compétences de chacun et d'élaborer des synergies favorables, la « démocratie participative » à l'échelle mondiale constitue un atout qu'il faut cultiver et organiser, en s'appuyant bien sûr sur le respect et la complémentarité des particularités intrinsèques à chaque acteur.

Mais si moderniser et affiner la gouvernance mondiale passe par la démocratisation du processus décisionnel global – en ouvrant celui-ci aux nouveaux acteurs que sont, notamment, les entreprises transnationales et les ONG – ainsi qu'en renforçant la dynamique multilatérale, il est illusoire de penser que l'on puisse accroître l'effectivité de celle-ci sans une approche rigoureusement pragmatique. Il faut en effet s'assurer de ce que le processus décisionnel ainsi réformé corresponde à la réalité géopolitique ; faute de quoi celui-ci serait inévitablement incohérent et dysfonctionnel. Or, l'Ordre mondial se caractérise par la primauté encore bien réelle et tangible de l'Etat, par la pluralité des acteurs (malgré, fort heureusement, l'existence de liens institutionnels ou juridiques et de réelles synergies), et surtout par un caractère profondément unipolaire, malgré les atermoiements de l'hyperpuissance. Oublier ou négliger l'une de ces trois dimensions donnerait une vision très imparfaite du monde qui nous entoure, et constituerait alors une grave erreur susceptible d'encourager des stratégies inévitablement inadaptées face aux contraintes géopolitiques effectives.

En multipliant les interdépendances, mais sans pour l'heure éradiquer le multiple et les divergences, la mondialisation contribue en effet, paradoxalement, à accroître le choc des différences, tout en renforçant la nécessité d'une sécurité collective confortée ainsi que d'une communauté d'action pour affronter les défis communs. L'asymétrie, qui se traduit par l'inégale répartition de la puissance et des responsabilités attenantes, tout comme la multiplicité des acteurs, génère donc de naturelles divergences quant à l'appréciation objective de la réalité. Au cœur du système organisationnel et décisionnel, les Etats sont donc à la fois multiples et pétris dans les différences qui les singularisent et les séparent aussi. Malgré les obligations créées par un Droit international public qu'ils ont eux-mêmes conçu pour codifier et fluidifier leurs relations, et en dépit d'organisations intergouvernementales spécifiquement élaborées pour encourager le dialogue et la collaboration entre les Nations (ou plus exactement entre leurs représentants), la dynamique planétaire reste encore très largement influencée par le caractère à la fois pluriel et asymétrique du système mondial. Si les disparités qui en résultent encouragent la survivance de tendances « anarchiques »[307] en dépit de convergences politiques, économiques et sociales heureusement bien réelles, l'équilibre géopolitique témoigne quant à lui d'une réalité profondément unipolaire dont il nous faut indu-

---

[307] Voir la définition donnée précédemment au concept d'anarchie dans le cadre du système international contemporain : « Disparités et cohérence du système inter-étatique » (chapitre 7).

bitablement tenir compte.

S'appuyant sur des réalités pouvant parfois sembler contradictoires, l'Ordre mondial contemporain est éminemment complexe, outre la constante évolution qui le caractérise et en obscurcit encore la lecture. L'élaboration d'une gouvernance cohérente et surtout efficiente, quoique nécessaire, est logiquement incertaine et difficile. Et les tiraillements qui participent à fragiliser l'émergence d'une cohérence systémique que chacun appelle pourtant de ses vœux, sont naturellement multiples. Cette cohérence n'est cependant concevable qu'au travers d'une perspective ainsi que d'une attitude franchement réalistes et pragmatiques. Pour être fonctionnelle et performante, la gouvernance doit donc traduire inévitablement la réalité asymétrique et multiple dans laquelle nous évoluons. Ce qui présuppose une adaptation nécessaire de la logique multilatérale, non pour imposer le fait de l'hyperpuissance, mais pour gagner en efficience et conforter ainsi la stabilité du système mondial.

Ce qui importe, in fine, c'est de parfaire l'environnement dans lequel nous évoluons, en assurant un développement durable, en pérennisant la paix, en affirmant la démocratie. Pour ce faire, il faut s'unir et surpasser les différences tout en respectant les spécificités. Il ne faut pas céder aux démons utopistes et ne pas se tromper de combat. Solidifier le système mondial ne peut se faire qu'en construisant un monde fondé sur plus de libertés.

le 17 septembre 2004

BIBLIOGRAPHIE

- Samir Amin, *L'impérialisme et le développement inégal*, éditions de Minuit, Paris, 1976.
- Mike Artis, Frederick Nixson, *The Economics of the European Union*, Oxford University Press, 2001.
- Claude Barès, « Bioterrorisme et risque biologique », *Défense Nationale*, Comité d'études de défense nationale, Paris, juillet 2004.
- Raymond Barre, *Economie politique T.1*, Presses Universitaires de France, Paris, 1972.
- Gilberte Baux, *La leçon japonaise*, Plon, Paris, 1992.
- Ulrich Beck, *What is Globalization ?*, Polity, Cambridge (GB), 2000.
- Jasper Becker, « China's growing pains », *National Geographic*, National. Geographic Society, Washington DC, mars 2004.
- Berger & Borer, *The Rise of East Asia: critical visions of the pacific century*, Routledge, NY & Londres, 1997.
- Jagdish Bhagwati, *Protectionism*, MIT Press, Cambridge (Massachusetts), 1989.
- Hans Blix, *Irak, les armes introuvables*, Fayard, Paris, 2004.
- Carles Boix, *Political Parties, Growth and Inequality ; Conservative and Social Democratic Economic Strategies in the World Economy*, Cambridge University Press, 1998.
- Pascal Boniface, *La France contre l'Empire*, Robert Laffont, Paris, 2003.
- Drusilla K. Brown, Alan V. Deardorff, Robert M. Stern, *The Effects of Multinational Enterprises on Wages and Working Conditions in Developing Countries*, département d'économie de l'Université de Louvain (B), 2002 : www.econ.kuleuven.ac.be/ew/academic/intecon/home/WorkingGroupSeminars/Files/Deardorff.pdf
- Thierry Brugvin, *Les codes de conduite*, ATTAC, Paris, 2000 : www.France.attac.org/a853
- Matthew Bunn, Anthony Wier, *Securing the Bomb : an Agenda for Action*, Harvard University, Cambridge Mass., mai 2004 : www.nti.org
- Bernard Cassen, « Socialistes et communistes ont épuisé leur force propulsive », *Le Figaro*, Paris, 8 octobre 2003.
- Challiand & Blin, *Histoire du terrorisme, de l'antiquité à Al Qaïda*, Bayard, Paris, 2004.
- Steve Charnovitz, *On constitutionalyzing the WTO : a comment on Howse and Nicolaidis*, J. F. Kennedy School of Government, Harvard University, Cambridge (Mass), juin 2000 : www.ksg.harvard.edu/cbg/trade/conferences/charnovitz.htm
- Chen Zhili, « Science et éducation bâtiront une société d'aisance », *Beijing Information* : www.bjinformation.com/fawen-2002/pic-2003-42/03-42-fm.htm
- Richard A.Clarke, *Against All Ennemies : Inside America's war on Terrorism :*

Inside America's War on Terror, Free Press, NY, 2004.

- Eliot A. Cohen, « History and the Hyperpower », *Foreign Affairs*, Washington DC, juillet-août 2004 : www.foreignaffairs.org
- David Collier, *The New Authoritarianism in Latin America*, Princeton University Press, 1979.
- Robert Collier, « US Firms Reducing Sweatshop Abuses But wages still at poverty level », *San Francisco Chronicle*, San Francisco, 17 avril 1999 : www.sfgate.com/cgi-bin/article.cgi?file=/chronicle/archive/1999/04/17/MN88465.DTL
- Yves Coppens, *Le genou de Lucy*, Odile Jacob, Paris, 1999.
- Anthony H. Cordesman, *Are Energy Wars still possible ?*, Center for Strategic and International Studies, Washington D.C., 1999.
- Thalif Deen, « Syria calls for Nuclear Free Middle East », *Anti War.com*, 30 décembre 2003.
- Deng Xiaoping, « maintenir les quatre principes fondamentaux », *Textes choisis, 1975-1982*, Editions en langues étrangères, Beijing, 1985.
- Maurice Duverger, *Institutions politiques et Droit constitutionnel*, Presses Universitaires de France, Paris, 1973.
- Lee Feinstein, Anne-Marie Slaughter, « A Duty to Prevent », », *Foreign Affairs*, Council on Foreign Affairs, Washington, janvier-février 2004 : www.foreignaffairs.org
- Niall Ferguson, *Colossus : The Price of America's Empire*, Penguin Press, Londres, 2004.
- Gérald Fouchet, «Vers une nouvelle guerre froide Chine-USA », *Institut International d'Etudes Stratégiques*, Paris, 2001 : www.strategiesinternational.com/f3chineusa.htm
- Milton Friedman, *Capitalism and Freedom*, University of Chicago Press, 2002.
- Francis Fukuyama, *La fin de l'histoire et le dernier homme*, Flammarion, Paris, 1993.
- André Gamblin, *Taïwan, la victoire du dragon*, Sedes, Paris, 1992.
- Nyle Gardner & Baker Spring, *Reform the United Nations*, The Heritage Foundation, Washington D.C., novembre 2003 : www.heritage.org/Press/Commentary/ed112503b.cfm?RenderforPrint=1
- Jim Garrison, *America as Empire ; Global Leader or Rogue Power?*, Berrett-Koehler, San Francisco, 2004.
- Curt Gasteeyger, *Les défis de la paix*, Publications de l'Institut Universitaire de Hautes Etudes Internationales, Genève (Presses Universitaires de France), 1986.
- Ernest Gellner, *Nations & Nationalism*, Cornell University Press, Ithaca (NY), 1983.
- Jacques Généreux, *L'économie politique, analyse économique des choix des choix publics et de la vie politique*, Larousse-Bordasse, Paris, 1996.
- George, J. Gilboy, «The Myth Behind China's Miracle», *Foreign Affairs*, Council on Foreign Relations, Washington DC, juillet-août 2004 : www.foreignaffairs.org
- Robert Gilpin, *Global Political Economy*, Princeton University Press, 2001.

- Martin Ira Glassner, *Political Geography*, John Wiley & Sons, NY, 1992.
- Rudolph Giuliani, "You're Either with Civilization or with Terrorism", Discours du Maire de NY devant les nations Unies le 2 octobre 2001, *PoliticsOL.com*, NY.
- François Globe, *Entreprises et ONG : même combat ?*, Solidarité Nord-Sud, Bruxelles, avril 2002 : www.enter.org/solidarity/cadre_central/solidarite_nord_sud/nordsud_27.htm
- J. Goldblat & D. Cox, *Nuclear Weapon Tests, Prohibition or Limitation ?*, SIPRI (Stockholm) & CIIPS (Ottawa), Oxford UP, 1988.
- Philip Gordon & Jeremy Shapiro, *Allies at war : America, Europe and the crisis over Iraq*, McGraw Hill, NY, 2004.
- Jason Gottlieb, *Asian Values : The Asian Abuse Excuse*, Suite101.com, 8 août1997 : www.suite.101.com/article.cfm/politics_east_asia/2727
- Hugo Grotius, *Le droit de la guerre et de la paix*, PUF, Paris, 1999.
- James D. Gwartney, Robert Lawson, *Economic Freedom of the World, 2003 Annual Report*, Fraser Institute, Vancouver : www.fraserinstitute.ca/admin/books/chapterfiles/Complete%20publications-4EFW2003all.pdf#
- Chuck Hagel, « A Republican Foreign Policy », *Foreign Affairs*, Council on Foreign Relations, Washington DC, juillet-août 2004 : www.foreignaffairs.org
- Stephan Haggard, Wonhyuk Lim, Euysung Kim, John Ravenhill, *Economic Crisis and Corporate Restructuring in Korea : Reforming the Chaebol*, Cambridge University Press, Cambridge (GB), 2003.
- Marta Harnecker, *Les concepts élémentaires du matérialisme historique*, Editions Contradiction, Bruxelles, 1974.
- Friedrich A. Hayek, *The Constitution of Liberty*, University of Chicago Press, 1978.
- Friedrich A. Hayek, *The Road to Serfdom*, University of Chicago Press, 1994.
- David Held, *Democracy and the Global Order*, Cambridge University Press, Cambridge (GB), 1995.
- David Held, Anthony McGrew, D. Goldblatt, J. Perraton, *Global Transformations : Politics, Economics and Cultures*, Polity, Cambridge (GB), 1999.
- David Held & Anthony McGrew, *Governing Globalization : Power, Authority and Global Governance*, Polity, Cambridge (GB), 2003.
- Charles W. L. Hill, *Global Business Today*, McGraw Hill, Boston, 1998.
- Thomas Hobbes, *Leviathan*, Oxford UP, Oxford, 1998.
- Diana Hochraich, *L'Asie du Miracle à la crise*, Editions Complexe, Bruxelles, 1999.
- James F. Hoge, Jr., « A global Power Shift in the Making », *Foreign Affairs*, Council on Foreign Relations, Washington DC, juillet-août 2004 : www.foreignaffairs.org
- Kim R. Holmes, *Promoting Economic Freedom at the United Nations*,

Département d'Etat, Washington DC, 2004 : www.state.gov/p/io/rls/rm/2004/29549.htm

- Kalevi.J. Holsti, *International Politics : a Framework for Analysis*, 3e édition, Prentice-Hall, Englewood Cliffs NJ, 1977.
- Denis Horman, « Les sociétés transnationales : moteurs du développement ? », *Sociétés transnationales et droits humains*, Centre Europe-Tiers Monde (CETIM), Genève, juillet 2000 : www.cetim.ch/stn2_2.htm
- Samuel P. Huntington, «The New Dimension of Power », *Foreign Policy*, Council on Foreign Relations, Washington DC, mars-avril 1999 : www.foreignpolicy2000.org/library/issuebriefs/readingnotes/fa_huntigton.html
- Rémi Hyppia, *L'OTAN dans l'après-guerre froide*, Harmattan, Montréal, 1997.
- Paul Isoart, *Les Etats de l'Asie du Sud-Est*, Economica, Paris, 1978.
- François Joyaux, *La nouvelle question d'Extrême-Orient*, Payot, Paris, T.1 (1985).
- François Joyaux, *La nouvelle question d'Extrême-Orient*, Payot, Paris, T.2 (1988).
- Philippe Jurgensen, *L'erreur de l'Occident*, Odile Jacob, Paris, 2004.
- Robert Kagan, *Of Paradise and Power : America and Europe in the New World Order*, Knopf, NY, 2003.
- Emmanuel Kant, *Projet de paix perpétuelle*, Hachette, Paris, 1998.
- Mark Kesselman, Joel Krieger, *European Politics in Transition*, D.C. Heath and Co., Lexington (Massachusetts), 1987.
- Patricia Kinder-Gest, *Les institutions britanniques*, PUF, Paris, 1999.
- Stanley Kurtz, « Democratic Imperialism : a Blueprint », *Policy Review*, Washington DC, avril 2003.
- Claude Larre, *Les Chinois, esprit et comportement des Chinois comme ils se révèlent par leurs livres et dans leur vie, des origines à la fin de la dynastie Ming*, Le spectacle du monde, Paris, 1981.
- S. Lash, R. Robertson, *Global Modernities*, Sage Publications, London, 1996.
- Olivier Le Picard, Jean Christophe Adler, Nicolas Bouvier, *Lobbying : les règles du jeu*, Editions d'Organisation, Paris, 2001.
- Yuefen Li, « China's Accession to WTO : Exaggerated Fears », *United Nations Conference on Trade and Development Papers*, N°165, CNUCED, ONU, NY, novembre 2002.
- Theodore Lowi, Benjamin Ginsberg, *American Government, Freedom and Power*, N.W. Norton & Co., NY, 2002.
- Angus Madisson, *L'économie mondiale : une perspective millénaire*, Organisation pour la Coopération et le Développement Economique (OCDE), Paris, 2001.
- Alain Madelin, *Le droit du plus faible*, Robert Laffont, Paris, 1999.
- Karl Marx, « Contribution à la critique de l'économie politique » (1859), in *Manuscrits de 1861-1863, cahiers I à V*, Editions sociales, Paris, 1980.
- J-C Masclet & J-P Valette, *Droit constitutionnel et institutions politiques*,

Dalloz, Paris, 1997.

- Gustave Massiah, *Les ONG et la mondialisation, quelles perspectives après Seattle*, AITEC (Association Internationale de Techniciens, Experts et Chercheurs), Paris, mars 2000 : www.globenet.org/aitec/contributions/ongmond.htm
- Yves Mény, *Government and Politics in Western Europe*, Oxford University Press, 1990.
- Philippe Merlant, René Passet, Jacques Robin, *Sortir de l'économisme : une alternative au capitalisme néolibéral*, Editions de l'Atelier, Paris, mars 2003.
- John Stuart Mill, *Considerations on Representative Government*, (1861), Prometheus Books, 1991.
- Yves Montenay, *Le mythe du fossé Nord-Sud*, Les Belles Lettres, Paris, 2003.
- Hans Morgenthau, *Politics among Nations*, McGraw Hill (6e edition), NY, 1985.
- Jean-Loup Motchane, « Quand l'OMS épouse la cause des firmes pharmaceutiques », *Le Monde Diplomatique*, Paris, Juillet 2002.
- Bruno Munier, « La politique étrangère de l'hyperpuissance américaine », *Défense Nationale*, Comité d'études de défense nationales, Paris, mai 2003.
- Bruno Munier, « Mutations mondiales et gouvernance », *Défense Nationale*, CEDN, Paris, Janvier 2003.
- Bruno Munier, « Sécurité mondiale », *Défense Nationale*, CEDN, Paris, Novembre 2003.
- Bruno Munier, « Une utopie réprimée ? Les jeunes Chinois face au pouvoir » in *Jeunesses et politique, T.2*, édité par Raymond Hudon et Bernard Fournier, Les Presses de l'Université Laval et L'harmattan, Québec, Paris, 1994.
- Bruno Munier, *Voyage au printemps de Pékin*, Méridien, Montréal, 1989.
- Douglas J. Murray & Paul R. Viotti, *The Defense Policies of Nations : A Comparative Study*, John Hopkins University Press, Baltimore, 1982.
- Shubhash Narula, *Globalization : India's Experience for the African Continent*, Occasional Paper No.7, Development Policy Management Forum, Addis Abeba (Ethiopie), 2003.
- Richard Slaughter, « Seizing Tomorow », *New Scientist .com*, New Scientist, Londres, 2002 : www.newscientist.com/opinion/opinterview.jsp?id=ns23195
- Johan Norberg, *Plaidoyer pour la mondialisation capitaliste*, Plon, Paris, 2003.
- Joseph S. Nye, *Le leadership américain*, Presses Universitaires de Nancy, 1992.
- Joseph S. Nye, *Soft Power : The Means to Success in World Politics*, PublicAffairs, NY, 2004.
- Marina Ottaway, « Corporatism goes Global : International Organizations, NGO Networks and Transnational Business », *Global Governance : A Review of Multilateralism and International Organization*, (Vol.7, N° 3), Lynne Rienner Publishers, septembre 2001 : www.ceip.org/files/Publications/GlobalCorporatism.asp
- René Passet, *L'illusion néo-libérale*, Flammarion, Paris, 2001.
- Jacques Pimpaneau, *Chine : culture et traditions*, Editions Philippe Picquier,

Paris, 1990.

- Patrick Piro, « Porto Alegre, les défis de la croissance », *Politis*, Paris, 23 janvier 2003 : www.politis.fr/article426.html
- William C. Potter, Charles D. Ferguson, Leonard S. Spector, « The Four Faces of Nuclear Terror And the Need for a prioritized Response », *Foreign Affairs*, Council on Foreign Relations, Washington, mai-juin 2004 : www.foreignaffairs.org
- Paul Reuter et André Gros, *Traités et documents diplomatiques*, Presses Universitaires de France, Paris, 1982.
- Philippe Rivière, « Enfin des génériques antisida pour l'Afrique subsaharienne », *Le Monde Diplomatique*, Paris, 10 décembre 2003 : www.monde-diplomatique.fr/dossiers/génériques
- Chris Rolfe, *Le Protocole de Kyoto de la Convention-cadre des Nations Unies sur le changement climatique ; Guide du Protocole et analyse de son efficacité*, West Coast Environment Law Association, Vancouver, 1998 : www.wcel.org/wcelpub/1998/12152f.html
- James N. Rosenau, *Distant Proximities : Dynamics beyond Globalization*, Princeton University Press, Princeton (New Jersey), 2003.
- James N. Rosenau, *Turbulence in World Politics : a Theory of Change and Continuity*, Princeton UP, 1990.
- Marco Roscini, « Quelques remarques sur l'interdiction de stationner d'armes et de dispositifs nucléaires dans les zones dénucléarisées », *Actualité et Droit International*, RIDI.org, Asnières, 2001 : www.ridi.org/adi/200103a1.htm
- Jeffrey Sachs, Andrew Warner, « Economic Reform and the Process of Global Integration », *Brookings Papers on Economic Activity* 1995-1, Brookings Institution, Washington DC, 1995.
- Paul A. Samuelson, *Economics*, McGraw-Hill Kogakusha, Tokyo, 1976.
- Jonathan Sch ell, « America's Vulnerable Imperialism », *Yale Global Online*, Yale University, New Haven (Connecticut), 2003 : www.yaleglobal.yale.edu/display.article?id=2873
- Nicolas Schoffer, *La ville cybernétique : la société ne subira plus son destin, elle le créera*, Denoël, Paris, 1972 : www.olats.org/schoffer/livle1.htm
- Adam Smith, *Recherches sur la nature et les causes de la richesse des nations*, vol. I & 2, Flammarion, Paris, 1991.
- Robert Solomon, *The International Monetary System, 1945-1976*, Harper & Row Publishers, NY, 1977.
- Hernando de Sotto, *The Mistery of Capital : Why Capitalism Triumphs in the West and Fails Everywhere Else*, Bantam Press, Londres, 2000.
- Ekaterina Stepanova, *Anti-terrorism and Peace-building During and After Conflict*, Stockholm International Peace Research Institute, Stockholm, juin 2003.
- Olivier Storch, *La Taxe Tobin : revue de la pensée magique*, Fondation Robert Schuman, Paris, 2002 : www.robert-schuman.org/notes/notes4.pdf
- Susan Strange, *States and Markets*, Blackwell Publishers, Oxford 1988

- Alain Tobelem, *La controverse de la mondialisation : impacts, dangers, espoirs*, Grancher, Paris, 2001.
- Alexis de Tocqueville, *De la démocratie en Amérique*, Vol. I & 2, Flammarion, Paris, 1981.
- John Van Oudenaren, « Unipolar Versus Unilateral », *Policy Review*, Hoover Institution, Washington DC, avril 2004 : www.policyreview.org/apr04/oudenaren_print.html
- Robert Vallée, Norbert Wiener, International Society for the System Science, Pocklington (GB), 2001 : www.isss.org/lumwiener.htm
- Hubert Védrine, *Face à l'hyperpuissance : textes et discours*, Fayard, Paris, 2003.
- Dominique de Villepin, *Un autre monde*, l'Herne, Paris, 2003.
- Thomas G. Weiss, *Collective Security in a Changing World*, Lynne Rienner Publisher, Boulder Colorado, 1993.
- Ian Williams, « US feels heat of dragon's breath », *Asia Times On line*, Hong Kong, 22 juin 2004 : www.atimes.com/atimes/China/FF22Ad06.html
- *About APEC*, www.apecsec.org.sg/apec/about_apec.html
- *Annual Report on the Military Power of the People's Republic of China*, Département de la Défense, Washington DC, juillet 2003 : www.defenselink.mil/pubs/20030730chinaex.pdf
- *Aperçu du Pacte Mondial*,ONU, NY, 2003 : www.unglobalcompact.org/content/AboutTheGC/francais.html
- *Are Transnationals Bigger than Countries ?,* UNCTAD Press Release, CNUCED, NY, 2002 : TAD/INF/PR/47.
- *Bases d'une stratégie énergétique pour l'Europe*, Assemblée parlementaire (Rapport de la Commission de la science et de la technologie), Conseil de l'Europe, Strasbourg, Doc.8653, 21 février 2000.
- *Between Invention & Innovation ; an Analysis of Funding for the Early-Stage Technology Development*, Institut national des normes et technologies (NIST), Département du Commerce des Etats-Unis, novembre 2002, p. 27 : www.atp.nist.gov/eao/grc02-841/grc-841.pdf
- « Bioterrorism : Preparedness Varied across State and Local Jurisdictions », *Report to Congressional Committees*, United States General Accounting Office, Washington DC, avril 2003, GAO-03-373.
- *Bioterrorisme : une menace sérieuse pour la santé des citoyens*, Résolution 1367 (2004) 1, Assemblée parlementaire, Conseil de l'Europe, Strasbourg, 2004 : http://assembly.coe.int
- « Cebrowski Sketches the Face of Transformation », *American Forces Information Service New Articles*, Département de la Défense, Washington DC, décembre 2003 : www.defenselink.mil/news/Dec2003/n12292003_200312291.html
- *Déclaration de Bruxelles* (Troisième Conférence des Nations Unies sur les pays les moins avancés, 14-20 mai 2001), Assemblée Générale des Nations-Unies, NY, A/CONF.191/12, 2 juillet 2001.
- *Democracy's Century*, Freedom House, NY, 2000 : www.freedomhouse.org/report/century.pdf

- Département de l'énergie des Etats-Unis, Washington DC : www.eai.doe.gov
- *Energie et développement durable : les principaux enjeux*, Conseil Economique et Social, ONU, NY, février 2000, (E/CN.17/ESD/2000/3) : www.agora21.org/cdd8/N0028253.pdf
- *Fiche de données sur la population mondiale, 2003*, Population Reference Bureau, www.prb.org
- *Foreign Investments in China*, The US-China Business Council, Washington DC, 2003 : www.uschina.org/statistics/2003foerigninvestment.html
- *Global Development Finance 2002 : Financing the Poorest Countries*, Banque Mondiale, Washington, 2002 : www.worldbank.org/prospects/gdf2002/ch1.htm
- *Globalization, Growth and Prosperity : Building an inclusive World Economy*, Banque Mondiale, Oxford UP, Washington DC, NY, 2002 : http://econ.worldbank.org/prr/globalization/txt-2857
- « Hans Blix's briefing to the security co uncil », *Guardian Unlimited*, Manchester, 2004 : www.guardian.co.uk/Iraq/Story/0,2763,895882,00.html
- *IAEA and Iran*, février 2004, Agence Internationale de l'Energie Atomique, Vienne : www.iaea.or.at/NewsCenter/News/index.html
- « IAEA Welcomes US New Global Threat Initiative », *IAEA Staff Report*, AIEA, Vienne, 27 mai 2004 : www.iaea.or.at/NewCenter/News/2004/GTRI_Initiative.html
- *Indicateurs de l'éducation dans le monde*, Institut de Statistiques de l'UNESCO, Montréal, Ca. : http://stats.uis.unesco.org/fra/TableViewer/wdsview/print.asp
- *Investissement responsable*, Centre de recherche sur les politiques et le développement social, Université de Montréal, 2004 : www.politiquessociales.net/themes/investissement.html
- *La Conférence des Nations Unies sur l'Environnement et le Développement*, Site officiel des Nations Unies sur le Sommet de Johannesbourg (Sommet sur le Développement Durable), ONU, 2002 : www.un.org/frenche/events/wssd/pages/cnued.html
- *La Troisième Conférence de l'ONU sur les PMA s'attaquera à la pauvreté des 49 pays les plus démunis de la planète*, United Nations Press Release, ONU, NY, 11 mai 2001.
- *Le commerce mondial en 2002*, Organisation Mondiale du Commerce, Genève, 2003, tableau III.3 : www.wto.org/french/res_f/statis_f/its2003_f/its2003_f.pdf
- *Le pacte mondial*, ONU, NY, 2001 : www.globalcompact.org
- *Le salut commercial de l'Afrique passe par la diversification et un meilleur accès au marché*, ONU-CNUCED, NY, octobre 2003 : http://UNCTAD/press/pr/2003/103
- *Le Secrétaire général évoque la profonde évolution du rôle des ONG dans la déclaration liminaire prononcée à la cinquantième conférence DPI/ONG*, Communiqué de presse, ONU, NY, 17 septembre 1997,

SG/SM/6320/NGO/294/PI/1027.

- *Les arsenaux des puissances nucléaires « officielles »* , Adence France Presse, Paris, mai 2002 : www.sortirdunucléaire.org/mai2002/afp240502.htm
- *Mattel, Levi Strauss, Reebok Endorse New Code*, The Clean Clothes Campaign, Amsterdam, juin 1999 : www.cleanclothes.org/companies/levi99-06-05.htm
- *Médicaments essentiels : accès, qualité et usage rationnel- Evénements marquants en 2000*, organisation Mondiale de la Santé, Genève, juin 2001, MIP/01/APR.
- « Mondialisation : ONG et multinationales tentent de s'apprivoiser ; quelques exemples de partenariats », *Le Monde*, Paris, 18 janvier 2004.
- *North Korea has ballistic missile capable of hitting U.S.*, CNN.com, 2003 : www.cnn.com/2003/WORLD/asiapcf/east/02/12/us.nkorea
- « Nucléaire : la Libye signe le Traité de non-prolifération », *Radio-Canada.ca*, Radio Canada, Montréal, 10 mars 2004 : http://radio-canada.ca/nouvelles/international/nouvelles/200403/10/004-lybie-TNP.shtml
- *Our Common Future ; World Commission on Environment and Development*, Oxford University Press, Oxford, 1987.
- « Qu'est-ce que la mécanique quantique ? », *Cybersciences*, Québec Science, Montréal, 1998 : www.cybersciences.com/cyber/2.0/Q903.asp
- *Questions internationales N° 6 : la Chine*, La Documentation Française, Paris, mars-avril 2004.
- *Rapport annuel 2002 du Fonds des Nations Unies pour la Population*, UNFPA, ONU, NY, 2002 : www.unfpa.org/about/report/2002/fre
- *Rapport sur le commerce mondial, 2003*, Organisation Mondiale du Commerce, Genève, 2003 : www.wto.org/french/news_f/press03_f/pr348_f.htm
- *Rapport sur l'investissement dans le monde, 2003*, Conférence des Nations-Unies pour le Commerce et le Développement (CNUCED), ONU, NY, 2003 : www.unctad.org/fr/docs/wir2003overview_fr.pdf
- *Remarks by Phillip J. Bond, Undersecretary of Commerce for Technology*, Département américain du Commerce, WashingtonDC, décembre 2003 : www.technology.gov/speeches/PJB_03209.htm
- « Remarks prepared for Energy Secretary Spencer Abraham », *Energy.gov*, US Department of Energy, Washington, 26 mai 2004 : www.doe.gov/content.do?PUBLIC_ID=15949&BT_CODE=PR_SPEECH&TT_CODE=PRESSSPEECH
- « Réunis pour la conférence sur le sida, les experts constatent le manque de financement », *Le Monde*, Paris, 12 juillet 2004.
- *Selon le Secrétaire general de la CNUCED, il n'y a pas d'autre solution que le système commercial multilatéral*, (Communiqué de presse), CNUCED, NY, 8 octobre 2003 : http://UNCTAD/PRESS/PR/2003/101
- « Survey of OECD Work on International Investment », *Working Papers on International investment*, OCDE, Paris, 1998, p. 20 : www.oecd.org/dataoecd/0/59/2111393.pdf
- *The Convention and Kyoto Protocole*, UNFCC (Convention Cadre des Nations Unies sur le Changement Climatique), ONU, NY, avril 2004 :

http://unfcc.int/resource/convkp.html

- *The East Asian Miracle : Economic Growth & Public Policy*, a World Bank Policy Research Report, Banque Mondiale, Oxford University Press, 1993.
- *The Military balance 2003-2004*, International Institute for Strategic Studies (IISS), Londres, 2004.
- *The National Geographic Desk Reference*, National Geographic Society, Washington D.C., 1999.
- *The World Factbook*, CIA, Washington DC, 2004 : www.cia.gov/cia/publications/factbook
- *Tobbin contre ATTAC, L'Ornitho*, Paris, décembre 2002 : www.ornitho.org/ornitho/article.php3?id_article=48
- « UN sees signs Iran may have tried to make bomb-grade uranium », *KeepMedia*, AFP 13 mai 2004 : www.keepmedia.com/pubs/AFP/2004/05/13/467636
- *Une plus grande ouverture du commerce international renforce-t-elle la pauvreté mondiale ?* , (Nouvelle/Média), Banque Mondiale, Washington DC : www.banquemondiale.org/EXT/french.nfs/DocByUnid
- Union Européenne (site officiel : www.europa.eu.int).
- *U.S. Multilateral Diplomacy and the UN : Our Principles and Priorities*, Bureau des Affaires des Organisations Internationales (BIOA), Département d'Etat, Washington DC, 2004 : www.state.gov/p/io/c9703
- *World Economic Outlook 2003*, Fonds Monétaire International, Washington DC, septembre 2003 : www.imf.org/external/pubs/ft/weo/2003/02
- *World Investment Report 2002 ; Transnational Corporations and Export Competitiveness*, CNUCED, NY, 2002 : www.unctad.org/en/docs//wir2002_en.pdf
- *World Population Prospects : The 2002 Revision Population Database*, United Nations Population Division, (ONU), NY, 2002 : http://esa.un.org/unpp/p2k0data.asp

Imprimé en CEE (Italie)
Impression : PaperGraf S.P.A. (Padova)

Dépôt légal : premier trimestre 2005
Numéro d'édition : 31/2003